财政部规划教材
全国财政职业教育教学指导委员会推荐教材
全国高等院校财经类教材

# 涉税服务实务

主　编　刘　珺
副主编　吴国平　杨晓妹

中国财经出版传媒集团
经济科学出版社
Economic Science Press

图书在版编目（CIP）数据

涉税服务实务／刘珺主编 . —北京：经济科学出版社，2018.5
财政部规划教材　全国财政职业教育教学指导委员会推荐教材　全国高等院校财经类教材
ISBN 978 - 7 - 5141 - 9194 - 3

Ⅰ．①涉…　Ⅱ．①刘…　Ⅲ．①税收管理 - 中国 - 高等学校 - 教材　Ⅳ．①F812.423

中国版本图书馆 CIP 数据核字（2018）第 070417 号

责任编辑：刘殿和
责任校对：徐领柱
责任印制：李　鹏

涉税服务实务

主　编　刘　珺
副主编　吴国平　杨晓妹

经济科学出版社出版、发行　新华书店经销
社址：北京市海淀区阜成路甲 28 号　邮编：100142
教材分社电话：010 - 88191355　发行部电话：010 - 88191522
网址：www. esp. com. cn
天猫网店：经济科学出版社旗舰店
网址：http：//jjkxcbs. tmall. com
北京密兴印刷有限公司印装
787 × 1092　16 开　18.5 印张　410000 字
2018 年 5 月第 1 版　2018 年 5 月第 1 次印刷
ISBN 978 - 7 - 5141 - 9194 - 3　定价：56.00 元
（图书出现印装问题，本社负责调换。电话：010 - 88191510）
（版权所有　侵权必究　举报电话：010 - 88191586
电子邮箱：dbts@esp. com. cn）

# 前　言

　　伴随经济发展方式的转变及社会管理的创新，涉税服务行业在我国税收征纳过程中的作用和地位日益凸显，越来越多的税务机关和纳税人会借助涉税服务机构的专业优势，促进征纳双方税法遵从度的提高。

　　当前大多数高校都将财税专业人才的培养目标定位为"能够在财税等政府职能部门、各类企事业单位、税务师事务所等涉税服务机构，从事税收征管、税务会计、税务代理、税收筹划等相关工作的高素质应用型人才"。其中，毕业后参加税务师职业资格考试并取得相应资质证书①，或以"税务专业人员"② 身份在税务师事务所等涉税服务机构从事专业性工作是财税专业毕业生就业的现实选择。2016 年出台的《深化国税、地税征管体制改革方案》进一步提出"要探索政府购买税收服务，规范和发挥涉税专业服务社会组织在优化纳税服务、提高征管效能等方面的积极作用"。由此可见，税务专业人员的职业独立性和重要性更加凸显，税务师事务所等涉税专业服务组织在未来拥有更广阔的市场空间。

　　我们所编写的《涉税服务实务》教材就是基于应用型本科高校财税专业人才培养目标，坚持"优基础、强能力、重应用"的培养定位，着力培养学生扎实的涉税服务能力，以应对未来职业所需，同时也为参加税务师职业资格考试奠定基础。此教材不仅可以作为应用型财经类高校指定专业主干课教材，也可作为在职税务干部培训教材及相关从业人员的参考工具书。

　　教材特色体现在以下三点：

　　1. 教材内容的实用性。紧密结合税收学、会计学等专业学生的培养目标定位及学习特点，兼顾税务师职业资格考试大纲要求，强调教材内容的应用价值，并考虑与其他课程内容的衔接。考虑到高校税收学、会计学等本科专业大多开设了《税法》《税务管理》《税收筹

---

　　① 2015 年，人社部会同国家税务总局共同研究制定了《税务师职业资格制度暂行规定》和《税务师职业资格考试实施办法》，将注册税务师由准入类职业资格调整为水平评价类职业资格，不再实行注册管理，"注册税务师"也因此更名为"税务师"。但税务师仍属于国家职业资格，纳入全国专业技术人员职业资格证书制度统一规划管理。新的《税务师职业资格考试实施办法》放宽了税务师职业资格考试对考生在工作年限等方面的要求，经济学、管理学及法学学科相关专业学生在毕业当年即可报考税务师考试。

　　② 2015 年，修订后的《中华人民共和国职业分类大典》首次将"税务专业人员"（职业代码为 2 - 06 - 05 - 01）写入其中，其职业分类层级从属于第二大类"专业技术人员"——第六中类"经济和金融专业人员"——第五小类"税务专业人员"。"税务专业人员"的职业信息描述是："在税务师事务所等涉税专业服务机构中，从事税务代理、税务鉴证、税务审计和税务咨询等服务的专业人员"。

划》等课程，为避免交叉重复，本教材在"导论"部分只概括性提炼相关知识点，不再另设"税务管理"章节，简要介绍"税收筹划"技巧，突出"涉税服务业务""税务登记代理""发票领购与审查代理""建账建制代理记账实务""申报代理和纳税审核"等实务性内容。基于"营改增"改革已全面落地，全面取消"营业税申报代理及审核"等内容。充分彰显教材内容的时代性、完整性和应用性。

2. 体例上的可读性。每章设置"本章导读"，以时事杂谈等通俗直观的方式引入教学目的和要求；文中通过"同步案例""相关链接"等版块设计提升学生自主学习能力并拓展学习资源，增加教材信息量和可读性；每章结束设有"延伸阅读"及"思考与实训"版块，适时补充税收时事热点和典型案例，提供学生自主学习的素材，加深学生对所学知识的认知和理解，并达到应用所学知识分析、解决实际问题的目的。

3. 编写团队在理论与实践上的互补性。本教材由高校具有较高理论水平和丰富教学经验的教授、博士等担任主创，同时有实践部门（税务师事务所）具备丰富实操经验的资深专业人士加盟，且参编人员大多具有注册会计师、税务师等执业资格，使得本教材参编团队在理论与实务领域各具特长、优势互补，共同致力于完成一本具有较高质量的财经类应用规划教材。

本教材编写具体分工：教材大纲、样章及初稿第一章、第五章、第七章第二、第四节、第十章及第十一章由铜陵学院刘珺教授编写；第二章、第三章由安徽财经大学杨晓妹副教授（博士）编写；第四章第一、第二节由铜陵安会会计培训学校张春校长（注册会计师）负责编写；第四章第三节至第五节由铜陵学院左宗姣老师（注册会计师，税务师）负责编写；第六章、第八章第一、第二节由南京财经大学吴国平副教授（税务师）编写；第七章第一、第三节由铜陵学院彭智军老师负责编写；第8章第三、第四和第五节由南京财经大学韩瑜讲师（博士）编写。第9章由安徽皖瑞税务师事务所白良鸿所长（税务师）负责编写；最后由铜陵学院刘珺教授总纂定稿。

本书在编写过程中，参阅、借鉴了涉税服务实务方面的最新研究成果，并得到实务部门的大力支持，在此一并表示感谢。由于作者水平和时间所限，加之我国各类税法和相关条例、规定等内容变化较快，书中错漏和不足之处在所难免，恳请各位专家和读者批评指正，以便在再版时改进。

编者

2018 年 3 月

# 目 录

# 第一章

# 导　论

【本章导读】

涉税服务在我国起步于 20 世纪 80 年代，至今已逾 30 年历史。随着我国社会经济的不断发展和涉税活动的日趋复杂，涉税服务在我国税收征纳活动中扮演着越来越重要的角色，其降低税收征纳成本、规范税收征纳行为、保障国家财政收入、维护纳税人合法利益、和谐征纳双方关系的作用逐步显现并不断增强。

根据《国务院机构改革和职能转变方案》和国家职业资格证书制度的有关规定，自 2015 年起，注册税务师职业资格由准入类调整为水平评价类，更名为"税务师"（Tax Advisor，TA），并纳入全国专业技术人员职业资格证书制度统一规划；2015 年，在税务师事务所等涉税专业服务机构中从事税务代理、税务鉴证、税务审计和税务咨询等服务的专业人员作为"税务专业人员"也首次被写入修订后的《中华人民共和国职业分类大典》，其职业分类层级从属于第二大类"专业技术人员"——第六中类"经济和金融专业人员"——第五小类"税务专业人员"（职业代码为 2 - 06 - 05 - 01）。2017 年 9 月 1 日，《国家税务总局关于发布〈涉税专业服务监管办法（试行）〉的公告》和《国家税务总局关于发布〈税务师事务所行政登记规程（试行）〉的公告》并开始实施，标志着该行业发展更趋规范。本章将围绕税务师行业特点、执业范围及执业质量与风险等问题展开介绍。

## 第一节　税务师概述

### 一、相关概念及税务师执业特点

#### （一）相关概念

税务师是在我国境内依法取得税务师执业资格证书、从事涉税服务相关业务的专业人员。税务师应当精通税收法律及财务会计制度，能熟练地承担税务代理、税收筹划等业务，具备实务操作的素质和技能。税务师在纳税人、扣缴义务人的委托下，从事相关涉税事宜。税务师行业是伴随着市场经济而产生和发展起来的，它以服务为宗旨，以社会效益为目的，在获取一定报酬的前提下，既服务于纳税人、扣缴义务人，又间接服务于税务机关、服务于社会。

税务师执业，应当依托于税务师事务所。税务师事务所是依法设立并承办涉税服务相关业务的社会中介机构。税务师和税务师事务所承办业务，应当以委托方自愿为前提，以有关法律、行政法规和规章为依据，并受法律保护。税务师事务所及税务师对其出具的鉴证报告及其他执业行为承担法律责任。

所谓税务代理，是指税务师在国家法律规定的代理范围内，以税务师事务所的名义，接受纳税人、扣缴义务人的委托，代为办理税务事宜的各项行为的总称。税务代理是税务师执业的基本内容。它具有代理的一般共性，是一种专项代理，属于民事代理中委托代理的一种。因此，税务师必须通过委托人的委托和授权才能以委托人（被代理人）的名义进行税务事宜的代理。

税务师事务所是专职从事税务代理的工作机构，由税务师出资设立，其组织形式为有限责任制税务师事务所、合伙制税务师事务所以及国家税务总局规定的其他形式。

### （二）税务师执业特点

1. 主体资格的特定性。在涉税服务法律关系中，作为服务的一方必须是经批准具有涉税服务执业资格的税务师和税务师事务所；作为接受涉税服务的一方必须是负有纳税义务或扣缴税款义务的纳税人或扣缴义务人。主体资格的特定性是税务师执业的法定要求，也是税务师行业有序发展的基本条件。

2. 执业行为的公正性。公正性是税务师执业的基本要求。税务师作为沟通税收征收机关与纳税人的中介，在执业过程中，应站在客观、公正的立场上，以税法为准绳，以服务为宗旨，既要维护纳税人合法权益，也要维护国家税法的尊严。

3. 法律规范的约束性。税务师从事的涉税服务业务不是一般意义上的事务委托或劳务提供，而是负有法律责任的契约行为。税务师与涉税服务对象之间的关系是通过涉税服务协议建立起来的，税务师在从事涉税服务活动过程中，必须站在客观、公正的立场行使涉税服务的权限，其行为受税法及有关法律的约束。

4. 执业活动的专业性。税务师行业是一种知识密集型的专业活动。税务师执业应当具有专业知识和实践经验，有综合分析能力，有较高的政策水平；在执业过程中，必须遵循税收法规和民事代理法规，具有很强的专业性特点。

5. 执业内容的确定性。税务师的涉税服务业务范围，由国家以法律、行政法规和行政规章的形式确定，税务师不得超越规定的内容从事涉税服务活动。除税务机关按照法律、行政法规的规定委托其代理外，税务师不得代理应由税务机关行使的行政职权。

6. 法律责任的不可转嫁性。税务师从事的涉税服务活动是一项民事活动，涉税服务关系的建立并不改变纳税人、扣缴义务人对其本身税收法律责任的承担。但若因税务师工作过失而导致纳税人、扣缴义务人产生损失，纳税人、扣缴义务人可以通过民事诉讼程序向涉税服务人员提出赔偿要求。

### （三）涉税服务业在现代税收征纳活动中的作用

涉税服务机构是税务机关和纳税人之间的桥梁和纽带，通过具体的涉税服务活动，不仅有利于纳税人正确履行纳税义务，而且对国家税收政策的贯彻落实具有积极意义。

1. 有利于促进依法治税。依法治税是税收工作的基本原则。依法治税的基本要求是税务机关依法征税，纳税人、扣缴义务人依法纳税。税务师作为沟通征纳双方的桥梁，依托其专业水准，以客观公正的立场协调征纳双方的行为，帮助纳税人准确及时地缴纳税款，并监督纠正征纳双方可能的背离税法规定的行为，将有利于推进我国依法治税的进程。

2. 有利于强化涉税各方的监督制约。涉税服务制度，将有利于形成纳税人、税务师、税务机关三方之间的一个科学、严密的监督制约机制。纳税人作为履行纳税义务的主体，要自觉纳税，同时受到税务机关与税务师的依法监督制约；税务机关作为税收征收的主体，要严格执法，同时又受到纳税人与税务师的监督制约；税务师在开展涉税服务活动中，也要受纳税人和税务机关的监督制约。这样一个全方位的相互制约体系，必将促进税收征管制度的进一步完善。

3. 有利于增进纳税人的纳税遵从。我国宪法规定，每个公民都有依法纳税的义务。从国际上看，无论是发达国家还是发展中国家，一般都建立了申报纳税制度。我国现行的《税收征收管理法》也对纳税人自觉申报纳税作了规定，但由于税种多、计算复杂，让纳税人自行准确计算、申报纳税是有一定难度的。实行涉税服务制度，正是适应了纳税人准确履行纳税义务的需要，他们可以选择自己信赖的税务师，代为履行申报纳税义务。涉税服务制度的实施，有利于提高纳税人主动申报纳税的自觉性，增强纳税意识，提高纳税遵从。

4. 有利于保护纳税人的合法权益。实行涉税服务制度，纳税人可以在税务师的帮助下减少纳税错误，用足用好税收优惠政策，作好税收筹划。税务师还可协调税收征纳双方的分歧和矛盾，依法提出意见进行调解，如有需要，税务师可以接受纳税人委托向上级税务机关申请行政复议。这些都将切实有效维护纳税人的合法权益。

## 二、税务师的执业范围

税务师的执业范围主要包括涉税鉴证和非涉税鉴证两个方面。

### （一）涉税鉴证

涉税鉴证指鉴证人接受委托，凭借自身的税收专业能力和信誉，通过执行规定的程序，依照税法和相关标准，对被鉴证人的涉税事项作出评价和证明的活动。涉税鉴证业务包括纳税申报类鉴证、涉税审批类鉴证和其他涉税鉴证三类。

当前税务师行业开展的涉税鉴证主要有企业所得税汇算清缴申报的鉴证、企业税前弥补亏损和资产损失的鉴证、土地增值税清算的鉴证以及国家税务总局和省税务局规定的其他涉税鉴证业务等。

## （二）非涉税鉴证

非涉税鉴证是税务师事务所及其税务师，向委托人或者委托人指向的第三人，提供涉税信息、知识和相关劳务等不具有证明性的活动。涉税服务业务包括税务咨询类服务、申报准备类服务、涉税代理类服务和其他涉税服务四种类型。

当前税务师行业开展的涉税服务主要有代办税务登记、纳税和退税、减免税申报、建账记账，增值税一般纳税人资格认定申请，为增值税一般纳税人代开增值税专用发票，代为制作涉税文书，以及开展税务咨询（顾问）、税收筹划、提供税务培训等。

具体内容将在第九章详细介绍。

【延伸阅读】

### 涉税服务制度产生与发展的历史渊源

涉税服务起源于税务代理制度，在发达资本主义国家有上百年发展历程，最早可追溯到日本明治时代。1896 年（明治二十九年），日本政府为扩军备战筹集资金，制定了《营业税法》，确定营业税以工商业者为纳税义务人。随着税收负担的加重，工商业者中的一些人向退职税务官吏及财会方面有造诣的人士寻求"关于税的商谈"和委托代理申报，以求得合理纳税。1904 年日俄战争爆发，日本政府为了筹措战争经费，采取增收营业税的办法，增加了纳税人计缴税款的难度和工作量，纳税人寻求税务咨询和委托代理申报的业务迅速增加，使专职于这种工作的人员有了较为稳定的市场，并以税务专家的职业固定下来。1911 年，大阪首先制定出《税务代办监督制度》，这是日本税务代理制度的前身。在日本税理士制度形成和发展过程中，英、美、德、法等一些欧美国家、韩国和我国的台湾、香港地区也相继推行了税务代理制度。

资料来源：根据相关资料整理。

## 三、我国涉税服务业的产生与发展

我国的涉税服务制度是适应国家建立和完善社会主义市场经济体制，及税制改革特别是税收征管改革不断深化的要求，顺应纳税人的客观需求而逐步产生和发展的。回顾我国涉税服务制度产生与发展的基本历程，大致可分为如下几个阶段。

## （一）20 世纪 80 年代初的税务咨询业

20 世纪 80 年代，随着国家税制进行一系列改革，我国税收从单一税制改变为复合税制，纳税难度相应加大。为帮助纳税人准确纳税，一些地区的离退休税务干部组建了税务咨询机构，为纳税人解答税法方面的问题，这是我国涉税服务的雏形。

## （二）20 世纪 90 年代初涉税服务市场的启动

在国家推行一系列税制改革的同时，从 1988 年起，全国逐步开展税收征管改革，辽宁、吉林的一些地区结合征管方式的改变，进行了税务代理的试点，取得了一定成效。为此，在 1993 年实施的《税收征管法》第 57 条中明确规定"纳税人、扣缴义务人可以委托税务代理人代为办理税务事宜"（2001 年 4 月修订后的《税收征管法》为第 89 条），并授权国家税务总局制定具体办法。1994 年，国家税务总局颁布了《税务代理试行办法》，要求各地有步骤地开展税务代理的试点工作，涉税服务市场开始启动。

## （三）涉税服务的全面推行

进入 20 世纪 90 年代中后期，我国的税收征管改革进入深化阶段，税收征管实现了程序化，纳税人必须自觉履行各项纳税义务。但仅凭纳税人自身的努力难以准确地履行其纳税义务，寻求涉税服务的客观需求越来越迫切。经过几年的试点，涉税服务已逐渐被纳税人和社会各界所接受，并形成一定的规模。为促进税收征管改革的深入开展，规范代理行为，提高代理质量，1996 年人事部和国家税务总局联合下发了《注册税务师资格制度暂行规定》，在涉税服务行业实行执业准入控制，全面实施注册税务师制度，标志着税务师执业资格制度在我国的正式确立。

## （四）涉税服务制度的规范管理

进入 21 世纪，税务师行业作为具有涉税鉴证和涉税服务双重职能社会中介组织的定位逐渐清晰，行业队伍逐步壮大，制度建设得到加强，执业水平不断提高，管理体制初步理顺。2005 年，《注册税务师管理暂行办法》的出台标志着税务师行业进入一个崭新的规范发展时期。2009 年 12 月 2 日，国家税务总局出台了《关于印发〈注册税务师执业基本准则〉的通知》，完善了税务师执业规范体系，明确了涉税服务的业务标准，保障了涉税中介服务当事人的合法权益，促进了税收专业服务市场的健康发展。

## （五）税务师行业发展现状

经过多年的发展，税务师行业已具有一定的规模和影响。为保证质量，税务师必须经过全国统一考试。考试共分五个科目：《税法1》《税法2》《涉税服务实务》《涉税服务相关法律》《财务与会计》。自 2005 年起，税务师考试首次对港澳地区居民开放。截至 2016 年底，全国已有税务师事务所 5 600 多家，税务师 13 万多人，年服务纳税人超过 230 万户，年产值已近150亿元。① 近几年来，税务师行业通过各类媒体开展形式多样的行业宣传，行业认知度得到提高，社会影响扩大，在维护社会主义市场经济秩序和强化税收征管中发挥着越来越大的作用。

与此同时，税务师行业监管也在不断强化，管理水平不断提高。《注册税务师管理暂行办法》作为税务师行业的第一个部门规章，提高了行业管理的法律级次，行业制度建设取得重大进展。管理体制初步理顺，行业行政管理和行业自律管理得到加强。通过开展年度检查、专项检查和日常检查，加大对行业管理人员和执业人员的培训力度和强化行业宣传，税务师行业形象不断改善，行业人员的整体素质不断提高。作为具有涉税服务和涉税鉴证双重职能的社会中介机构，税务师行业已经成为促进纳税人依法诚信纳税，推动我国社会主义税收事业发展的一支重要力量。

## 四、税务师的职业道德要求

税务师的职业道德就是税务师在履行其职业责任、从事涉税服务过程中，逐步形成的、普遍遵守的道德原则和行为规范，是社会道德在涉税服务职业领域的具体体现。

涉税服务作为一种专门的职业，它以广大纳税人、扣缴义务人以及国家的信任为其赖以生存的条件。税务师作为税务机关与纳税人的中介，应当充分运用自己的专业知识，根据税收法律、法规的规定对受托事项进行涉税服务，维护委托人的权益，并承担其应有的社会责任。但是，在利益的诱导下，不排除有个别税务师事务所及税务师，无视国家法律和税收法规，不顾税务涉税服务行业规范，在服务期间协助纳税人制作不实单据、提供虚假财务报表，伪造相关人员签名，造成纳税人少缴税款。这种以损害国家利益为代价换取代理人利益和自身利益的行为，破坏了中介机构的客观公正性，偏离了税务师行业的宗旨，对行业发展产生了一定负面影响。因此必须强化税务专业人员的职业道德要求。

### （一）遵法守规

市场经济是规则经济、法治经济，在从事涉税服务业务过程中，如果不具备较高的规则意识和法律意识，就难以妥善处理各种经济关系和法律关系。税务师在执业活动中遵法守规主要体现为以下三个层次。

1. 严格遵守涉税法律及行政法规。涉税服务是税务师在税法规定的服务范围内，受纳税人、扣缴义务人的委托，代为办理税务等相关事宜，因此税法对税务师执业形成了必然的约束。此外，《中华人民共和国民法通则》和《中华人民共和国刑法》等与税务相关的法律法规，税务师也必须遵守。

2. 遵守税务师行业自律组织规则。税务师协会自律组织对会员的自律，一是通过会员

---

① 中国注册税务师协会官方网站。

制约束不正当竞争行为，监督会员依法合规经营，从而维护公平竞争的市场环境，对税务师的行为起着直接的约束作用；二是依据有关法律法规和涉税服务业发展情况，组织制定行业标准，如质量标准、技术规范、服务标准和行规行约，制定从业人员道德和行为准则，并督促会员共同遵守。

3. 遵守所属机构的管理规定。税务师所属涉税服务机构按照单位内部的需要，制定出在本机构内部适用的准则即管理规定，规范其员工的行为，统一其行动的方向。涉税服务机构的管理规定可以表现为员工守则、考勤制度、业务管理规定、财务制度等。

## （二）诚实信用

诚实信用是税务师职业道德的灵魂。诚实信用应贯穿于税务师执业活动的各个方面和各个环节。税务师应对纳税人、扣缴义务人和税务机关同时做到诚实信用。税务师要以维护和增进涉税服务行业的信用和声誉为重，以卓著的信用和良好的道德形象，赢得社会的信任。

## （三）专业胜任

涉税服务职业是一门知识性、技术性极强的专业工作。税务师要向社会提供高质量的专业服务，除必须具备良好的职业品质外，还应具备较强的业务能力。作为税务师，不仅要有税收、会计、法律及其相关学科比较深厚的理论功底，还应当具备较强的发现、分析、判断及处理问题的实践应用能力，并具有较丰富的实际工作经验。同时，在知识日新月异的今天，还要求税务师能够赶上时代的步伐，不断更新和巩固自己的业务知识，进一步提高专业水平和执业能力。

## （四）尽职尽责

尽职尽责是对税务师工作态度的基本要求。它要求税务师在业务活动中必须以客户利益为上，勤勉尽责。具体要求为：

1. 按时按质完成委托业务。税务师接受业务委托时，应当在初步了解委托单位的基本情况和委托业务的性质及要求之后，与委托单位签订业务约定书或委托书，并以此作为涉税服务机构与委托单位之间具有法律效力的文件。其中应明确业务的性质、范围、要求、费用及双方各自所应履行的义务和承担的责任等。税务师应当恪守业务约定书中的各项约定，在委托单位提供了必要条件下，在规定的时间内按专业标准的要求高质量地完成委托单位所委托的业务。

2. 忠实代表委托人利益。涉税服务业务是以委托人利益为基础的，委托人利益至上是涉税服务业务的核心原则之一，也是对税务师的基本要求。因此，在业务活动中，税务师应当处处以维护委托人利益为己任，完善服务质量，提高客户满意度，确保委托人的利益得到最好保障，且不因佣金或服务费的高低而影响客户利益。

3. 为委托单位保守秘密。涉税服务工作的性质，决定了税务师能够掌握和了解委托单位的大量资料和信息。因此，职业道德要求税务师对所掌握的委托单位的资料和情况应当严格保守秘密，除得到委托单位的书面允许和法律、法规要求公布者外，不得提供或泄露给第三者，也不能将其用于私人目的。

**【相关链接】**

税务师职业道德规范（试行）

http：//www.cctaa.cn/zczd/zygz/zyddgf/2017－02－06/CCON17900000015014.html

**【延伸阅读】**

税务师的权利与义务

1. 税务师执业，依法享有下列权利：

税务师有权依照《税务师管理暂行办法》规定的范围，代理由委托人委托的代理事宜；税务师对委托人违反税收法律、法规行为的委托，有权拒绝；

税务师依法从事税务代理业务，受国家法律保护，任何机关、团体、单位和个人不得非法干预；

税务师可以向税务机关查询税收法律、法规、规章和其他规范性文件；

税务师可以要求委托人提供有关会计、经营等涉税资料（包括电子数据），以及其他必要的协助；

税务师可以对税收政策存在的问题向税务机关提出意见和修改建议，可以对税务机关和税务人员的违法、违纪行为提出批评或者向上级主管部门反映；

税务师对行政处罚决定不服的，可以依法申请复议或向人民法院起诉。

2. 税务师执业，需履行下列义务：

税务师执业由税务师事务所委派，个人不得承接业务；

税务师应当在对外出具的涉税文书上签字盖章，并对其真实性、合法性负责；

税务师执业中发现委托人有违规行为并可能影响审核报告的公正、诚信时，应当予以劝阻；劝阻无效时，应当终止执业；

税务师对执业中知悉的委托人的商业秘密，负有保密义务；

税务师应当对业务助理人员的工作进行指导与审核，并对其工作结果负责；

税务师与委托人有利害关系的，应当回避；委托人有权要求其回避；

税务师应当不断更新执业所需的专业知识，提高执业技能，并按规定接受后续教育培训。

资料来源：《注册税务师管理暂行办法》国家税务总局 2006 年。

# 第二节 涉税服务的范围、规则及法律责任

## 一、涉税服务的范围

涉税服务的业务范围主要是纳税人所委托的各项涉税事宜。依据我国《注册税务师管理暂行办法》规定，税务师可以接受委托人的委托从事下列范围内的业务服务：

1. 代办税务登记。
2. 办理纳税、退税和减免税申报。
3. 建账记账。
4. 办理增值税一般纳税人资格认定申请。
5. 利用主机共享服务系统为增值税一般纳税人代开增值税专用发票。
6. 代为制作涉税文书。
7. 开展税务咨询（顾问）、税收筹划、涉税培训等涉税服务业务。
8. 税务师还可承办下列涉税鉴证业务：
（1）企业所得税汇算清缴纳税申报的鉴证；
（2）企业税前弥补亏损和财产损失的鉴证；
（3）国家税务总局和省税务局规定的其他涉税鉴证业务。

根据现行有关法律的规定，税务师不能违反法律、行政法规的规定行使税务机关的行政职能。同时，对税务机关规定必须由纳税人、扣缴义务人自行办理的税务事宜，注册税务师不得代办。

【查一查】哪些税务事宜必须由纳税人、扣缴义务人自行办理？

## 二、涉税服务中税务师的执业规则

1. 税务师执业时，遇有下列情形之一的，应当拒绝出具有关报告：委托人示意其作不实报告或者不当证明的；委托人故意不提供有关资料和文件的；因委托人有其他不合理的要求，致使税务师出具的报告不能对涉税的重要事项作出正确表述的。

2. 税务师执业，应当按照业务规程确定的工作程序建立工作底稿、出具有关报告。税务师出具报告时，不得有下列行为：明知委托人对重要涉税事项的处理与国家税收法律、法规及有关规定相抵触，而不予指明；明知委托人对重要涉税事项的处理会损害报告使用人或者其他利害关系人的合法权益，而予以隐瞒或者作不实的报告；明知委托人对重要涉税事项的处理会导致报告使用人或者其他利害关系人产生重大误解，而不予指明；明知委托人对重要涉税事项的处理有其他不实内容，而不予指明。

3. 税务师不得有下列行为：执业期间，买卖委托人的股票、债券；索取、收受委托合同约定以外的酬金或者其他财物，或者利用执业之便，谋取其他不正当的利益；允许他人以本人名义执业；向税务机关工作人员行贿或者指使、诱导委托人行贿；其他违反法律、行政法规的行为。

## 三、涉税服务的法律责任

在涉税服务过程中，税务师以委托方名义进行代理工作，其代理过程中所产生的法律后果直接归属委托方，涉税服务法律关系的确定以委托代理协议书的签订为标志。委托代理协议书签订后，税务师及其助理人员按协议约定的代理事项开展工作，遇代理项目发展变化、税务师变化或由于客观原因需要延长完成协议时间的，应相应修改或补充原协议内容；税务代理委托协议约定的代理期限届满或代理事项完成，税务代理关系自然终止。

为了维护涉税服务双方的合法权益，保证涉税服务活动顺利进行，使涉税服务事业能够在法制的轨道上健康发展，必须明确涉税服务的法律责任。

### （一）委托方的法律责任

根据《中华人民共和国合同法》规定，当事人一方不履行合同义务或者履行合同义务不符合约定的，应当承担继续履行、采取补救措施或者赔偿损失等违约责任。因此，如果委托方违反涉税服务协议的规定，致使税务师不能履行或不能完全履行涉税服务协议，由此而产生法律后果的法律责任应全部由委托方承担。其中，纳税人除了应按规定承担本身应承担的税收法律责任以外，还应按规定向受托方支付违约金和赔偿金。

### （二）受托方的法律责任

《民法通则》第 66 条规定：代理人不履行职责而给被代理人造成损害的应当承担民事责任。根据这项规定，税务代理如因工作失误或未按期完成税务代理事务等未履行税务代理职责，给委托方造成不应有的损失的，应由受托方负责。

《税收征管法实施细则》第 98 条规定：税务代理人违反税收法律、行政法规，造成纳税人未缴或者少缴税款的，除由纳税人缴纳或者补缴应纳税款、滞纳金外，对税务代理人处纳税人未缴或者少缴税款 50% 以上 3 倍以下的罚款。

《注册税务师管理暂行办法》规定，对税务师及其所在机构违反该规定的行为，分别按下列规定进行处理：

1. 税务师有下列行为之一的，由省税务局予以警告或者处 1 000 元以上 5 000 元以下罚款，责令其限期改正，限期改正期间不得对外行使税务师签字权；逾期不改正或者情节严重的，应当向社会公告，公告办法另行规定：

（1）执业期间买卖委托人股票、债券的；

（2）以个人名义承接业务或者收费的；

（3）泄露委托人商业秘密的；

（4）允许他人以本人名义执业的；

（5）利用执业之便，谋取不正当利益的；

（6）在一个会计年度内违反《税务师管理暂行办法》规定2次以上的。

2. 税务师事务所有下列行为之一的，由省税务局予以警告或者处1 000元以上1万元以下罚款，责令其限期改正；逾期不改正或者情节严重的，向社会公告：

（1）未按照《税务师管理暂行办法》规定承办相关业务的；

（2）未按照协议规定履行义务而收费的；

（3）未按照财务会计制度核算，内部管理混乱的；

（4）利用执业之便，谋取不正当利益的；

（5）采取夸大宣传、诋毁同行、以低于成本价收费等不正当方式承接业务的；

（6）允许他人以本所名义承接相关业务的。

3. 税务师和税务师事务所出具虚假涉税文书，但尚未造成委托人未缴或者少缴税款的，由省税务局予以警告并处1 000元以上3万元以下的罚款，并向社会公告；税务师和税务师事务所违反税收法律、行政法规，造成委托人未缴或者少缴税款的，由省税务局按照《税收征管法实施细则》第98条的规定处以罚款；情节严重的，撤销执业备案或者收回执业证，并提请工商行政管理部门吊销税务师事务所的营业执照。

### （三） 对属于共同法律责任的处理

《民法通则》第67条规定：代理人知道被委托代理的事项违法，仍进行代理活动的，或者被代理人知道代理人的代理行为违法，不表示反对的，由被代理人和代理人负连带责任。根据这项规定，税务师与被代理人如果互相勾结、偷税抗税、共同违法，应按共同违法论处，双方都要承担法律责任。涉及刑事犯罪的，还要移送司法部门依法处理。

## 第三节　税务师的执业风险与防范

### 一、税务师执业风险及其表现形式

税务师执业风险是指税务师因工作缺欠导致委托人或第三方权益遭受损失所要承担的法律责任。

税务师执业风险有以下几种主要表现形式：

## （一） 为委托人提供有损于国家税收利益或第三方利益的服务

税务师提供税务咨询类服务时，通过曲解税收政策规定、进行不当税收筹划或者迎合委托人需求实施不合税法规定的安排等，以减轻委托人的税收负担，从而损害国家税收利益或第三方利益，税务师为此将承担法律责任，这是税务师首先要避免的风险。

## （二） 出具不恰当的鉴证报告

由于税务师出具的鉴证报告具有证明力，其质量具有鲜明的隐蔽性，质量的优劣很难通过报告的外表观察与识别。委托人提供虚假的或不足的证据、税务师涉税鉴证实施过程组织不严密或专业水准不够等，会使其出具得出错误鉴证结论的涉税鉴证业务报告，将导致极为严重的后果。

## （三） 提供服务的过程、结果没有达到业务约定书的要求

税务师事务所提供的服务，是根据委托人情况"量身定制"，具有很强的针对性。委托人的情况、委托人的需求和目标、税务师事务所派出的服务人员和级别、提供的服务时间、服务地点和服务过程、服务成果体现方式和提交时间等，都需要在业务约定书得以体现。税务师事务所及其税务师提供的服务，没有按照业务约定书进行，可能导致税务师事务所承担责任。

## （四） 没有履行告知义务，致使委托人不当使用服务成果

税务师的服务成果，是以税收法规和委托人情况为基础得出的结论，但税收法规和委托人的情况有可能发生变化，这些变化是形成使用税务师服务成果的限制原因。由于委托人对税务专业知识的缺失，并不能完全了解这些限制。因此，税务师在提供服务成果时，应当向委托人告知委托人在使用服务成果时限制条件和注意事项，以避免委托人不当使用服务成果所带来的损失。税务师不告知行为，可能导致税务师事务所承担责任。

# 二、税务师事务所执业质量控制

税务师事务所质量控制是指税务师事务所为实现质量目标而实施的程序、方法和措施。其中，执业质量控制是最重要的内容，它是降低税务师及其税务师事务所执业风险的重要基础。

## （一） 业务承接和业务保持

在确定是否接受和保持业务委托关系前，税务师应当对委托人的情况进行了解和评估，税务师事务所应当对税务师的评估情况进行评价和决策。

1. 调查和评估。税务师事务所在确定是否接受和保持业务委托关系前，应当对下列情况进行调查和评估：

（1）委托人的信誉、诚信可靠性及纳税遵从度；

（2）委托人的委托目的和目标；

（3）委托人对税务师实施程序、方法的干预；

（4）税务师事务所的专业胜任能力；

（5）委托业务在职业道德方面对税务师事务所及执行业务税务师的要求；

（6）其他有损于税务师执业质量情形。

2. 评价和决策。对调查情况进行评估时，可先由调查人进行初评，提出承接（保持）意见，再由税务师事务所决定是否接受委托。

3. 业务约定书。确定承接或保持的业务，应与委托方签订业务约定书。为控制执业风险，税务师事务所可以根据不同的服务类型，对业务约定书的重要事项制定标准条款，必要时可委托法律专家进行设计，并定期修订。业务约定书一般包括如下要素：委托原因和背景；委托人的需求；服务目标；适用的税收法律标准；项目组（服务团队）主要成员；服务程序；服务成果体现形式、提交方式和时间；业务收费时间和方式；双方权利和义务。

## （二）业务委派

税务师事务所制定的业务委派制度内容应当包括：项目组织结构、项目负责人和其他重要人员的选定程序、责任、权力。

项目组织结构一般可设为项目负责人、项目经理、项目助理三级。

项目负责人由税务师事务所选定，是项目最高负责人，全面负责项目管理工作，对项目质量承担最终责任。税务师事务所在选定项目负责人时，应重点关注其技术专长、经验、已有项目工作量以及独立性是否符合要求，应避免依业绩高低安排项目负责人。

项目负责人负责选择符合专业胜任能力、职业道德规范和资格的项目经理和助理，向项目组成员告知工作目标和质量目标，告知项目组成员实现工作、质量目标的总体要求。

项目经理由项目负责人选定，是项目具体承办人，主要负责按项目负责人的授权选定项目助理、制订项目计划、安排项目助理人员工作、与委托人进行沟通、复核项目助理人员工作、向项目负责人报告重大事项等。

项目组各级人员选定前，应当事先征询成员意见，协调各项目组之间对人员、时间、资源的不同要求。税务师事务所提供鉴证业务，如果鉴证对象是本事务所提供的涉税服务结果，可以考虑由提供涉税服务项目以外的人员担任项目负责人或项目经理。

## （三）业务实施

税务师事务所制定的业务实施制度内容应当包括：业务计划（总体业务计划和具体业务计划）、重要质量（风险）控制事项、重要事项意见分歧的处理、业务结论、服务结果提交等相关事项的决策程序和权限。此外，税务师事务所还应当对确定和处理业务实施过程的重大事项进行规定，并规范与税务机关、委托人的沟通权限和时间。

税务师事务所在对重要质量（风险）控制事项进行管理时，应重点关注以下方面：在计划阶段，重要质量（风险）控制事项是否确定；在实施阶段，是否对重要质量（风险）控制事项实施了程序；取得的证据与结论是否相符；对委托人的舞弊行为所采取的措施是否恰当。

项目组成员之间、项目组与被委托人之间、项目负责人与业务质量监控人员之间产生意见分歧，在分歧得到解决以后，项目负责人方可提交服务成果。

## （四）业务质量复核与监控

1. 业务质量复核。业务质量复核是指项目组内部人员之间对工作结果进行的复核，是为保证业务质量对项目组作出的重大判断和形成的业务结果，作出客观评价的过程。

业务复核内容应当包括：业务计划是否得到执行；重大事项是否已提请解决；与税务机关沟通情况是否得到记录；已执行的工作是否支持形成的结论，并得以适当记录；获取的证据是否充分、适当；业务目标是否实现。

2. 业务质量监控。业务质量监控是指税务师事务所选派项目组以外人员，对项目组的工作成果作出客观评价的过程。业务质量监控人应当具备业务监控所需要的足够、适当的技术专长和经验并满足独立性的要求。业务监控人的选择，应当限定在税务师事务所最高业务级别人员中选定，不得由项目负责人选定。

业务质量监控内容应当包括：重要风险、质量控制事项处理是否适当，结论是否准确；税法选用是否准确；重要证据是否采集；对委托人舞弊行为的处理是否恰当；委托人的委托事项是否完成，结论是否恰当。

## （五）业务工作底稿及档案管理

税务师事务所可以根据自身情况，制订业务工作底稿。鉴证业务在税务师事务所内部应当使用统一的工作底稿。项目组自提交业务结果之日起90日内将业务工作底稿归整为业务档案。业务档案应按不同客户、不同委托业务分别归整，对同一客户不同的委托业务，应分别归整业务档案。税务师事务所的业务档案，应当自提交结果之日起至少保存10年。

税务师事务所应当制订业务工作底稿及档案管理制度和程序，以满足下列要求：安全保管业务工作底稿并对业务工作底稿保密；保证业务工作底稿的完整性；便于使用和检索业务工作底稿；按照规定的期限保存业务工作底稿。

【相关链接】

税务师业务承接规则（试行）

http：//www.cctaa.cn/zczd/zygz/cxxzz/2017－02－07/14428.html

税务师业务约定书规则（试行）

http：//www. cctaa. cn/zczd/zygz/cxxzz/2017－02－07/14430. html

税务师业务计划规则（试行）

http：//www. cctaa. cn/zczd/zygz/cxxzz/2017－02－07/14429. html

税务师工作底稿规则（试行）

http：//www. cctaa. cn/zczd/zygz/cxxzz/2017－02－07/14429. html

税务师业务报告规则（试行）

http：//www. cctaa. cn/zczd/zygz/cxxzz/2017－02－07/14427. html

税务师事务所质量控制规则（试行）

http：//www. cctaa. cn/zczd/zygz/zlkzl/2016－08－26/14423. html

【延伸阅读】

国家税务总局关于《涉税专业服务监管办法（试行)》的解读

http：//www. cctaa. cn/hyxw/hyrd/2017－05－12/CCON17900000018147. html

【学习思考】

1. 税务师的执业特点有哪些？对该行业有哪些具体的职业道德要求？

2. 简述税务师的执业风险及其防范措施。

3. 概述涉税服务的业务范围。

【能力训练】

安瑞税务师事务所被查出下列问题，分别指出下列行为是否合法，如果违法，应承担什么法律责任？

1. 安瑞税务师事务所与委托人 A 签订增值税纳税申报代理合同，但由于税务师张某个人原因，未按时进行纳税申报，致使增值税进项税发票抵扣时间过期；

2. 事务所内税务师林某以个人名义承接代理申报业务，并将企业商业秘密泄露给委托人的竞争对手；

3. 事务所声称免费承接业务，但与委托方约定，对于帮助委托方的偷逃税款，事务所分成70%；

4. 事务所举办培训业务，并向学员收费；

5. 税务师林某允许同事李某以自己的名义执业；

6. 税务师林某和税务师事务所出具虚假涉税文书，造成委托人少缴税款 27 万元。

# 第二章

# 税务登记代理

【本章导读】

税务师为客户提供税务登记代理服务，代理纳税人填报相关表格，并按规定提交有关资料，其目的是为了指导和帮助纳税人有效地做好税务登记工作。通过本章的学习，要求学生熟练掌握经营环节税务登记的代理实务和特定税种、纳税事项的登记代理问题。

## 第一节　企业税务登记代理

企业税务登记的范围主要涉及两个方面：企业设在外地的分支机构和从事生产、经营的场所，个体工商户和从事生产、经营的事业单位的税务登记；企业特定税种、纳税事项的税务登记。

### 一、税务登记

#### （一）"五证合一，一照一码"登记制度

"五证合一，一照一码"登记制度是指将由工商行政管理局（市场监督管理局）、质监、税务、人力社保、统计五个部门分别核发不同证照，改为由工商部门核发加载统一社会信用代码的营业执照，组织机构代码证、税务登记证、社会保险登记证、统计登记证不再发放。

2015年10月1日至2017年12月31日为"五证合一"的改革过渡期，过渡期内改革前核发的营业执照、组织机构代码证、税务登记证、社会保险登记证和统计登记证继续有效，企业办理变更事项、证照有效期满续办申请等情形下予以换发"五证合一"的营业执照。也可自愿申请换发"五证合一"营业执照。

过渡期结束后，一律使用加载统一代码的营业执照办理相关业务，未换发的营业执照、组织机构代码证、税务登记证、社会保险登记证、统计登记证以及"一照五码"营业执照不再有效。

**【相关链接】**

《推进"五证合一、一照一码"登记制度改革》

http：//www. gov. cn/zhengce/content/2016 – 07/05/content_5088351. htm.

## （二）代理税务登记操作规范

1. 代理税务登记申报。税务师以企业的名义向税务机关办理税务登记申报，应注意以下三个问题。

（1）企业在工商登记，取得"五证合一、一照一码"证照后，30 日内未去税务机关报道，不属于逾期登记。

（2）《申请税务登记报告书》应详细写明申请税务登记的原因和要求。

（3）提供办理税务登记所必备的资料和复印件。

2. 代理填报《税务登记表》。《税务登记表》分为三种类型，具体格式见表 2 – 1，分别适用于单位纳税人、个体经济者、临时登记纳税人。税务师应根据企业的经济类型，领取相应的表式，填写完毕后将登记表有关资料报送税务机关审核。

表 2 – 1 税务登记表

（适用单位纳税人）

国税档案号： 地税档案号： 填表日期：

| 纳税人名称 | | | 纳税人识别号 | | |
|---|---|---|---|---|---|
| 登记注册类型 | | | 批准设立机关 | | |
| 组织机构代码 | | | 批准设立证明或文件号 | | |
| 开业（设立）日期 | 生产经营期限 | | 证照名称 | 证照号码 | |
| 注册地址 | | | 邮政编码 | 联系电话 | |
| 生产经营地址 | | | 邮政编码 | 联系电话 | |
| 核算方式 | 请选着对应项目打"√" □独立核算 □非独立核算 | | | 从业人数____ | 其中外籍人数____ |
| 单位性质 | 请选择对应项目打"√" □企业 □事业单位 □社会团体 □民办非企业单位 □其他 | | | | |
| 网站网址 | | | 国标行业 | □□ □□ □□ □□ | |
| 适用会计制度 | 请选择对应项目打"√" □企业会计制度 □小企业会计制度 □金融企业会计制度 □行政事业单位会计制度 | | | | |
| 经营范围 | 请将法定代表人（负责人）身份证复印件粘贴在此处 | | | | |

续表

| 内容 ＼ 项目 联系人 | 姓名 | 身份证件 | | 固定电话 | 移动电话 | 电子邮箱 |
|---|---|---|---|---|---|---|
| | | 种类 | 号码 | | | |
| 法定代表人（负责人） | | | | | | |
| 财务负责人 | | | | | | |
| 办税人 | | | | | | |

| 税务代理人名称 | | 纳税人识别号 | | 联系电话 | | 电子邮箱 |
|---|---|---|---|---|---|---|
| | | | | | | |

| 注册资本或投资总额 | 币种 | 金额 | 币种 | 金额 | 币种 | 金额 |
|---|---|---|---|---|---|---|
| | | | | | | |
| | | | | | | |

| 投资方名称 | 投资方经济性质 | 投资比例 | 证件种类 | 证件号码 | 国籍或地址 |
|---|---|---|---|---|---|
| | | | | | |
| | | | | | |

| 自然人投资比例 | | 外资投资比例 | | 国有投资比例 | |
|---|---|---|---|---|---|
| | | | | | |

| 分支机构名称 | | 注册地址 | | 纳税人识别号 | |
|---|---|---|---|---|---|
| | | | | | |

| 总机构名称 | | | 纳税人识别号 | | |
|---|---|---|---|---|---|
| 注册地址 | | | 经营范围 | | |
| 法定代表人姓名 | | 联系电话 | 注册地址邮政编码 | | |

| 代扣代缴、代收代缴税款业务情况 | 代扣代缴、代收代缴税款业务内容 | | 代扣代缴、代收代缴税种 | |
|---|---|---|---|---|
| | | | | |
| | | | | |

报送资料：

| 经办人签章： | 法定代表人（负责人）签章： | 纳税人公章： |
|---|---|---|
| 年　月　日 | 年　月　日 | 年　月　日 |

以下由税务机关填写

续表

| 纳税人所处街乡 | | | 隶属关系 | |
|---|---|---|---|---|
| 国税主管税务局 | | 国税主管税务所（科） | 是否属于国税、地税公管户 | |
| 地税主管税务局 | | 地税主管税务所（科） | | |
| 经办人（签章）：<br>国税经办人：<br>地税经办人： | 国家税务登记机关<br>（税务登记专用章） | | 地方税务登记机关<br>（税务登记专用章）： | |
| 受理日期：<br>　　　年　月　日 | 核准日期：<br>　　　　　　年　月　日<br>国税主管税务机关： | | 核准日期：<br>　　　　　　年　月　日<br>地税主管税务机关： | |
| 国税核发《税务登记证》副本数量：　本　发证日期：　年　月　日 | | | | |
| 地税核发《税务登记证》副本数量：　本　发证日期：　年　月　日 | | | | |

## 二、变更税务登记

纳税人办理设立税务登记后，登记内容发生变化的应向原税务机关申报办理变更税务登记。变更税务登记适用范围主要有以下几种：（1）改变名称；（2）改变法人代表；（3）改变经济性质；（4）增设或撤销分支机构；（5）改变住所或经营地点（涉及主管税务机关变动的办理注销登记）；（6）改变生产、经营范围或经营方式；（7）增减注册资本；（8）改变隶属关系；（9）改变生产经营期限；（10）改变开户银行和账号；（11）改变生产经营权属以及改变其他税务登记内容。

### （一）变更税务登记管理流程

1. 已领取"一照一码"营业执照的企业生产经营地、财务负责人、核算方式三项信息由企业登记机关在新设时采集。在企业经营过程中，上述信息发生变化的，企业应向主管税务机关申请变更，不向工商登记部门申请变更。除上述三项信息外，企业在登记机关新设时，采集的信息发生变更的，均由企业向工商登记部门申请变更。对于税务机关在后续管理中采集的其他必要涉税基础信息发生变更的，企业直接向税务机关申请变更即可。

2. 未领取"一照一码"营业执照的企业申请变更登记或者申请换发营业执照的，税务机关应告知企业在登记机关申请变更，并换发载有统一社会信用代码的营业执照。原税务登记证由企业登记机关收缴、存档。企业"财务负责人""核算方式""经营地址"三项信息发生变化的，应该直接向税务机关申请变更。

3. 个体工商户及其他机关批准设立的未列入"一照一码"登记范围主体的变更事项，按照以下业务规程操作：

（1）纳税人税务登记内容发生变化的，应当向原税务登记机关申报办理变更税务登记，报送材料有《变更税务登记表》、工商营业执照原件及复印件、纳税人变更登记内容的有关证明文件原件及复印件以及税务登记证件。

（2）税务登记情形发生变化的，但不涉及改变税务登记证件内容的纳税人，向原主管税务机关办理变更税务登记，报送材料为《变更税务登记表》、纳税人变更登记内容的有关证明文件原件及复印件。

（3）纳税人已在工商行政管理机关办理变更登记的，应当自工商行政管理机关变更登记之日起30日内，向原税务机关申报办理变更税务登记。

（4）纳税人按照规定不需要在工商行政管理机关变更登记，或者其变更登记的内容与工商登记内容无关的，应当自税务登记内容实际发生变化之日起30日内，或者自有关机关批准或者宣布变更之日起30日内，到原税务登记机关申报办理税务登记。

【想一想】企业变更税务登记的使用范围包括哪些？

## （二）代理变更税务登记操作要点

1. 代理变更税务登记申报。代理变更税务登记申报时，应注意企业是否领取"一照一码"营业执照，不同情况下变更登记申报流程不同。税务师应当以纳税人的名义向原登记税务机关办理变更登记，根据纳税人的具体情形，如实送报所需的证件及有关资料。

2. 代理填写《变更税务登记表》（见表2-2），并报送税务机关审核。税务师领取《变更税务登记表》以后，应根据企业的实际情况，详细填写纳税人识别号、纳税人名称、填表日期、变更登记事项以及变更前后的内容，并进行签章。

3. 领取变更后的税务登记证件及有关资料。税务师应及时到税务机关领取重新核发的税务登记证件及有关资料，并送交企业存档。

表2-2                 变更税务登记表

| 纳税人名称 | | 纳税人识别号 | | |
|---|---|---|---|---|
| 国税档案号码 | | 地税计算机代码 | | |
| 变更登记事项 | | | | |
| 序号 | 变更项目 | 变更前内容 | 变更后内容 | 批准机关名称及文件 |
| | | | | |
| | | | | |
| | | | | |
| | | | | |
| 送交证件情况： | | | | |

续表

| 纳税人： | | |
|---|---|---|
| 经办人： 年 月 日 | 法定代表人（负责人）： 年 月 日 | 纳税人（签章） 年 月 日 |
| 经办主管税务机关审核意见： | | |
| 经办人： 年 月 日 | 负责人： 年 月 日 | 税务机关（签章） 年 月 日 |

注：本表一式二份，税务机关与纳税人各执一份。

# 填表说明

一、本表适用于各类纳税人变更税务登记填用。

二、报送此表时还应附送如下资料：

（一）税务登记变更内容与工商行政管理部门登记变更内容一致的应提交：

1. 工商执照及工商变更登记表复印件；

2. 纳税人变更登记内容的决议及有关证明文件；

3. 主管税务机关发放的原税务登记证件（税务登记证正、副本和税务登记表等）；

3. 主管税务机关需要的其他资料。

（二）变更税务登记内容与工商管理部门登记的内容无关的应提交：

1. 纳税人变更登记内容的决议及有关证明、资料；

2. 主管税务机关需要的其他资料。

三、变更项目：填变更税务登记前的登记内容。

四、变更前内容：填变更税务登记前的登记内容。

五、变更后内容：填变更的登记内容。

六、批准机关名称及文件：凡需要经过批准才能变更的项目须填写此项。

七、本表一式二份，税务机关一份，纳税人一份。

# 三、停业、复业登记

## （一）停业、复业登记管理规程

1. 实行定期定额征收方式的个体工商户需要停业的，应当在停业前向税务机关申报办理停业登记。纳税人的停业期不得超过一年。停业超过 1 年的，不予办理停业登记，应办理注销税务登记。

2. 纳税人在申报办理停业登记时，应如实填写停业申请登记表，说明停业理由、停业期限、停业前的纳税情况和发票的领、用、存情况，未使用完的发票和其他税务证件。

3. 纳税人在停业期间发生纳税义务的，应当按照税收法律、行政法规的规定申报缴纳税款。

4. 纳税人准期复业或提前复业的，应当于恢复生产经营之前，向税务机关申报办理复业登记，如实填写《停业复业（提前复业）报告书》，领回并启用税务登记证件、发票领购簿及其停业前领购的发票。

5. 纳税人停业期满不能及时恢复生产经营的，应当在停业期满前向税务机关提出延长登记申请，并如实填写《停业复业（提前复业）报告书》（见表 2 - 3）。

【想一想】实行定期定额征收方式的个体工商户停业期未超过一年，需要办理何种税务登记；停业期超过一年，需要办理何种税务登记？

表 2 - 3　　　　　　　　　停业复业（提前复业）报告书

填表日期：　年　月　日

| 纳税人基本情况 | 纳税人名称 | | | 纳税人识别号 | | | 经营地点 | | |
|---|---|---|---|---|---|---|---|---|---|
| | | | | | | | | | |
| 停业期限 | | | | 复业时间 | | | | | |
| 交回发票情况 | 种类 | 号码 | 本数 | 领回发票情况 | 种类 | | 号码 | | 本数 |
| | | | | | | | | | |
| 交存税务资料情况 | 发票领购簿 | 税务登记证 | 其他资料 | 领用税务资料情况 | 发票领购簿 | | 税务登记证 | | 其他资料 |
| | 是（否） | 是（否） | 是（否） | | 是（否） | | 是（否） | | 是（否） |
| 结清税款情况 | 应纳税款 | 滞纳金 | 罚款 | 停业期是（否）纳税 | 已缴应纳税款 | | 已缴滞纳金 | | 已缴罚款 |
| | 是（否） | 是（否） | 是（否） | | 是（否） | | 是（否） | | 是（否） |
| | | | | | 纳税人（签章）<br>年　月　日 | | | | |
| 税务机关复核 | 经办人：<br><br>年　月　日 | | 负责人：<br><br>年　月　日 | | | 年　月　日 | | | | |

## （二）代理停业、复业登记操作要点

1. 代理停业、复业登记申报。税务师应按照规定的期限以纳税人的名义向税务机关办理停业、复业登记申报，填报停业、复业报告书，并提交相关证明文件和资料。

2. 代理填报停业、复业登记表。根据企业实际情况，填写停业、复业登记表。

3. 代理领取企业停业、复业登记的有关批件。经税务机关核准后，税务师代理领取企业停业、复业登记的有关批件。

## 四、注销税务登记

## （一）注销税务登记管理规程

1. 已实行"五证合一、一照一码"登记模式的企业办理注销登记，需先向税务主管机关申报清税，填写《清税申报表》。企业可向税务主管机关提出清税申报，税务主管机关按照职责进行清税，限时办理。清税完毕后税务机关根据清税结果向纳税人统一出具《清税证明》，并将信息共享到交换平台。

2. 未换发"五证合一、一照一码"营业执照的企业申请注销登记按照以下规程操作：

（1）纳税人发生解散、破产、撤销以及其他情形，依法终止纳税义务的，应当在向工商行政管理机关或者其他机关办理注销登记前，持有关证件和资料向原税务登记机关申报办理注销税务登记；按规定不需要在工商行政管理机关或者其他机关办理注册登记的，应当自有关机关批准或者宣告终止之日起 15 日内，持有关证件和资料向原税务登记机关申报办理注销税务登记。

（2）纳税人被工商管理机关吊销营业执照或者被其他机关予以撤销登记的，应当自营业执照被撤销登记之日起 15 日内，向原税务登记机关申报办理注销税务登记。

（3）纳税人因住所、经营地点变动，涉及改变税务登记机关的，应当在向工商行政管理机关或者其他机关申请办理变更、注销登记前，或者住所、经营地点变动前，持有关证件和资料，向原税务登记机关申报办理注销税务登记，并自注销税务登记之日起 30 日内向迁达地税务机关申报办理税务登记。

（4）境外企业在中国境内承包建筑、安装、装配、勘探工程和提供劳务的，应当在项目完工、离开中国前 15 日内，持有关证件和资料，向原税务登记机关申报办理注销税务登记。

（5）纳税人办理注销税务登记前，应当向税务机关提交相关证明文件和资料，结清应纳税款、多退（免）税款、滞纳金和罚款，缴销发票、税务登记证和其他税务证件，经税务机关核准后，办理注销税务登记手续。

【课堂讨论】纳税人办理注销税务登记前，有应纳税款未缴清，可以办理注销税务登记手续吗？

### （二）代理注销税务登记操作要点

1. 代理注销税务登记申报。税务师应按照规定的期限以纳税人的名义向税务机关办理注销税务登记申报，根据纳税人的具体情形，填报《注销税务师登记申请审批表》（见表2-4）并提交相关证明文件和资料。

2. 代理填报《注销税务登记申请审批表》。税务师应根据企业的实际情况填写《注销税务登记申请审批表》，经企业盖章后报送税务机关办理审批手续。将已领购的或已购未用的发票、发票领购簿、税务登记证等税收票证交回税务机关审验核销。

3. 代理领取注销税务登记的有关批件。税务机关在纳税人结清全部纳税事项后，核发《注销税务登记通知书》。税务师应及时到税务机关领取核准文书，送交纳税人。

表2-4 注销税务登记申请审批表

| 纳税人名称 | | 纳税人识别号 | |
|---|---|---|---|
| 注销原因 | | | |
| 附送资料 | | | |
| 纳税人：<br><br>办税员：      法定代表人（负责人）：      纳税人（签章）<br>     年 月 日      年 月 日      年 月 日 | | | |
| 清缴税款、滞纳金、罚款情况 | 经办人：         负责人：<br>     年 月 日         年 月 日 | | |
| 缴销发票情况 | 经办人：         负责人：<br>     年 月 日         年 月 日 | | |
| 税务检查意见 | 检查人员：        负责人：<br>     年 月 日         年 月 日 | | |

续表

| | 种类 | 税务登记证正本 | 税务登记证副本 | 临时税务登记证正本 | 临时税务登记证副本 |
|---|---|---|---|---|---|
| 收缴税务证件情况 | 经办人：<br>年　月　日 | | 负责人：<br>年　月　日 | | |
| 批准意见 | 部门负责人：<br>年　月　日 | | 税务机关签章<br>年　月　日 | | |

# 第二节　纳税事项税务登记代理

本节主要介绍增值税一般纳税人认定登记、税种认定登记、代扣代缴税务登记代理实务。

## 一、增值税一般纳税人认定登记

### （一）增值税一般纳税人认定登记管理流程

1. 增值税纳税人，年应税销售额超过财政部、国家税务总局规定的小规模纳税人标准的，除另有规定外，应当向主管税务机关申请一般纳税人认定。

年应税销售额，是指纳税人在连续不超过 12 个月或四个季度的经营期内累计应征增值税销售额，包括纳税申报销售额、稽查查补销售额、纳税评估调整销售额。增值税小规模纳税人标准为年应征增值税销售额 500 万元及以下。

销售服务、无形资产或者不动产（以下简称"应税行为"）有扣除项目的纳税人，其应税行为年应税销售额按未扣除之前的销售额计算。纳税人偶然发生的销售无形资产、转让不动产的销售额，不计入应税行为年应税销售额。

2. 年应税销售额未超过规定标准的纳税人，会计核算健全，能够提供准确税务资料的，可以向主管税务机关办理一般纳税人登记。

3. 纳税人申请办理一般纳税人认定手续，应向其所在地主管税务机关提出书面申请。

4. 纳税人填报内容与税务登记信息一致的，主管税务机关当场登记。

5. 纳税人填报内容与税务登记信息不一致，或者不符合填列要求的，税务机关应当场告知纳税人需要补正的内容。

6. 纳税人在年应税销售额超过规定标准的月份（或季度）的所属申报期结束后 15 日内按照本办法第六条或者第七条的规定办理相关手续；未按规定时限办理的，主管税务机关应当在规定时限结束后 5 日内制作《税务事项通知书》，告知纳税人应当在 5 日内向主管税务机关办理相关手续；逾期仍不办理的，次月起按销售额依照增值税税率计算应纳税额，不得抵扣进项税额，直至纳税人办理相关手续为止。

7. 纳税人自一般纳税人生效之日起，按照增值税一般计税方法计算应纳税额，并可以按照规定领用增值税专用发票，财政部、国家税务总局另有规定的除外。

生效之日，是指纳税人办理登记的当月 1 日或者次月 1 日，由纳税人在办理登记手续时自行选择。

## （二）代理增值随一般纳税人认定登记操作要点

1. 税务师应向纳税人所在地主管税务机关提出申请报告，并要求企业提供有关资料来填写《增值税一般纳税人申请认定表》，主要提供的资料如：企业设立的合同、章程，企业申办工商登记、税务登记的报表和证件，企业已实现销售的情况，会计、财务核算的原始资料等。对企业可能实现或已实现的年度应税销售额，企业会计、财务处理的方法和管理制度，企业财务人员的办税能力能否具备增值税一般纳税人的条件等问题，写出有关增值税一般纳税人认定登记的核查报告，作为《增值税一般纳税人申请认定表》的附件，报送主管税务机关。

2. 对于税务机关审核后认定为正式一般纳税人的企业，税务师可以加载统一代码的营业执照、《增值税一般纳税人资格登记表》交存企业存档，并告知增值税一般纳税人办税的要求。如果企业暂定被认为临时一般纳税人，应指导企业准确核算增值税的进项税额、销项税额。待临时一般纳税人期满后，向税务机关提出转为正式一般纳税人的申请。

**【同步案例 2－1】**

希特管件有限公司委托国泰税务师事务所代理增值税一般纳税人登记手续。经查，该公司根据合同规定生产。经营规模为每年加工生产各种铸铁件 1 200 吨，其产品全部由合资韩方在中国境外销售，年出口销售额 250 万元，销售利润率保持在 16% 以上。该公司会计年度采用历年制，按照工业企业会计制度和外商投资企业财务会计核算的有关规定进行财务处理，公司财务会计 2 人，均有会计师执业证书。

希特管件有限公司的产品于 2015 年 10 月开始出口销售。税务司经审核该公司出口产品销售收入明细账、增值税应缴税金明细账、出口产品原始单据等资料，确认该公司于 2015 年 10 月出口销售额 34 万美元，按当月 1 日汇率折算为人民币 215.10 万元。出口产品销售成本 179.40 万元，产品销售毛利率 16.60%，公司财务核算制度较为健全。税务师经过上述调查向主管税务机关提交《关于希特管件有限公司申请认定增值税一般纳税人核查报告》，并填写《增值税一般纳税人资格登记表》，如表2-5所示。

税务师向主管税务机关提交的核查报告样式如下：

### 关于希特管件有限公司申请认定
### 增值税一般纳税人的核查报告

××税务局对外税务分局：

希特管件有限公司是中韩合资经营企业，于2015年月办理税务登记，生产经营所在地是××镇××村，注册资本额为320万元人民币。其中：中外双方固定资产投资额为248.2万元。该公司主要生产各种铸铁管件，由合资外方负责销售韩国、欧美等市场，设备生产能力为年加工铸铁管件1 200吨，预计出口销售额250万美元。经我所调查核实，该公司自10月正式投产经营以来加工出口各式铸件34万美元，生产设备的运转和出口销售额基本可达预计指标，国外市场销售渠道稳定。

该公司已按外商投资企业、工业企业财务、会计制度的规定设置了有关账簿，增值税专用发票抵扣联的取得与进项税额的计算符合要求。企业财务主管和办税员均有会计师资格证书。根据上述调查资料，我所认为希特管件有限公司符合增值税一般纳税人认定的条件，报请贵局审查批准。

××税务师事务所
税务师××
2015年11月5日

表2-5　　　　　　　　　增值税一般纳税人资格登记表

| 纳税人名称 | 希特管件有限公司 | 纳税人识别号 | 201211610450116 |
| --- | --- | --- | --- |
| 法定代表人（负责人、业主） | 证件名称及号码 | 联系电话 | |
| 财务负责人 | 证件名称及号码 | 联系电话 | |
| 办税人员 | 证件名称及号码 | 联系电话 | |
| 税务登记日期 | | | |
| 生产经营地址 | | | |
| 注册地址 | | | |
| 纳税人类别：企业　　　非企业型单位　　　个体工商户　　　其他 | | | |
| 主营业主类别：工业　　　商业　　　服务业　　　其他 | | | |
| 会计核算健全：是 | | | |
| 一般纳税人资格生效之日：当月1日　　　次月1日 | | | |

续表

| 纳税人（代理人）承诺： | | | |
|---|---|---|---|
| 　　上述各项内容真实、可靠、完整。如有虚假，愿意承担相关法律责任。 | | | |
| 　经办人： | 法定代表人： | 代理人： | （签章）<br>年　月　日 |
| 以下由税务机关填写 | | | |
| 主管税务机关<br>受理情况 | 受理人： | | 主管税务机关（章）<br>年　月　日 |

## 二、税种认定登记

税种认定登记时在纳税人办理了开业税务登记和变更税务登记之后，由主管税务局根据纳税人的生产经营项目，进行适用税种、税目、税率的鉴定，以指导纳税人、扣缴义务人办理纳税事宜。

### （一）税种认定登记管理规程

1. 纳税人应在领取《税务登记证》副本后和申报纳税之前，到主管税务机关的征收管理部门申请税种认定登记，填写《纳税人税种登记表》（见表2-6）。纳税人如果变更税务登记的内容及税种、税目、税率变化的，应在变更税务登记之后重新申请税种认定登记，并附送申请报告。

2. 税务机关对纳税人报送的《纳税人税种认定表》及有关资料进行审核，也可根据实际情况派人到纳税人的生产经营现场调查之后，对纳税人适用的税种、税目、税率、纳税期限、纳税方法等作出确认，在《纳税人税种登记表》的有关栏目中注明，或书面通知纳税人税种认定结果，以此作为办税的依据。

### （二）代理税种认定登记操作要点

1. 代理税种认定登记，税务师应在核查纳税人有关资料的基础上，结合纳税事项深入调查。特别是对于增值税企业的混合销售行为，兼营非应税劳务的纳税事项，生产加工应税消费品的企业消费税适用税目、税率的纳税事项，外商投资企业生产性与非生产性的认定，以及产品出口企业、高新技术企业的认定，应详细核查纳税人的合同、章程有关的批文和证件，会计科目处理及原始凭证等资料，逐一核实认定后，再向主管税务机关提交核查报告和

《纳税人税种认定表》，履行申报手续。

2. 在取得主管税务机关税种认定的通知后，税务师应指导纳税人具体的办税事宜。如果纳税人对税务机关的认定提出异议，应进一步调查并提出意见，提交主管税务机关重新加以认定。

**表2－6** 　　　　　　　　　　　　　　**纳税人税种登记表**

纳税人识别号 ☐☐☐☐☐☐☐☐☐☐☐☐☐☐☐

纳税人名称： 　　　　　　　　　　　　　　　　　　　　　　　法定代表人：

| 一、增值税 | | | |
|---|---|---|---|
| 类别 | 货物或加工修理修配 | 主营 | |
| | | 兼营 | |
| | 交通运输、邮政业和应税服务 | 本栏目为单选。根据实际经营项目，在下列选项中勾选一项主营项目：<br><br>　陆路运输：公路货运　公路客运　缆车货运　缆车客运　索道货运　索道客运　其他陆路货运　其他陆路客运　铁路旅客运输　铁路货物运输　其他铁路货物运输辅助活动<br><br>　水路运输：程租货运　程租客运　期租货运　期租客运　其他水路货运　其他水路客运<br><br>　航空运输：湿租货运　湿租客运　其他航空货运　其他航空客运　航天运输服务<br><br>　管道运输：管道货运　管道客运<br><br>　科研和技术服务：研发服务　向境外单位提供研发服务　技术转让服务　技术咨询服务　合同能源管理服务　工程勘察勘探服务<br><br>　信息技术服务：软件服务　电路设计及测试服务　信息系统服务　业务流程管理服务　离岸服务外包<br><br>　文化创意服务：设计服务　向境外单位提供设计服务　商标著作权转让服务　知识产权服务　广告服务　会议展览服务<br><br>　物流辅助服务：航空服务　港口码头服务　货运客运场站服务　打捞求助服务　货物运输代理服务　代理报关服务　仓储服务　装卸搬运服务　收派服务<br><br>　有形动产租赁服务：有形动产融资租赁　有形动产经营性租赁光租服务　有形动产经营性租赁干租服务　其他有形动产经营性租赁<br><br>　鉴证咨询服务：认证服务　鉴证服务　咨询服务<br><br>　广播影视服务：制作服务　发行服务　播映服务<br><br>　邮政业：邮政普遍服务　邮政特殊服务　其他邮政服务<br><br>　电信业：电信业基础电信服务　电信业增值电信服务 | |
| 经营方式 | 1. 境内经营货物　2. 境内加工修理　3. 境内交通运输　4. 境内应税服务　5. 自营出口<br>6. 间接出口　7. 收购出口　8. 加工出口 | | |
| 备注： | | | |

续表

| 二、消费税 | | | |
|---|---|---|---|
| 类别 | 1. 生产<br>2. 委托加工<br>3. 批发<br>4. 零售 | 应税消费品<br>名称 | 1. 烟 2. 酒 3. 化妆品 4. 贵重首饰及珠宝玉石 5. 鞭炮、烟花 6. 成品油 7. 汽车轮胎 8. 摩托车 9. 小汽车 10. 高尔夫球及球具 11. 高档手表 12. 游艇 13. 木制一次性筷子 14. 实木地板 15. 电池 16. 铅酸蓄电池 17. 涂料 |
| | 经营方式 | | 1. 境内销售 2. 委托加工出口 3. 自营出口 4. 境内委托加工 |
| 备注: | | | |

以上内容纳税人必须如实填写，如内容发生变化，应及时办理变更登记。

注：1. 本表系纳税人根据工商登记的生产经营范围及税法的有关规定，对纳税事项的自行核定。

2. 本表纳税人填写后，与税务登记表一同交给主管税务机关，由税务机关留存。

**以下由税务机关填写**

| 税种 | 税目或品目 | 子目 | 行业 | 申报期限 | 纳税期限 | 征收率或单位税额 | 征收分类 | 缴库方式 | 预算款名 | 预算项目 | 级次分配比例 | 是否单独纳税 |
|---|---|---|---|---|---|---|---|---|---|---|---|---|
| | | | | | | | | | | | | |
| | | | | | | | | | | | | |
| | | | | | | | | | | | | |
| | | | | | | | | | | | | |
| | | | | | | | | | | | | |
| | | | | | | | | | | | | |
| | | | | | | | | | | | | |
| | | | | | | | | | | | | |
| | | | | | | | | | | | | |

| 鉴定人 | | 检定日期 | | 录入人 | | 录入日期 | |
|---|---|---|---|---|---|---|---|

**【学习思考】**

1. 简述代理税务登记操作规范。

2. 税务登记有哪几种类型？

3. 简述代理注销税务登记的操作要点。

4. 简述代理停业、复业登记的操作要点。

5. 简述代理增值税一般纳税人认定登记的操作要点。

**【能力训练】**

利通供水设备有限公司是中外合资企业，于 2005 年 10 月开始营业，主要从事销售供水设备和安装服务，因经营期限届满于 2015 年 10 月宣告终止。税务师经核查企业账面应缴增值税 35 000 元，已缴增值税 25 000 元；滞纳金合计为 3120 元。领购增值税专用发票 2 本，未填开使用 15 组。

（1）说明代理该公司注销税务登记操作要点。

（2）填写"注销税务登记申请审批表"。

# 第三章

# 发票领购与审查代理

【本章导读】

发票是指一切单位和个人在购销商品、提供或者接受劳务服务以及从事其他经营活动时，所提供给对方的收付款的书面证明。它是财务收支的法定凭证，是会计核算的原始凭据，是税务检查的重要依据。通过本章的学习，要求学生们了解发票领购代理的主要内容；掌握发票开具的基本原则并熟悉发票审查代理的内容和方法。

## 第一节　发票领购代理

税务师代理发票领购事宜，首先要了解发票的种类与适用范围，税务机关有关发票管理权限的划分，发票领购的管理制度等各项规定，根据纳税人适用的发票种类和领购发票的方式，办理发票领购事宜。

### 一、发票的种类与使用范围

根据《发票管理办法》和国家税务总局的有关规定，发票的管理权限按流转税主体税种划分。

发票种类繁多，主要是按行业特点和纳税人的生产经营项目分类，每种发票都有特定的使用范围。

### （一）增值税专用发票

增值税专用发票（以下简称"专用发票"）只限于增值税一般纳税人领购使用，增值税小规模纳税人和非增值税纳税人不得领购使用。专用发票，是增值税一般纳税人（以下简称"一般纳税人"）销售货物或者提供应税劳务开具的发票，是购买方支付增值税额并可按照增值税有关规定据以抵扣增值税进项税额的凭证。根据《国家税务总局关于修订〈增值税专用发票使用规定〉的通知》（2006），一般纳税人有下列情形之一的，不得领购开具专用发票：

1. 会计核算不健全，不能向税务机关准确提供增值税销项税额、进项税额、应纳税额数据及其他有关增值税税务资料的。

2. 有《税收征管法》规定的税收违法行为，拒不接受税务机关处理的。

3. 有下列行为之一，经税务机关责令限期改正而仍未改正的：

（1）虚开增值税专用发票；

（2）私自印制专用发票；

（3）向税务机关以外的单位和个人买取专用发票；

（4）借用他人专用发票；

（5）未按规定开具专用发票；

（6）未按规定保管专用发票和专用设备；

（7）未按规定申请办理防伪税控系统变更发行；

（8）未按规定接受税务机关检查。

4. 销售的货物全部属于免税项目者。

5. 从 2007 年 1 月 1 日起，商业企业一般纳税人零售的烟、酒、食品、服装、鞋帽（不包括劳保专用部分）、化妆品等消费品不得开具专用发票。

自 2003 年 8 月 1 日起，增值税一般纳税人必须通过防伪税控系统开具专用发票，同时，全国统一废止增值税一般纳税人所用的手写版发票。

6. 根据国家税务总局公告（2008 年第 1 号）规定，自 2009 年 1 月 1 日起，从事废旧物资回收经营业务的增值税一般纳税人销售废旧物资，不得开具印有"废旧物资"字样的增值税专用发票。纳税人取得的 2009 年 1 月 1 日以后开具的废旧物资专用发票，不再作为增值税扣税凭证。

7. 自 2012 年 1 月 1 日起，我国开始在部分地区和行业开展深化增值税税制改革试点，逐步将营业税改征增值税。经国务院批准，自 2013 年 8 月 1 日起，在全国范围内开展交通运输业和部分现代服务业营改增试点。为保障改革试点的顺利实施，国家税务总局启用货物运输业增值税专用发票。这一举措对于促进营业税改征增值税具有重要作用，也是对增值税专用发票制度的一项有益补充。

货物运输业增值税专用发票，是增值税一般纳税人提供货物运输服务开具的专用发票，其法律效力、基本用途、基本使用规定及安全管理要求等与现有增值税专用发票一致。

试点地区货物运输业纳税人提供货物运输服务时，根据实际情况，开具货物运输业增值税专用发票和普通发票，不得开具公路、内河货物运输业统一发票。

自 2014 年 1 月 1 日起，铁路运输和邮政业也纳入营改增试点。

增值税一般纳税人提供邮政服务的，使用增值税专用发票和普通发票。

根据国家税务总局公告（2015 年第 99 号）规定，为规范增值税发票管理，方便纳税人发票使用，税务总局决定停止使用货物运输业增值税专用发票。自 2016 年 1 月 1 日起，增值税一般纳税人提供货物运输服务，使用增值税专用发票和增值税普通发票，开具发票时应将起运地、到达地、车种车号以及货物运输信息等内容填写在发票备注栏中，如内容较多可另附清单。同时，为避免浪费，方便纳税人发票使用衔接，货运专票最迟可使用至 2016 年 6 月 30 日，7 月 1 日起停止使用。

中国铁路总公司及其所属运输企业（含分支机构）提供货物运输服务，可自 2015 年 11 月 1 日起使用增值税专用发票和增值税普通发票，所开具的铁路货票、运费杂费收据可作为发票清单使用。

8. 一般纳税人申请专用发票（包括增值税专用发票和货物运输业增值税专用发票，下同）最高开票限额不超过 10 万元的，主管税务机关不需事前进行实地查验。各省税务机关可在此基础上适当扩大不需事前实地查验的范围，实地查验的范围和方法由各省税务机关确定。

**【延伸阅读】**

虚开增值税专用发票构成哪些犯罪？

详见：http：//www. shui5. cn/article/d8/106693. html

**【同步案例 3 - 1】**

某甲商贸公司为增值税一般纳税人，2016 年 10 月 25 日从外地乙工业企业购入钢材一批，乙企业开具增值税专用发票并将发票联和抵扣联交给商贸公司业务人员。2016 年 11 月 4 日甲贸易公司业务人员在返程途中将增值税专用发票的发票联和抵扣联丢失。因此项购销业务涉及的资金较大，甲贸易公司派人去乙企业沟通，希望乙企业重新开具发票，乙企业财务人员拒绝请求。

（1）乙企业为什么拒绝另行开具增值税专票？

乙企业如果再开具增值税专票，属于虚开增值税专用发票的行为。

（2）甲商贸公司得不到再开具的增值税专用发票，该如何处理才能抵扣此进项税？

甲商贸公司应向乙企业取得该项业务增值税专用发票记账联复印件到主管税务机关进行认证，认证相符的，凭该专用发票记账联复印件及乙企业所在地主管税务机关出具的《丢失增值税专用发票已报税证明单》，经其主管税务机关审核同意后，可作为增值税进项税额的抵扣凭证。

（3）甲商贸公司最迟应何时办妥各项相关手续，才能保证此项业务的进项税额可以抵扣？

甲商贸公司最迟应当在增值税专用发票开具之日起 180 日内办妥相关手续，才能保证此项业务的进项税额可以抵扣。

## （二）普通发票

普通发票主要由增值税小规模纳税人使用，增值税一般纳税人在不能开具增值税专用发票的情况下也可使用普通发票，所不同的是具体种类要按适用范围选择。如普通发票中的商业批发零售发票、加工修理修配发票是由增值税纳税人使用的。普通发票由行业发票和专用发票组成。前者适用于某个行业的经营业务；后者仅适用于某一经营项目，可以说是在行业发票划分的基础上再细分，其作用在于控制一些特定经营项目税收征管和进行社会经济管理。除此以外，其结算内容在票面设计也有特殊要求，如广告费用结算发票、出售地下水专用发票、商品房销售发票等。2011 年起全国统一使用通用普通发票。

【想一想】举例说明专用发票和普通发票适用的范围？

## （三）专业发票

专业发票是指国有金融、保险企业的存贷、汇兑、转账凭证，保险凭证；国有邮政、电信企业的邮票、邮单、话务、电报收据；国有铁路、民用航空企业和交通部门、国有公路、水上运输企业的客票、货票等。经国家税务总局或者省、市、自治区税务机关批准，专业发票可由政府主管部门自行管理，不套印税务机关的统一发票监制章，也可根据税收征管的需要纳入统一发票管理。

## （四）网络发票

随着信息技术的不断发展，网络发票的出现实现了发票的在线开具、查询、购销等功能。网络发票是指符合国家税务总局统一标准并通过国家税务总局及省、自治区、直辖市国家税务局和地方税务局公布的网络发票管理系统开具的发票。开具发票的单位和个人开具网络发票应登录网络发票管理系统，如实完整填写发票的相关内容及数据，确认保存后打印发票。开具发票的单位和个人需要变更网络发票核定内容的，可向税务机关提出书面申请，经税务机关确认，予以变更。开具发票的单位和个人应当在办理变更或者注销税务登记的同时，办理网络发票管理系统的用户变更、注销手续并缴销空白发票。

根据国家税务总局公告（2015 年第 84 号）规定，自 2015 年第 12 月 1 日起在全国推行通过增值税电子发票系统开具的增值税电子普通发票。这对降低纳税人经营成本，节约社会资源，方便消费者保存使用发票，营造健康公平的税收环境有着重要作用。

增值税电子普通发票的开票方和售票方需要纸质发票的，可以自行打印增值税电子普通发票的版式文件，其法律效力、基本用途、基本使用规定等与税务机关监制的增值税普通发票相同。

增值税电子普通发票的发票代码为 12 位，编码规则：第 1 位为 0，第 2 ~ 5 位代表省、自治区、直辖市和计划单列市，第 6 ~ 7 位代表年度，第 8 ~ 10 位代表批次，第 11 ~ 12 位代表票种（11 代表增值税电子普通发票）。发票号码为 8 位，按年度、分批次编制。

除北京市、上海市、浙江省、深圳市外，其他地区已使用电子发票的增值税纳税人，应于 2015 年 12 月 31 日前完成相关系统对接技术改造，2016 年 1 月 1 日起使用增值税电子发票系统开具增值税电子普通发票，其他开具电子发票的系统同时停止使用。

【想一想】我国电子发票存在的问题以及如何解决？

**【延伸阅读】**

《电子发票的一些认识误区要分清》

详见：http：//www．shui5．cn/article/f5/82226．html

## 二、发票领购管理规程

### （一）发票领购的适用范围

1. 依法办理税务登记的单位和个人，在领取《税务登记证》后可以申请领购发票，属于法定的发票领购对象；如果单位和个人办理变更或者注销税务登记，则应同时办理发票和发票领购簿的变更、缴销手续。

2. 依法不需要办理税务登记的单位，发生临时经营业务需要使用发票的，可以凭单位介绍信和其他有效证件，到税务机关代开发票。

3. 临时到本省、自治区、直辖市以外从事经营活动的单位和个人，凭所在地税务机关开具的《外出经营活动税收管理证明》，在办理纳税担保的前提下，可向经营地税务机关申请领购经营地的发票。

### （二）发票领购手续

根据《国家税务总局关于普通发票行政审批取消和调整后有关税收管理问题的通知》（2008）规定：取消普通发票领购行政审批事项，纳税人领购普通发票的审核将作为税务机关一项日常发票管理工作。纳税人办理了税务登记后，即具有领购普通发票的资格，无需办理行政审批事项。纳税人可根据经营需要向主管税务机关提出领购普通发票申请。主管税务机关接到申请后，应根据纳税人生产经营等情况，确认纳税人使用发票的种类、联次、版面金额以及购票数量。确认期限为5个工作日，确认完毕后，通知纳税人办理领购发票事宜。需要临时使用发票的单位和个人，可以直接向税务机关申请办理发票的开具。

对于跨省、市、自治区从事临时经营活动的单位和个人申请领购发票，税务机关应要求提供保证人，或者缴纳不超过1万元的保证金，并限期缴销发票。

## 三、发票代理印制和领购原则

《发票管理办法实施细则》规定，凡有固定生产经营场所、财务和发票管理制度健全的纳税人，发票使用量较大或统一发票式样不能满足经营活动需要的，可以向省级以上税务机关申请印有本单位名称的发票。

## （一）发票的印制

1. 发票准印证由国家税务总局统一监制，省级税务机关核发。税务机关应当对印制发票企业实施监督管理，对不符合条件的，应当取消其印制发票的资格。

2. 全国统一的发票防伪措施由国家税务总局确定，省级税务机关可以根据需要增加本地区的发票防伪措施，并向国家税务总局备案。发票防伪专用品应当按照规定专库保管，不得丢失。次品、废品应当在税务机关监督下集中销毁。

3. 全国统一发票监制章是税务机关管理发票的法定标志，其形状、规格、内容、印色由国家税务总局规定。

4. 全国范围内发票换版由国家税务总局确定；省、自治区、直辖市范围内发票换版由省税务机关确定。发票换版时，应当进行公告。

5. 监制发票的税务机关根据需要下达发票印制通知书，被指定的印制企业必须按照要求印制。

发票印制通知书应当载明印制发票企业名称、用票单位名称、发票名称、发票代码、种类、联次、规格、印色、印制数量、起止号码、交货时间、地点等内容。

6. 印制发票企业印制完毕的成品应当按照规定验收后专库保管，不得丢失。废品应当及时销毁。

## （二）发票的领购

1. 《发票管理办法》第 15 条所称经办人身份证明是指经办人的居民身份证、护照或者其他能证明经办人身份的证件。

2. 《发票管理办法》第 15 条所称发票专用章是指用票单位和个人在其开具发票时加盖的有其名称、税务登记号、发票专用章字样的印章。发票专用章式样由国家税务总局确定。

3. 税务机关对领购发票单位和个人提供的发票专用印模应当留存备查。

4. 《发票管理办法》第 15 条所称领购方式是指批量供应、交旧购新或者验旧购新等方式。

5. 《发票管理办法》第 15 条所称发票领簿的内容应当包括用票单位和个人的名称、所属行业、购票方式、核准购票种类、开票限额、发票名称、领购日期、准购数量、起止号码、违章记录、领购人签字（盖章）、核发税务机关（章）等内容。

6. 《发票管理办法》第 15 条所称发票使用情况是指发票领用存情况及相关开票数据。

7. 税务机关在发售发票时，应当按照核准的收费标准收取工本管理费，并向购票单位和个人开具收据。发票工本费征缴办法按照国家有关规定执行。

8. 《发票管理办法》第 16 条所称书面证明是指有关业务合同、协议或者税务机关认可的其他资料。

9. 税务机关应当与受托代开发票的单位签订协议，明确代开发票的种类、对象、内容和相关责任等内容。

10. 《发票管理办法》第 18 条所称保证人，是指在中国境内具有担保能力的公民、法人或者其他经济组织。

保证人同意为领购发票的单位和个人提供担保的，应当填写担保书。担保书内容包括：担保对象、范围、期限和责任以及其他有关事项。

担保书须经购票人、保证人和税务机关签字盖章后方为有效。

11. 《发票管理办法》第 18 条第 2 款所称由保证人或者以保证金承担法律责任，是指由保证人缴纳罚款或者以保证金缴纳罚款。

12. 提供保证人或者缴纳保证金的具体范围由省税务机关规定。

【相关链接】

《国家税务总局关于全面推行增值税发票网上申领有关问题的通知》（2016）
http：//www.shui5.cn/article/7d/109166.html

# 第二节　发票开具代理

## 一、发票的开具要求

1. 《发票管理办法》第 19 条所称"特殊情况下，由付款方向收款方开具发票"，是指下列情况：

（1）收购单位和扣缴义务人支付个人款项时；

（2）国家税务总局认为其他需要由付款方开具发票的。

2. 向消费者和个人零售小额商品或者提供零售服务的，是否可免予逐笔开具发票，由省税务机关确定。

3. 填开发票的单位和个人必须在发生经营业务确认营业收入时开具发票。未发生经营业务一律不准开具发票。

4. 开具发票后，如发生销货退回需开红字发票的，必须收回原发票并注明"作废"字样或取得对方有效证明。

开具发票后，如发生销售折让的，必须在收回原发票并注明"作废"字样后重新开具销售发票或取得对方有效证明后开具红字发票。一般纳税人开具专用发票后，发生销货退回或者销售折让，按照规定开具红字专用发票后，不再将该笔业务的相应记账凭证复印件报送主管税务机关备案。

5. 单位和个人在开具发票时，必须做到按照号码顺序填开，填写项目齐全，内容真实，字迹清楚，全部联次一次打印，内容完全一致，并在发票联和抵扣联加盖发票专用章。

6. 开具发票应当使用中文。民族自治地方可以同时使用当地通用的一种民族文字。

7.《发票管理办法》第 26 条所称规定的使用区域是指国家税务总局和省级税务机关规定的区域。

8. 使用发票的单位和个人应当妥善保管发票。发生发票丢失情形时，应当于发现丢失当日书面报告税务机关，并登报声明作废。

**【同步案例 3 - 2】**

西城汽车配件销售公司于 2010 年 10 月 28 日销售一批汽车配件给江南汽车修理厂，货物于当日发出，并开具增值税专用发票给江南汽车修理厂。因户名开具错误，江南汽车修理厂拒收这张增值税专用发票，并于 2010 年 11 月 7 日将原开具的增值税专用发票的发票联及抵扣联还给西城汽车配件销售公司，要求重新开具增值税专用发票。西城汽车配件销售公司的开票人员当即将原开具的增值税专用发票作废，重新开具增值税专用发票给江南汽车修理厂。

(1) 简述西城汽车配件销售公司开票人员当即将原开具的增值税专用发票作废的做法错误的理由。

发票作废需同时满足下列条件：

①收到退回的发票联、抵扣联时间未超过销售方开票的当月；

② 销售方未抄税并且未记账；

③购买方未认证或者认证的结果为"纳税人识别号认证不符""专用发票代码、号码认证不符"。

在本题中，西城汽车配件销售公司的开票时间是 10 月份，而西城汽车配件销售公司收到退回的发票联、抵扣联时间为 11 月份，不满足第一项条件，不符合发票直接作废的要求。

(2) 该项业务应由谁向主管税务机关填报《开具红字增值税专用发票申请单》？期限为多久？

应该由西城汽车配件销售公司向主管税务机关填报《开具红字增值税专用发票申请单》。期限为增值税专用发票的认证期限内，即自增值税专用发票开具之日起 180 日内。

(3) 该项业务的《开具红字增值税专用发票申请单》上应填写哪些信息？报送时应提供哪些书面材料？

在申请单上填写具体原因以及相对应蓝字专用发票的信息，同时提供由购买方出具的写明拒收理由、错误具体项目以及正确内容的书面材料。

## 二、发票的代开

### (一) 普通发票代开申请

代开发票是指由税务机关根据收款方（或提供劳务服务方）的申请，依照法规、规章以及规范性文件的规定，代为向付款方（或接收劳务服务方）开具发票的行为。代开发票主要是不经常发生纳税义务的单位和个人，偶尔有用票需求的情况下，或者是日常领购发票不能满足某一次、某一项业务需要的情况下，向税务机关提出的申请。

代理此项业务时，须填报《代开发票申请表》一份；同时出示申请代开发票人的合法身份证件。还须提供如下资料：（1）付款方（或接收劳务服务方）对所购物品品名（或劳务服务项目）、单价、金额等出具的书面确认证明，对个人小额销售货物和劳务只需提供身份证明；（2）由生产地村委会出具的自产初级农产品证明（适用于代开免税项目）。

另外，代理申请开具发票的，须按规定计算缴纳应纳税额，并将完税凭证或证明一并提交税务机关。对于免税的项目可以直接代开普通发票。

## （二）专用发票代开申请

已办理税务登记的小规模纳税人（包括个体经营）以及国家税务总局确定的其他可予代开增值税专用发票的纳税人，提出代开增值税专用发票的申请，主管税务机关为其代开增值税专用发票业务。

代理专用发票代开申请时，需要填报《代开增值税专用发票缴纳税款申报单》一式两份，并按规定缴纳税款，出示完税凭证；同时提交税务登记证副本。

### 【延伸阅读】

#### 《国家税务总局关于增值税发票管理若干事项的公告》（2017）

关于扩大增值税小规模纳税人自行开具增值税专用发票试点范围的规定

（一）提供住宿业服务的小规模纳税人

从 2016 年 11 月 4 日开始，全面开展住宿业小规模纳税人自行开具增值税专用发票试点。

（二）提供鉴证咨询服务的小规模纳税人

自 2017 年 3 月 1 日起，全国范围内月销售额超过 3 万元（或季销售额超过 9 万元）的鉴证咨询业增值税小规模纳税人提供认证服务、鉴证服务、咨询服务、销售货物或发生其他增值税应税行为，需要开具专用发票的，可以通过增值税发票管理新系统自行开具，主管国税机关不再为其代开。

（三）提供建筑服务的小规模纳税人

自 2017 年 6 月 1 日起，将建筑业纳入增值税小规模纳税人自行开具增值税专用发票试点范围。月销售额超过 3 万元（或季销售额超过 9 万元）的建筑业增值税小规模纳税人提供建筑服务、销售货物或发生其他增值税应税行为，需要开具增值税专用发票的，通过增值税发票管理新系统自行开具。

（四）提供工业以及信息传输、软件和信息技术服务业增值税小规模纳税人

自 2018 年 2 月 1 日起，月销售额超过 3 万元（或季销售额超过 9 万元）的工业以及信息传输、软件和信息技术服务业增值税小规模纳税人（以下简称"试点纳税人"）发生增值

税应税行为，需要开具增值税专用发票的，可以通过增值税发票管理新系统自行开具。

试点纳税人销售其取得的不动产，需要开具增值税专用发票的，应当按照有关规定向地税机关申请代开。

注意：试点纳税人应当在规定的纳税申报期内将所开具的增值税专用发票所涉及的税款，向主管税务机关申报缴纳。在填写增值税纳税申报表时，应当将当期开具增值税专用发票的销售额，按照3%和5%的征收率，分别填写在《增值税纳税申报表》（小规模纳税人适用）第2栏和第5栏"税务机关代开的增值税专用发票不含税销售额"的"本期数"相应栏次中。

### 三、发票的检查

1. 《发票管理办法》第32条所称发票换票证仅限于在本县（市）范围内使用。需要调出外县（市）的发票查验时，应当提请该县（市）税务机关调取发票。

2. 用票单位和个人有权申请税务机关对发票的真伪进行鉴别。收到申请的税务机关应当受理并负责鉴别发票的真伪；鉴别有困难的，可以提请发票监制税务机关协助鉴别。

# 第三节　发票审查代理

发票审查是税收检查的重要内容和发票管理的重要环节。税务师开展发票审查业务属于用票单位自查，可以有效地指导用票单位的发票管理，减少纳税风险。

### 一、代理发票审查的基本内容

代理发票审查一般不单独进行，而是税务师在计算填报纳税申报表和办理发票领购手续之前所做的准备工作。当然，在审查纳税情况时，代理发票审查也是不可缺少的环节。

税务师接受纳税人委托进行发票审查时，首先应明确发票审查的目的和要求，以及审查的对象和范围，然后深入纳税人的生产经营场所进行实地审查。

#### （一）代理普通发票审查操作要点

1. 审查发票基本管理情况。发票基础管理工作的情况，直接影响到发票使用、保管等各个环节的管理成效。发票基础管理工作包括用票单位发票管理人的配备、发票存放的安全性、发票取得与开具管理环节的严密性等。

2. 审查发票领购、发放、保管等情况。对发票领购环节主要审查发票领购的手续是否合法，有无私印、私售发票的问题；对发票发放环节主要审查发票的发放是否符合规定的范围，按序时登记并有领取人的签收手续；对发票保管环节主要审查发票存根、库存未用的发票是否保存完整，账面数与实际库存数是否相等，有无发生丢失、霉烂等情况；已用的发票存根联及作废发票是否完整保存，是否按规定造册登记并报税务机关核销。

3. 审查发票使用情况。税务师审查发票的使用情况，主要从三方面入手：

（1）审查发票开具内容是否真实，即票面各项内容所反映的业务是否为用票单位的真实情况。

（2）审查发票有无超经营范围填开的问题，填开的方法是否符合规定要求，如发票各栏项目的填写是否准确无误，各联次是否一次性开具，是否加盖了财务专用章或发票专用章，大小写金额是否封顶等。

（3）审查发票取得是否符合发票管理制度的规定，有无转借、代开或虚开发票的问题。对于从中国境外取得的发票如有疑问，可要求纳税人提供境外公证部门或注册会计师的确认证明。

## （二）代理增值税专用发票审查操作要点

增值税专用发票是纳税人经济活动中的重要原始凭证，是兼记销货方纳税义务和购货方进项税额的合法证明，对增值税的计算和管理起着决定性的作用。因此，做好增值税专用发票的审查代理工作，对保证纳税人正确核算应纳税额是十分重要的。增值税专用发票的审查除上述审查普通发票的操作要点以外，还应侧重以下几个方面：

1. 增值税专用发票开具的范围。审查发生销售免税项目、在境外销售应税劳务、向消费者销售应税项目时，用票单位是否开具增值税专用发票的问题。

2. 增值税专用发票抵扣联的取得。对用票单位取得增值税专用发票进行审核。除农产品外，目前发票和可抵扣票种都要求先由税务机关认证后抵扣。

3. 增值税专用发票的缴销。为了保证增值税专用发票的安全使用，纳税人要按规定的期限缴销，主管税务机关在纸质专用发票监制章处按"√"字剪角作废，同时作废相应的专用发票数据电文。

## 二、代理发票审查的基本方法

税务师审查发票的方法可以因事而异，其目的是帮助纳税人严格按照发票管理制度的规定取得和开具发票，保证原始凭证的真实性和合法性。

## （一）对照审查法

对照审查法是将用票单位发票使用的实际情况与《发票领购簿》及发票领用存的情况核对，审查私印发票、丢失发票、转借发票、虚开发票、代开发票、使用作废发票和超经营范围填开发票的问题。

**【同步案例3-3】**

××税务师事务所受托对亚桑公司2013年10月至2014年12月的发票使用情况进行审

查。税务师通过增值税应交税费明细账与增值税专用发票抵扣联等进项原始凭证核对，其他业务收入与开出发票的记账联核对等方法，发现问题如下：

（1）2013年12月筹建期内采购低值易耗品从某商场取得增值税专用发票未附"销货清单"3份。

（2）2014年2月5日、11日、23日，从某生铁厂采购原材料取得的增值税专用发票抵扣联3份为旧版专用发票，应予以缴销金额124 000元，已计提进项税额21 080元。

（3）2013年10～12月，销售边角余料取得其他业务收入74 100元，已作销售处理，但是开具企业事业单位往来结算收据，属于以非经营性票据结算经营性收入。

（4）2014年10～12月，该公司采购原材料，取得运费发票6份未加盖财务专用章，金额25 070元。

针对上述问题，税务师提出如下建议：

对旧版作废发票，应要求销货方收回并重新开具增值税专用发票；对未开具销货清单和未加盖财务的问题，要求销售方予以补正；否则，应将以提取的进项税额从增值税应交税费明细账的借方转出，补交增值税。对于销售边角余料应到主管国税机关申请购买工业企业产品销售普通发票，用以结算收入。

## （二）票面逻辑推理法

这是根据发票各个栏目所列内容之间、发票与用票单位有关经济业务之间的关系进行分析审核，从中发现问题的一种审查方法。

1. 利用发票的各项内容之间的逻辑关系进行分析审核。发票所列各项内容之间，有其内在的逻辑关系或规律性，如果违背了这些规律，就说明发票使用存在问题。如增值税专用发票中购、销双方的名称与税务登记号有着直接的对应关系；根据销售货物或劳务的名称可以确定适用税率；根据计量单位、数量、单位、金额、税率和税额之间的逻辑关系可以推断金额和税额的计算有无错误等。

2. 利用发票和企业经济业务的关系进行分析审核。发票与企业的购销业务有着直接的联系，而购销业务与企业存货数量及货币资金（包括债券、债务）的增减变化有着一定的对应关系，利用这一逻辑关系就可以审查发票使用有无问题。

首先，取得发票的金额与存货、费用增加额、货币资金减少额、流动负债增加额呈同步变化趋势；其次，填开发票的金额与存货减少额、货币资金或应收债权增加额呈同步变化趋势。如果企业取得或填开的发票与购销业务之间的关系违背了上述规律，在数量、金额上的逻辑关系不符，就有可能存在问题，需进一步审查核实。

## （三）发票真伪鉴别方法

在实际工作中，用票单位和个人往往会遇到真伪发票的鉴别问题。因此，税务师学会鉴别真伪发票的方法，对于指导纳税人依法取得合法有效的结算凭证，保护自身的经济利益是十分有益的。

1. 普通发票真伪鉴别方法。

（1）发票监制章是识别发票真伪的法定标志之一。全国统一启用的新版发票的"发票监制章"，其形状为椭圆形，上环刻制"全国统一发票监制章"字样，下环刻制"税务局监制"字样，中间刻制税务机关所在地的省、市全称或简称，字体为正楷，印色为大红色，套印在发票联的票头正中央。

（2）从发票联底纹、发票防伪专用纸等方面识别。这些防范措施也是识别发票真伪的重要依据。

（3）采用发票防伪鉴别仪器，识别是否为统一的防伪油墨。

2. 增值税专用发票真伪鉴别方法。为鉴别增值税专用发票的真伪，首先应了解其防伪措施，然后，采取特定的审查方法来鉴别其真伪。

其一，对照光线审查增值税专用发票的发票联和抵扣联，看是否为国家税务总局统一规定的带有水印图案的防伪专用纸印制。

其二，用紫外线灯和发票鉴别仪鉴别无色和有色荧光防伪标志。

【延伸阅读】

### 白云税务师事务所拒绝代开远洋地板加工厂增值税专用发票一案

远洋地板加工厂是街道办企业，2016 年 4 月开业，被区税务机关认定为增值税小规模企业。2016 年 10 月该厂向兴旺建材公司销售地板价值 82 000 元，购货方要求开具增值税专用发票。于是，该厂办税人员到白云税务所办理代开增值税专用发票事宜，提供了购货方进货合同、增值税一般纳税人税务登记证、开户银行及账号等资料，但是遭到开票人员的拒绝。理由是该厂未办理代开增值税专用发票的审批手续。于是，该厂办税人员到区税务机关补办了审批代开增值税专用发票的批文，而税务所又以该厂会计核算不健全为由拒绝代开发票，影响了购销双方的经营活动。为此，该厂委托安达税务师事务所代理税务行政复议，向区税务机关行政复议委员会提出复议申请，要求税务所为该厂向增值税一般纳税人销售货物代开专用发票。

税务行政复议机关经过审理后认为：根据国家税务总局《关于由税务所为小规模企业代开增值税专用发票的通知》的规定，凡能够认真履行纳税义务并提供销售货物或应税劳务的证明，购货方为增值税一般纳税人的证件，可以由税务所代开增值税专用发票。该厂基本符合条件，尽管会计核算不够健全，但不能作为拒绝代开专用发票的理由。为此，某区税务机关税务行政复议机关于 2016 年 10 月 14 日作出复议决定：税务所应在 2 日内纠正不作为行为，为远洋地板加工厂代开增值税专用发票。注册税务师收到复议决定书后，协助该厂办税人员办理了代开发票事宜并以书面报告提示如下：

### 关于代理税务行政复议有关事项的说明

远洋地板加工厂：

贵厂因税务所拒绝代开增值税专用发票一事，委托我所代理税务行政复议。经区税务机关税务行政复议委员会审查，决定受理贵厂的复议申请，并认为复议提出的请求事实清楚，理由充分，复议决定白云税务师事务所为贵厂向兴旺建材公司销售地板的业务代开增值税专用发票。至此，我所代理的税务行政复议程序便告结束。如下事项提请贵厂予以关注，以利于今后做好办税工作。

第一，办税人员到税务所办理代开增值税专用发票，应先到区税务机关征管科办理代开增值税专用发票审批手续，提供购货方税务登记副本、开户银行及账号证明、购货合同，取得审批表后再到税务所办理代开发票事宜。

第二，贵厂为小规模纳税人，增值税"应交税费"科目明细账的核算与普通发票开具的不含税金额要做到账证相符，对于消费者个人购买地板未开具发票的销售行为，其收入也要在同期一并申报纳税。

第三，根据贵厂2016年4～10月的销售情况，年应税销售额预计能达到200万元以上。按政策规定可在2016年1月31日前向税务机关申请认定增值税一般纳税人。因此，贵厂应加强财务会计核算和原始计税资料的管理，为被认定为增值税一般纳税人积极创造条件。

安达税务师事务所（签章）

税务师：张晓（签章）

2016年10月15日

【学习思考】

1. 简述我国发票的种类及其使用范围。

2. 简述发票填开的工作要点。

3. 代理发票审核有哪些基本的方法？

4. 代开发票需要提供哪些资料？必须完成哪些义务？

【能力训练】

丁公司是一家主要经营医疗器械的生产、销售和运输的大型企业，为增值税一般纳税人，2015年初税务师事务所接受委托审核丁公司2014年纳税情况，注意到以下事项，请分析丁公司的处理是否正确，并说明理由，分析其流转税的税务处理。

（1）丁公司于2014年初次购入税控系统专用设备一台，并取得增值税专用发票。根据初次购入税控系统专用设备的税收优惠，丁公司按增值税专用发票上价税合计金额抵减当期的应纳增值税税额；同时，将取得的专用发票认证抵扣当期的增值税进项税额。

（2）丁公司于2014年采用"以旧换新"方式销售新型号血压计，消费者在购买新型号血压计时可以以老型号血压计折抵部分价款。丁公司以收到的扣除老型号血压计折抵价款后的净额，作为计算增值税销项税额的销售额。

（3）为了实现各自的销售额目标，2014年丁公司与同城的另一家医疗器械销售公司达成协议，双方同时向对方开出金额相同的大额增值税专用发票，但无真实购销交易。丁公司认为，自己开出的增值税专用发票的销项税额与从对方取得的增值税专用发票的进项税额相等，因此不存在纳税和其他问题。

（4）丁公司下设一个独立核算的运输队，对外承接运输劳务并负责本单位销售货物的运输，2014年全年取得运输货款收入600万元，丁公司会计人员按营业额600万元乘3%的营业税税率计算了营业税18万元。

# 第四章

# 建账建制及记账代理

【本章导读】

企业在一定时期内取得经营成果，要按规定向国家缴纳税费，企业建账建制并合理地组织会计核算是做好财税工作的一个重要前提。代理建账建制是税务师接受纳税人的委托，根据纳税人的生产经营情况建立相应的会计核算和财务管理制度，是涉税服务的一项重要内容。

2014 年 1 月 1 日，国务院为了发展经济、给企业松绑，将实收资本制改为认缴资本制，让 1 块钱注册公司成为可能；2014 年 9 月国务院总理李克强在夏季达沃斯论坛上提出"大众创业、万众创新"的口号，极大地鼓舞了实体经济的发展，各类小微企业如雨后春笋般涌现。基于成本与风险的考虑，这些企业为涉税服务行业提供建账建制、代理记账服务带来了广阔的市场。

通过本章学习，要求学生了解代理建账建制的适用范围和基本要求，掌握代理建账的基本内容与操作规范；掌握各环节增值税涉税会计核算、营改增后的增值税会计核算、企业所得税涉税核算，熟悉工业企业和商业企业供、产、销等各环节的业务流程及涉税会计处理，一般了解其他税费的核算，并能将相关知识在实际工作中加以灵活运用。

## 第一节  代理建账建制的适用范围与基本要求

### 一、代理记账的适用范围

代理建账建制、代理记账是税务师执业的一项重要内容，其主要服务对象是财务核算制度不健全，缺少合格会计人员的集体、私营中小企业，还有数量庞大的个体工商户。

根据国务院批转《国家税务总局关于加强个体私营经济税收征管强化查账征收工作的意见》和《个体工商户建账管理暂行办法》规定，个体、私营业户可自行建账，也可以聘请社会中介机构代理建账，具体范围如下：

1. 有固定经营场所的个体、私营经营业户；

2. 名为国有或集体实为个体、私营经营业户；

3. 个人租赁、承包经营企业。

对于经营规模小、达不到建账标准的业户，均实行上述规定。

代理记账机构包括会计师事务所、税务师事务所、会计咨询公司等。一般代理记账机构需要具备行政许可的审批条件，具体包括：

1. 3 名以上持有会计从业资格证书的专职从业人员；

2. 主管代理记账业务的负责人具有会计师以上专业技术职务资格；

3. 有固定的办公场所；

4. 有健全的代理记账业务规范和财务会计管理制度。

## 二、代理建账建制的基本要求

在个体、私营业户中全面实行建账，采取查账征收的方法涉及面广、综合性强，单凭税务机关难以实现有效的控管，特别是大多数个体、私营业户存在着从业人员素质偏低、财务人员短缺、自行建账困难的情况，由税务代理等社会中介机构介入这项工作是十分必要的。税务师首先应了解国家有关代理记账的管理制度，在代理建账建制的过程中，主动接受税务机关的监督与管理，区别不同的业户实施分类建账。

### （一）复式账建账建制的适用范围

符合下列情形之一的个体户应建复式账：

1. 注册资金在 20 万元以上的。

2. 提供增值税应税劳务的纳税人月销售（营业）额在 40 000 元以上的；从事货物生产的增值税纳税人月销售额在 60 000 元以上的；从事货物批发或零售的增值税纳税人月销售额在 80 000 元以上的。

3. 省级税务机关确定应设置复式账的其他情形。

### （二）简易账建账建制的适用范围

符合下列情形之一的个体工商户，应当设置简易账，并积极创造条件设置复式账：

1. 注册资金在 10 万元以上 20 万元以下的。

2. 提供增值税应税劳务的纳税人月销售（营业）额在 15 000 ~ 40 000 元之间的；从事货物生产的增值税纳税人月销售额在 30 000 ~ 60 000 元之间的；从事货物批发或零售的增值税纳税人月销售额在 40 000 ~ 80 000 元之间的。

3. 省级税务机关确定应当设置简易账的其他情形。

建立简易账的个体工商户应建立经营收入账、经营费用账、商品（材料）购进账、库存商品（材料）盘点表、利润表，以收支方式记录和反映生产经营情况并进行简易会计核算。简易账簿均采用订本式，建立简易账簿核算的个体户其会计制度和财务制度应与设立复式账的个体业户相同，只是会计核算科目、核算方法要简单许多。

# 第二节　代理建账建制的操作规范与具体内容

## 一、代理记账的业务流程和操作规范

### （一）代理记账的业务流程

1. 了解客户。对客户的资料进行审核和甄别，审核客户的营业执照和法人身份证件，审核要点：第一，法人代表是否是本地人；第二，如果委托代理记账的联系人非法人本人，一定要亲自见到法人代表本人，以确定代理记账委托事实。由于现在注册公司相对简单，一般纳税人认定也比较宽松，一些不法分子就盗用别人身份证件开设公司，注册一般纳税人资格，然后短期内领用大额增值税专用发票，对外虚开或出售，获取非法利益后逃匿，给国家造成大量税收的流失。

目前，税务系统全部采用实名认证制，代理记账机构及时要求法人代表实名认证也是规避该风险的最主要办法之一。

2. 签订代理记账协议。与客户沟通，了解客户公司的基本情况和需求，确定服务内容及费用、签订《代理记账协议》。《代理记账协议》应该规定双方在代理记账过程中承担的权利和义务、会计服务的具体内容、会计资料的交接方式和具体联络人、代理记账费用标准和支付方式、约定承担的责任以及其他双方协商一致的内容，并为每个客户指定责任会计。《代理记账协议》签订后，双方正式产生代理服务法律关系。

3. 双方委托关系建立之后，代理记账机构要指定责任会计专人负责。

### （二）代理记账的操作规范

1. 建立电子账套或者手工账簿体系。一般代理记账公司都采用记账软件进行代理记账，或者正式的财务软件进行账务处理。如没有财务软件，应为代账客户建立全新账册，包括总分类账、银行日记账、现金日记账、明细分类账；对老企业旧账进行清理后重新建立完整的账本，并初始化数据和报表。由于财务软件的专有特性，在此以手工账为主要手段叙述代理记账的操作规范。

（1）现金日记账、银行存款日记账一般采用订本式账册，由纳税单位出纳或者指定专人对现金、银行存款的支取按照由代理记账机构拟定的内部财务制度进行登记，并及时计算出余额，与实存现金和银行对账单进行核对，保证账实相符。

（2）总分类账，一般采用三栏式订本式账册，总账的编制方式可以采取以下三种方式之一：直接根据记账凭证登记总账；编制汇总的记账凭证，根据汇总的记账凭证登记总账；

编制科目汇总表,根据科目汇总表登记总账。

(3)明细分类账,代理记账机构应该根据被代账单位性质、行业特征、经营特点和范围设置明细账。一般商业企业设置库存商品明细账和应收账款、应付账款等往来明细账。工业企业要设置原材料、产成品等存货明细账,应收账款、应付账款等往来明细账等;固定资产较多的企业还要单独设置固定资产明细账。

2.对代账客户的业务流程进行梳理,并跟客户协商,根据企业内部控制有关规定,制订一个完善的业务处理流程和单据控制流程,形成一个简单的内部控制制度。

主要内部控制流程如下:

(1)款项支付流程:包括内部业务借支和向供应商支付货款等;

(2)费用报销流程:内部员工各种费用报销标准和报销流程;

(3)货物出入库管理制度:货物入库、出库、领用、盘点等规定;

(4)发票管理制度:对发票领用、开具、收发进行登记并管理的制度。

3.日常账务处理。

(1)在每个月初,由责任会计去客户单位,收集上个月发生的费用单据。首先,打印客户银行流水,并收集好客户的银行回单资料;其次,将客户上月开票资料收集齐全,在防伪税控系统打印出清单,核对客户销售收入;最后,收集、整理各类单据(包括差旅费、交通费、电话费、办公费、水电房租费、工资表等资料)。

(2)根据原始单据进行分类,填制记账凭证。

(3)根据填好的记账凭证进行记账和登账工作。

(4)根据账本提供的数据编制公司财务会计报表。

4.由责任会计在网上进行国地税纳税申报。

5.凭证的装订、保管,每月月底前完成。

## 二、代理建账建制的具体内容

税务师代理记账,应购领统一格式的账簿凭证,启用账簿时送主管税务机关审验盖章。账簿和凭证要按发生时间的先后顺序填写、装订或粘贴,凭证和账簿不得涂改、销毁、挖补。对各种账簿、凭证、表格必须保存30年以上,销毁时须经主管税务机关审验和批准。

### (一)制作会计凭证

会计凭证是记录经济业务、明确经济责任的书面证明,是登记账簿的依据。会计凭证按其填制的程序和用途不同,分为原始凭证和记账凭证两种。税务师代制会计凭证主要是在审核原始凭证的基础上代制记账凭证。

1.审核原始凭证。原始凭证是进行会计核算的原始资料,它分为自制原始凭证和外来原始凭证两种。例如,个体户销售货物提供应税劳务所开具的发票,材料验收入库时填制的收料单，产品（商品）出库时填制的出库单等。税务师代理记账但不代客户制作原始凭证，仅指导其正确填制或依法取得有效的原始凭证。为了保证记账凭证的真实合法性，应注意从以下几个方面审核原始凭证。

原始凭证内容的真实性与完整性。原始凭证所记录的经济业务应与实际情况相符，各项内容应填写齐全。例如，开具或取得的发票，其客户名称、业务内容、单位价格、金额等栏目应真实完整地反映某项经济业务的来龙去脉，凡属名实不符或项目填列不全的发票，税务师应指导纳税单位加以改正。

原始凭证取得的时效性与合法性。原始凭证入账的时间有一定的时限要求，其凭证上注明的时间应与会计核算期间相符，凭证的取得也应符合现行财务和税收征管法规的要求。

2. 代制记账凭证。记账凭证是根据合法的原始凭证或原始凭证汇总表编制的，是登记账簿的依据。税务师应根据纳税单位原始凭证的多寡和繁简情况，按月或按旬到户代制记账凭证。记账凭证可以根据每一张原始凭证单独填制，也可以按反映同类经济业务的若干原始凭证汇总填制。

（1）根据原始凭证简要概括业务内容，填入"摘要"栏内，有助于登记账簿和日后查阅凭证。

（2）根据会计科目的内容正确编制会计分录，做到账户对应关系清晰。

（3）将记账凭证连续编排号码并附列原始凭证，按月装订成册。

（4）会计凭证是重要的经济资料和会计档案，税务师完成记账凭证的编制后，应帮助纳税单位建立立卷归档制度，指定专人保管。

## （二）登记会计账簿

税务师根据记账凭证所确定的会计分录，分别在日记账和分类账的有关账户中进行登记的工作简称为记账。代理简易账的记账工作是以收支方式记录、反映生产情况并进行简易会计核算，在编制记账凭证后根据业务内容按时间顺序记入相关账户，实际上是俗称的流水账。代记复式账的操作应根据会计账户的特点来进行。

现金日记账和银行存款日记账，应由纳税单位的出纳人员登记，税务师审核有关凭证和登记内容，使其能逐日反映库存现金和银行存款收入的来源、支出与结存的情况，保证账实相符。

总分类账一般应采用借、贷、余额三栏式的订本账，直接根据各种记账凭证逐笔进行登记，也可先编制成汇总记账凭证或科目汇总表，再据以登记。每月应将当月已完成的经济业务全部登记入账，并于月份终了时结出总账、各分类账户的本期发生额和期末余额，作为编制会计报表的主要依据。

明细分类账是总分类账的明细科目，可分类连续地记录和反映个体户资产、负债、所有者权益、成本、费用、收入等明细情况，税务师应根据个体、私营业户所属经营行业的特点，经营项目的主要范围，设置明细分类账。例如，从事饮食服务的业户，可设置"存货"

"固定资产""应收款项""应付款项""应付职工薪酬""应交税费""营业收入""营业成本""营业费用""本年应税所得""留存利润"等明细分类账。

明细分类账一般采用活页式账簿，其格式可选择三栏式、数量金额式或多栏式明细分类账。登记方法可根据原始凭证逐日定期汇总登记，或者逐笔登记。

税务师将上述账簿登记编制完毕，还要进行对账工作，进行账证核对、账账核对和账实核对，在会计期末即月份、季度和年度终了时进行结账，以确定本期收入、成本、费用和应税所得，同时也为编制会计报表准备数据。

### （三）编制会计报表

会计报表是提供会计资料的重要手段。个体工商户的会计报表比企业的要简单许多。设置复式账的个体工商户要编报资产负债表、应税所得表和留存利润表；设置简易账的仅要求编报应税所得表，它除可以总括反映业户的资产负债情况外，最重要的是为个人所得税的计算提供真实可靠的依据。

报表编制首先要做到数字可靠，内容完整。根据权责发生制的要求，会计报表应在全部经济业务都登记入账，进行对账、结账和试算平衡后，再根据账簿资料编制，应做到内容填报齐全，数字编报真实可靠。

报表编制其次要做到计算准确，报送及时。会计报表要以会计账簿各明细科目期末余额为依据，反映出表账之间、表表之间严密的数字逻辑关系，既不能漏报，也不可随意编报，并应在规定的时间内报送主管财税机关。

### （四）代理纳税申报

税务师代理建账、记账过程中，对于客户生产经营情况应有较为全面、深入的了解，在按月结账编制报表的同时，可代理纳税申报事宜。

有关增值税、房产税、印花税、城镇土地使用税等税种纳税申报操作规范，纳税申报表的计算填报方法在第六章至第八章中有详细介绍，本章不再重复。关于个体工商户的所得税，应单独填报《个体工商户所得税年度申报表》，它要依据应税所得表按月填报并附送有关财务报表，在年度终了后3个月内汇算清缴，实行多退少补。如果分月、分次取得所得并已预缴税款，可在年度汇算时计算应补退税额。

### （五）代理纳税审查

代理纳税审查的作用是帮助个体户正确、完整地履行纳税义务，避免因不了解税法或财务会计制度的规定而漏缴税款。税务师代理纳税审查工作的重点，就是审查应税所得表所列各项是否符合个体工商户财务会计制度的规定。

### 【同步案例 4 - 1】

安徽省铜陵市 XX 食品有限公司是一家甜酒类加工型一般纳税人企业，企业规模10人，主要业务为在网络上销售自酿甜酒及其他食品，委托××税务师事务所代理记账，2016年全年经济业务发生情况如下：（采用小企业会计制度）

1. 2016年年初会计科目余额见表4-1。

表4-1　　　　　　　　　　2016年年初会计科目余额

| 科目名称 | 借方余额 | 科目名称 | 贷方余额 |
|---|---|---|---|
| 现金 | 300 | 短期借款 | 150 000 |
| 银行存款 | 125 000 | 应付账款 | 20 000 |
| 应收账款 | 35 000 | 应付职工薪酬 | 3 300 |
| 存货 | 45 000 | 应交税费 | 6 000 |
| （材料20 000，产成品25 000） |  | 增值税4 500，消费税1 500 |  |
|  |  | 实收资本 | 120 000 |
| 固定资产 | 150 000 | 利润分配 | 16 000 |
| 减：累计折旧 | 60 000 |  |  |
| 无形资产（商标权） | 20 000 |  |  |
| 合计 | 315 300 | 合计 | 315 300 |

2. 2016年经济业务资料：

（1）购入材料一批，取得增值税专用发票金额10 000元，增值税额1 700元，用银行存款支付，材料已经验收入库；

（2）从农民手中收购原料糯米，取得农产品收购发票金额20 000元，用银行存款支付，糯米已验收入库；

（3）销售产品价税合计35 100元，款项已收到并存入银行账户，该批产品的实际成本为20 000元；

（4）购入工程物资（建厂房用）价款15 000元，取得增值税普通发票，款项已用银行存款支付；

（5）基建工程应付甲工程队工程款20 000元，现已完工交付使用并办妥了竣工手续，固定资产价值35 000元；

（6）车间一台生产设备报废，原值20 000元，已提折旧18 000元，清理费用500元，残值收入800元，已用银行存款支付，该项固定资产清理完毕；不考虑增值税、城建税及教育费附加；

（7）提取现金5 000元，支付上年应付工资3 300元；

（8）本期生产车间领用原材料15 000元，其中，糯米10 000元；

（9）计提本期工资、奖金、津贴合计5 000元，从业人员王某应缴个人所得税5元，予以代扣；

（10）收到存款利息 500 元，存入银行；

（11）以现金支付差旅费、业务招待费等 1 000 元；

（12）以银行存款支付保险费，取得保险公司营改增后增值税专用发票 5 000 元，增值税额 300 元；

（13）计提固定资产折旧 18 000 元；

（14）摊销无形资产 2 000 元；

（15）接受财政补贴 42 000 元（经审核不符合不征税收入条件）；

（16）计算并结转本期完工产品成本、产品全部入库 37 000 元；

（17）计算本期应缴纳增值税、城建税、教育费附加；

（18）计算本期应缴纳的消费税（已知其他酒类按照 10% 计算消费税）；

（19）计算本期应税所得；

（20）计算企业所得税（年所得不超过 30 万元，按照所得额减半征收，按照 20% 税率计算）；

（21）以银行存款缴纳年初欠缴增值税 4 500 元和代扣的个人所得税 5 元。

根据上述资料进行如下模拟练习：

（1）完成相关应纳税款计算。

（2）开设复式账户按年初余额登记年初数。

（3）将上述 21 笔业务编制会计分录，记入"T"字账。

（4）编制 2016 年度"资产负债表""利润表"。

## 参考分录：

（1）借：原材料     10 000

      应交税费——应交增值税（进项税额）    1 700

        贷：银行存款     11 700

（2）借：原材料     17 400

      应交税费——应交增值税（进项税额）    2 600

        贷：银行存款     20 000

（3）借：银行存款     35 100

        贷：主营业务收入     30 000

           应交税费——应交增值税（销项税额）    5 100

结转成本：

    借：主营业务成本     200 000

        贷：库存商品     200 000

（4）借：在建工程——厂房     15 000

        贷：银行存款     15 000

（5）借：在建工程——厂房　　　　　　　　　　　　　　　　20 000

　　　　贷：应付款项——甲工程队工程款　　　　　　　　　　　20 000

　　借：固定资产——厂房　　　　　　　　　　　　　　　　　35 000

　　　　贷：在建工程——厂房　　　　　　　　　　　　　　　　35 000

（6）①注销固定资产：

　　借：固定资产清理　　　　　　　　　　　　　　　　　　　2 000

　　　累计折旧　　　　　　　　　　　　　　　　　　　　　18 000

　　　　贷：固定资产——机床　　　　　　　　　　　　　　　　20 000

②支付清理费用：

　　借：固定资产清理　　　　　　　　　　　　　　　　　　　　500

　　　　贷：银行存款　　　　　　　　　　　　　　　　　　　　　500

③收回残值（注意：考试时应该涉及增值税、城建税、教育费附加问题）

　　借：银行存款　　　　　　　　　　　　　　　　　　　　　　800

　　　　贷：固定资产清理　　　　　　　　　　　　　　　　　　　800

④清理完毕：

　　借：营业外支出　　　　　　　　　　　　　　　　　　　　1 700

　　　　贷：固定资产清理　　　　　　　　　　　　　　　　　　1 700

（7）借：库存现金　　　　　　　　　　　　　　　　　　　　5 000

　　　　贷：银行存款　　　　　　　　　　　　　　　　　　　　5 000

　　借：应付职工薪酬　　　　　　　　　　　　　　　　　　　3 300

　　　　贷：库存现金　　　　　　　　　　　　　　　　　　　　3 300

（8）借：生产成本　　　　　　　　　　　　　　　　　　　15 000

　　　　贷：存货——材料　　　　　　　　　　　　　　　　　15 000

（9）借：生产成本　　　　　　　　　　　　　　　　　　　　5 000

　　　　贷：应付职工薪酬　　　　　　　　　　　　　　　　　　5 000

代扣个人所得税：

　　借：应付职工薪酬　　　　　　　　　　　　　　　　　　　　　5

　　　　贷：应交税费——代扣个人所得税　　　　　　　　　　　　　5

（10）借：银行存款　　　　　　　　　　　　　　　　　　　　500

　　　　贷：财务费用　　　　　　　　　　　　　　　　　　　　　500

（11）借：管理费用　　　　　　　　　　　　　　　　　　　1 000

　　　　贷：库存现金　　　　　　　　　　　　　　　　　　　　1 000

（12）借：管理费用　　　　　　　　　　　　　　　　　　　5 000

　　　应交税费——应交增值税（进项税额）　　　　　　　　　　300

　　　　贷：银行存款　　　　　　　　　　　　　　　　　　　　5 300

（13）借：制造费用            18 000

   贷：累计折旧           18 000

  借：生产成本            18 000

   贷：制造费用           18 000

（14）借：管理费用             2 000

   贷：累计摊销            2 000

（15）借：银行存款            42 000

   贷：营业外收入          42 000

（16）借：库存商品——产成品        37 000

   贷：生产成本           37 000

（17）进项税额：1 700 + 2 600 + 300 = 4 600

  销项税额：5 100

  应纳增值税：5 100 - 4 600 = 500

  借：应交税费（转出未交增值税）     500

   贷：应交税费——未交增值税     500

（18）消费税：30 000 × 0.1 = 3 000

  借：税金及附加           3 000

   贷：应交税费——应交消费税     3 000

  城建税：（500 + 3 000）×（7% + 3%）= 350

  借：税金及附加            350

   贷：应交税费——城建税       245

      ——教育税附加      105

（19）成本、费用结转至本年利润

  借：本年利润            32 550

   贷：主营业务成本         20 000

    管理费用          8 000

    财务费用          -500

    营业外支出         1 700

    税金及附加         3 350

收入结转至本年利润：

  借：主营业务收入         30 000

    营业外收入         42 000

   贷：本年利润          72 000

本年利润转入利润分配：

  借：本年利润            39 450

　　　　　贷：利润分配——未分配利润　　　　　　　　　　　　　　　39 450

　　（20）计算本期应纳所得税：39 450×50%×20%＝3 945（小微企业减按50%计算，按照20%税率）

　　　　　借：所得税费用　　　　　　　　　　　　　　　　　　　　　3 945

　　　　　　　贷：应交税费——应交企业所得税　　　　　　　　　　　3 945

　　（21）借：应交税费——未交增值税　　　　　　　　　　　　　　　4 500

　　　　　　　　　　　——个人所得税　　　　　　　　　　　　　　　　　5

　　　　　　　贷：银行存款　　　　　　　　　　　　　　　　　　　　4 505

库存现金

| | 借 | 贷 |
|---|---|---|
| 期初余额 | 300 | |
| | 5 000 | 3 300 |
| | | 1 000 |
| 期末余额 | 1 000 | |

银行存款

| | 借 | 贷 |
|---|---|---|
| 期初余额 | 125 000 | |
| | | 11 700 |
| | | 20 000 |
| | 35 100 | 15 000 |
| | | 500 |
| | 800 | 5 000 |
| | 500 | 5 300 |
| | 42 000 | 4 505 |
| 期末余额 | 141 395 | |

应收账款

| | 借 | 贷 |
|---|---|---|
| 期初余额 | 35 000 | |
| 期末余额 | 35 000 | |

应付账款

| | 借 | 贷 |
|---|---|---|
| 期初余额 | | 20 000 |
| | | 20 000 |
| 期末余额 | | 40 000 |

固定资产

| | 借 | 贷 |
|---|---|---|
| 期初余额 | 150 000 | |
| | 35 000 | 20 000 |
| 期末余额 | 165 000 | |

累计折旧

| | 借 | 贷 |
|---|---|---|
| 期初余额 | | 60 000 |
| | 18 000 | 18 000 |
| 期末余额 | | 60 000 |

<table>
<tr><th colspan="3" style="text-align:center">在建工程</th></tr>
<tr><th></th><th>借</th><th>贷</th></tr>
<tr><td>期初余额</td><td>0</td><td></td></tr>
<tr><td></td><td>15 000</td><td></td></tr>
<tr><td></td><td>20 000</td><td>35 000</td></tr>
<tr><td>期末余额</td><td>0</td><td></td></tr>
</table>

<table>
<tr><th colspan="3" style="text-align:center">存货</th></tr>
<tr><th></th><th>借</th><th>贷</th></tr>
<tr><td>期初余额</td><td>45 000</td><td></td></tr>
<tr><td></td><td>10 000</td><td>20 000</td></tr>
<tr><td></td><td>17 400</td><td>15 000</td></tr>
<tr><td></td><td>37 000</td><td></td></tr>
<tr><td>期末余额</td><td>74 400</td><td></td></tr>
</table>

<table>
<tr><th colspan="3" style="text-align:center">固定资产清理</th></tr>
<tr><th></th><th>借</th><th>贷</th></tr>
<tr><td>期初余额</td><td>0</td><td></td></tr>
<tr><td></td><td>2 000</td><td>800</td></tr>
<tr><td></td><td>500</td><td>1 700</td></tr>
<tr><td>期末余额</td><td>0</td><td></td></tr>
</table>

<table>
<tr><th colspan="3" style="text-align:center">无形资产（累计摊销）</th></tr>
<tr><th></th><th>借</th><th>贷</th></tr>
<tr><td>期初余额</td><td>20 000</td><td></td></tr>
<tr><td>累计摊销</td><td></td><td>2 000</td></tr>
<tr><td>期末余额</td><td>18 000</td><td></td></tr>
</table>

<table>
<tr><th colspan="3" style="text-align:center">短期借款</th></tr>
<tr><th></th><th>借</th><th>贷</th></tr>
<tr><td>期初余额</td><td></td><td>150 000</td></tr>
<tr><td>期末余额</td><td></td><td>150 000</td></tr>
</table>

<table>
<tr><th colspan="3" style="text-align:center">实收资本</th></tr>
<tr><th></th><th>借</th><th>贷</th></tr>
<tr><td>期初余额</td><td></td><td>120 000</td></tr>
<tr><td>期末余额</td><td></td><td>120 000</td></tr>
</table>

<table>
<tr><th colspan="3" style="text-align:center">应交税费</th></tr>
<tr><th></th><th>借</th><th>贷</th></tr>
<tr><td>期初余额</td><td></td><td>6 000</td></tr>
<tr><td></td><td>1 700</td><td>5 100</td></tr>
<tr><td></td><td>2 600</td><td>500</td></tr>
<tr><td></td><td>300</td><td>3 000</td></tr>
<tr><td></td><td>500</td><td>350</td></tr>
<tr><td></td><td>4 505</td><td>5</td></tr>
<tr><td></td><td></td><td>3 945</td></tr>
<tr><td>期末余额</td><td></td><td>9 295</td></tr>
</table>

<table>
<tr><th colspan="3" style="text-align:center">应付职工薪酬</th></tr>
<tr><th></th><th>借</th><th>贷</th></tr>
<tr><td>期初余额</td><td></td><td>3 300</td></tr>
<tr><td></td><td>3 300</td><td>5 000</td></tr>
<tr><td></td><td>5</td><td></td></tr>
<tr><td>期末余额</td><td></td><td>4 995</td></tr>
</table>

生产成本

| | 借 | 贷 |
|---|---|---|
| 期初余额 | 0 | |
| | 15 000 | |
| | 5 000 | |
| | 18 000 | 37 000 |
| 期末余额 | 1 000 | |

制造费用

| | 借 | 贷 |
|---|---|---|
| 期初余额 | 0 | |
| | 18 000 | |
| | | 18 000 |
| 期末余额 | | |

主营业务收入

| | 借 | 贷 |
|---|---|---|
| 期初余额 | 0 | |
| | 30 000 | 30 000 |
| 期末余额 | | 0 |

主营业务成本

| | 借 | 贷 |
|---|---|---|
| 期初余额 | 0 | |
| | 20 000 | 20 000 |
| 期末余额 | 0 | |

营业外收入

| | 借 | 贷 |
|---|---|---|
| 期初余额 | 0 | |
| | 42 000 | 42 000 |
| 期末余额 | | 0 |

营业外支出

| | 借 | 贷 |
|---|---|---|
| 期初余额 | 0 | |
| | 1 700 | 1 700 |
| 期末余额 | 0 | |

管理费用

| | 借 | 贷 |
|---|---|---|
| 期初余额 | 0 | |
| | 1 000 | |
| | 5 000 | |
| | 2 000 | 8 000 |
| 期末余额 | | 0 |

财务费用

| | 借 | 贷 |
|---|---|---|
| 期初余额 | 0 | |
| | 500 | 500 |
| 期末余额 | 0 | |

税金及附加

|  | 借 | 贷 |
|---|---|---|
| 期初余额 | 0 | |
| | 3 000 | |
| | 350 | 3 350 |
| 期末余额 | | 0 |

所得税费用

|  | 借 | 贷 |
|---|---|---|
| 期初余额 | 0 | |
| | 3 945 | |
| 期末余额 | 3 945 | |

本年利润

|  | 借 | 贷 |
|---|---|---|
| 期初余额 | | |
| | 32 550 | 72 000 |
| | 39 450 | |
| 期末余额 | | 0 |

利润分配

|  | 借 | 贷 |
|---|---|---|
| 期初余额 | | 16 000 |
| | | 39 450 |
| 期末余额 | | 55 450 |

表 4 - 2

科目汇总表

2016 年 12 月 31 日

单位：元

| 科目名称 | 期初余额 | | 本期发生额 | | 期末余额 | |
|---|---|---|---|---|---|---|
| | 借方 | 贷方 | 借方 | 贷方 | 借方 | 贷方 |
| 现金 | 300 | | 5 000 | 4 300 | 1 000 | |
| 银行存款 | 125 000 | | 78 400 | 62 005 | 141 395 | |
| 应收账款 | 35 000 | | | | 35 000 | |
| 存货 | 45 000 | | 64 400 | 35 000 | 74 400 | |
| 生产成本 | | | 38 000 | 37 000 | 1 000 | |
| 制造费用 | | | 18 000 | 18 000 | | |
| 固定资产 | 150 000 | | 35 000 | 20 000 | 165 000 | |
| 减：累计折旧 | | 60 000 | 18 000 | 18 000 | | 60 000 |
| 在建工程 | | | 35 000 | 35 000 | | |
| 固定资产清理 | | | 2 500 | 2 500 | | |
| 无形资产 | 20 000 | | | 2 000 | 18 000 | |
| 短期借款 | | 150 000 | | | | 150 000 |
| 应付账款 | | 20 000 | | 20 000 | | 40 000 |
| 应付职工薪酬 | | 3 300 | 3 305 | 5 000 | | 4 995 |
| 应交税费 | | 6 000 | 9 605 | 12 900 | | 9 295 |

续表

| 科目名称 | 期初余额 | | 本期发生额 | | 期末余额 | |
|---|---|---|---|---|---|---|
| | 借方 | 贷方 | 借方 | 贷方 | 借方 | 贷方 |
| 实收资本 | | 120 000 | | | | 120 000 |
| 本年利润 | | | 72 000 | 72 000 | | |
| 利润分配 | | 16 000 | | 39 450 | | 55 450 |
| 主营业务收入 | | | 30 000 | 30 000 | | |
| 主营业务成本 | | | 20 000 | 20 000 | | |
| 营业外收入 | | | 42 000 | 42 000 | | |
| 营业外支出 | | | 1 700 | 1 700 | | |
| 管理费用 | | | 8 000 | 8 000 | | |
| 财务费用 | | | 500 | 500 | | |
| 税金及附加 | | | 3 350 | 3 350 | | |
| 所得税费用 | | | 3 945 | | 3 945 | |
| 合计 | 375 300 | 375 300 | 488 705 | 488 705 | 439 740 | 439 740 |

表 4-3　　　　　　　　　　资产负债表

会企 01 表
单位：元

单位名称：

| 资　产 | 期末余额 | 年初余额 | 负债及所有者权益（或股东权益） | 期末余额 | 年初余额 |
|---|---|---|---|---|---|
| 流动资产： | | | 流动负债： | | |
| 货币资金 | 142 395.00 | 125 300.00 | 短期借款 | 150 000.00 | 150 000.00 |
| 交易性金融资产 | | | 交易性金融负债 | | |
| 应收票据 | | | 应付票据 | | |
| 应收账款 | 35 000.00 | 35 000.00 | 应付账款 | 40 000.00 | 20 000.00 |
| 预付款项 | | | 预收款项 | | |
| 应收利息 | | | 应付职工薪酬 | 4 995.00 | 3 300.00 |
| 应收股利 | | | 应交税费 | 9 295.00 | 6 000.00 |
| 其他应收款 | | | 应付利息 | | |
| 存货 | 75 400.00 | 45 000.00 | 应付股利 | | |
| 一年内到期的非流动资产 | | | 其他应付款 | | |

| 资　产 | 期末余额 | 年初余额 | 负债及所有者权益（或股东权益） | 期末余额 | 年初余额 |
|---|---|---|---|---|---|
| 其他流动资产 | | | 一年内到期的非流动负债 | | |
| 流动资产合计 | 252 795.00 | 205 300.00 | 其他流动负债 | | |
| 非流动资产： | | | 流动负债合计 | 204 290.00 | 179 300.00 |
| 可供出售金融资产 | | | 非流动负债： | | |
| 持有至到期投资 | | | 长期借款 | | |
| 长期应收款 | | | 应付债券 | | |
| 长期股权投资 | | | 长期应付款 | | |
| 投资性房地产 | | | 专项应付款 | | |
| 固定资产 | 165 000.00 | 150 000.00 | | | |
| 减：累计折旧 | 60 000.00 | 60 000.00 | | | |
| 固定资产净值 | 105 000.00 | 90 000.00 | 预计负债 | | |
| 在建工程 | | | 递延所得税负债 | | |
| 工程物资 | | | 其他非流动负债 | | |
| 固定资产清理 | | | 非流动负债合计 | | |
| 生产性生物资产 | | | 负债合计 | | |
| 油气资产 | | | 所有者权益（或股东权益）： | | |
| 无形资产 | 18 000.00 | 20 000.00 | 实收资本（或股本） | 120 000.00 | 120 000.00 |
| 开发支出 | | | 资本公积 | | |
| 商誉 | | | 减：库存股 | | |
| 长期待摊费用 | | | 盈余公积 | | |
| 递延所得税资产 | | | 未分配利润 | 51 505.00 | 16 000.00 |
| 其他非流动资产 | | | 所有者权益（或股东权益）合计 | 171 505.00 | 136 000.00 |
| 非流动资产合计 | 123 000.00 | 110 000.00 | | | |
| 资产总计 | 375 795.00 | 315 300.00 | 负债和所有者权益（或股东权益）总计 | 375 795.00 | 315 300.00 |

表 4 - 4 　　　　　　　　　　　　　利润表

会企02表
单位：元

单位名称：

| 项　目 | 本期金额 | 本年累计 |
|---|---|---|
| 一、营业收入 | 30 000.00 | |
| 　减：营业成本 | 20 000.00 | |
| 　　　营业税金及附加 | 3 350.00 | |
| 　　　销售费用 | | |
| 　　　管理费用 | 8 000.00 | |
| 　　　财务费用 | - 500.00 | |
| 　　　资产减值损失 | | |
| 　加：公允价值变动收益（损失以"-"填列） | | |
| 　　　投资收益（损失以"-"填列） | | |
| 　　其中：对联营企业和合营企业的投资收益 | | |
| 二、营业利润（亏损以"-"号填列） | - 850.00 | |
| 　加：营业外收入 | 42 000.00 | |
| 　减：营业外支出 | 1 700.00 | |
| 　　其中：非流动资产处置损失 | | |
| 三、利润总额（亏损总额以"-"号填列） | 39 450.00 | |
| 　减：所得税费用 | 3 945.00 | |
| 四、净利润（净亏损以"-"号填列） | 35 505.00 | |

增值税纳税申报表和所得税纳税申报表（略）

# 第三节　企业涉税会计主要会计科目设置

现行企业涉税会计核算中主要会计科目有"应交税费""税金及附加""所得税费用"
"递延所得税资产""递延所得税负债""以前年度损益调整""营业外收入"以及"应收出
口退税款"等科目。

## 一、"应交税费"科目核算内容

本科目核算企业按照税法规定计算应缴纳的各种税费，包括增值税、消费税、所得税、
资源税、土地增值税、城市维护建设税、房产税、城填土地使用税、车船税；本科目还核算
企业按相关规定缴纳的教育费附加、代扣代缴的个人所得税、矿产资源补偿费等。

【想一想】企业不在本科目核算的税种有哪些?

本科目应当按照"应交税费"的税种进行明细核算,一般一个税种设一个二级科目。增值税比较特殊,增值税一般纳税人应当在"应交税费"科目下设置"应交增值税""未交增值税""预交增值税""待抵扣进项税额""待认证进项税额""待转销项税额""增值税留抵税额""简易计税""转让金融商品应交增值税""代扣代交增值税""增值税检查调整"11 个明细科目。

本科目期末贷方余额,反映企业尚未缴纳的税费;期末如为借方余额,反映企业多缴或尚未抵扣的税金。

## (一)"应交增值税"明细科目

"应交增值税"明细科目在账户设置上采用了多栏式账户的方式,在"应交税费——应交增值税"账户中的借方和贷方各设了若干个专栏加以反映。

增值税一般纳税人应在"应交增值税"明细账内设置"进项税额""销项税额抵减""已交税金""转出未交增值税""减免税款""出口抵减内销产品应纳税额"6 个借方专栏和"销项税额""出口退税""进项税额转出""转出多交增值税"4 个贷方专栏。

1. "进项税额"专栏。记录企业购入货物、劳务、服务、无形资产或不动产而支付或负担的准予从销项税额中抵扣的增值税额。

【例1】将原购进的不含税价为 3 000 元、增值税额为 510 元的原材料退回销售方。请作出账务处理。

借:原材料　　　　　　　　　　　　　　　　　　　　　　　-3 000
　　应交税费——应交增值税(进项税额)　　　　　　　　　　-510
　　贷:银行存款　　　　　　　　　　　　　　　　　　　　-3 510

2. "销项税额抵减"专栏。记录"营改增"试点企业按规定允许扣减销售额而减少的销项税额。

【想一想】采用哪种计税方法计税允许差额纳税时才使用该科目核算?

3. "已交税金"专栏。记录一般纳税人当月已缴纳的应缴增值税额。

【例2】12 月 15 日缴纳 12 月 1~10 日应该缴纳的增值税 10 万元,企业应该如何进行账务处理?

借:应交税费——应交增值税(已交税金)　　　　　　　　100 000
　　贷:银行存款　　　　　　　　　　　　　　　　　　　100 000

4. "减免税款"专栏。记录一般纳税人按现行增值税制度规定准予减免的增值税额。

【例3】某企业为增值税一般纳税人,2017 年 5 月取得先征后返的增值税 30 000 元,请问如何进行账务处理?

借:应交税费——应交增值税(减免税款)　　　　　　　　30 000
　　贷:营业外收入　　　　　　　　　　　　　　　　　　30 000

5. "出口抵减内销产品应纳税额"专栏。记录实行"免、抵、退"办法的一般纳税人按规定计算的出口货物的进项税抵减内销产品的应纳税额。

6. "转出未交增值税"专栏。记录企业月度终了转出当月应缴未缴的增值税。

【例4】某企业增值税账户贷方的销项税额为 30 000 元，借方的进项税额为 17 000 元，月末的账务处理：

借：应交税费——应交增值税（转出未交增值税）　　　　13 000
　　贷：应交税费——未交增值税　　　　　　　　　　　　　　13 000

7. "销项税额"专栏。记录一般纳税人销售货物、加工修理修配劳务、服务、无形资产或不动产应收取的增值税。

【例5】某企业原销售的不含税价格为 10 000 元，销项税额为 1 700 元的货物被退回，假设已按税法规定开具了红字增值税专用发票。退回时的会计处理？

借：银行存款　　　　　　　　　　　　　　　　　　　　－11 700
　　贷：主营业务收入　　　　　　　　　　　　　　　　　　 －10 000
　　　　应交税费——应交增值税（销项税额）　　　　　　　 －1 700

同时冲减成本：

借：主营业务成本（红字）
　　贷：库存商品（红字）

8. "出口退税"专栏。记录一般纳税人出口货物、加工修理修配劳务、服务、无形资产按规定退回的增值税。

【例6】企业的免抵退税额为 100 000 元，应退税额为 80 000 元，免抵税额为 20 000 元，应如何进行账务处理？

借：应收出口退税款——增值税　　　　　　　　　　　　　80 000
　　应交税费——应交增值税（出口抵减内销产品应纳税额）　20 000
　　贷：应交税费——应交增值税（出口退税）　　　　　　　100 000

9. "进项税额转出"专栏。记录一般纳税人购进货物、加工修理修配劳务、服务、无形资产或不动产等发生非正常损失以及其他原因而不应从销项税额中抵扣、按规定转出的进项税额。

【例7】某商场将外购服装 100 000 元用于职工福利，应如何进行账务处理？

借：应付职工薪酬——非货币性福利　　　　　　　　　　 117 000
　　贷：库存商品　　　　　　　　　　　　　　　　　　　　100 000
　　　　应交税费——应交增值税（进项税额转出）　　　　　 17 000

10. "转出多交增值税"专栏，记录一般纳税人月度终了转出当月多交的增值税。

【例8】某企业为增值税一般纳税人，2017 年 5 月 31 日增值税账户贷方的销项税额为 10 000 元，借方的进项税额为 8 000 元，已交税金为 9 000 元。月末应该如何进行账务处理？

按照"已交税金"与应交增值税借方余额较小一方作转出。

借：应交税费——未交增值税                     7 000

    贷：应交税费——应交增值税（转出多交增值税）        7 000

增值税小规模纳税人只需在"应交税费"科目下设置"应交增值税"明细科目，不需要设置上述专栏及除"转让金融商品应交增值税""代扣代交增值税"外的明细科目。小规模纳税人销售收入的核算与一般纳税人相同，也是不含增值税应税销售额，其应纳增值税额，也要通过"应交税费——应交增值税"明细科目核算，只是由于小规模纳税人不得抵扣进项税额，不需在"应交税费——应交增值税"科目的借贷方设置若干专栏。小规模纳税人"应交税费——应交增值税"科目的借方发生额，反映已缴的增值税额，贷方发生额反映应缴增值税额；期末借方余额，反映多缴的增值税额；期末贷方余额，反映尚未缴纳的增值税额。

## （二）"未交增值税"明细科目

核算一般纳税人月度终了从"应交增值税"或"预交增值税"明细科目转入当月的应缴未缴、多缴或预缴的增值税额，以及当月缴纳以前期间未缴的增值税额。

1. 月份终了，企业应将当月发生的应缴增值税额自"应交税费——应交增值税"科目转入"未交增值税"明细科目。会计分录为：

借：应交税费——应交增值税（转出未交增值税）

    贷：应交税费——未交增值税

2. 月份终了，企业将本月多缴的增值税自"应交税费——应交增值税"科目转入"未交增值税"明细科目。会计分录为：

借：应交税费——未交增值税

    贷：应交税费——应交增值税（转出多交增值税）

3. 企业缴纳以前期间未缴的增值税，借记"应交税费——未交增值税"科目，贷记"银行存款"科目。

本科目的借方余额反映的是企业多缴的增值税款，贷方余额反映的是期末结转下期应缴的增值税。

对纳税人因销项税额小于进项税额而产生期末留抵税额的，应以期末留抵税额抵减增值税欠税；按增值税欠税税额与期末留抵税额中较小的数字红字借记"应交税费——应交增值税（进项税额）"科目，贷记"应交税费——未交增值税"科目。

【例9】某企业2017年6月在税务稽查中应补增值税15万元欠税未补，若2017年6月期末留抵税额10万元，7月末留抵税额8万元。则6月和7月末用留抵税额抵减欠税的账务处理为：

6月：借：应交税费——应交增值税（进项税额）          -100 000

         贷：应交税费——未交增值税               -100 000

7月：借：应交税费——应交增值税（进项税额）　　　　　　　－50 000
　　　贷：应交税费——未交增值税　　　　　　　　　　　　　－50 000

## （三）"预交增值税"明细科目

核算一般纳税人转让不动产、提供不动产经营租赁服务、提供建筑服务、采用预收款方式销售自行开发的房地产项目等，以及其他按现行增值税制度规定应预缴的增值税额。

对于一般企业来说，月末，企业应将"预交增值税"明细科目余额转入"未交增值税"明细科目，分录如下：

借：应交税费——未交增值税
　　贷：应交税费——预交增值税

对于房地产开发企业来说，应直至纳税义务发生时方可从"应交税费——预交增值税"科目结转至"应交税费—未交增值税"科目。

【想一想】列举需要预缴增值税的四种情形。

## （四）"待抵扣进项税额"明细科目

该科目核算的内容主要是以下两点：一是实行纳税辅导期管理的一般纳税人取得的尚未交叉稽核比对的增值税扣税凭证上注明或计算的增值税额——包括尚未交叉稽核比对的专用发票抵扣联、海关进口增值税专用缴款书；二是2016年5月1日后，按固定资产核算的不动产、不动产在建工程进项税额分2年抵扣——取得扣税凭证当月抵扣60%；第13个月抵扣40%。

上述分2年从销项税额中抵扣的是指：（1）按固定资产核算的不动产、不动产在建工程；（2）新建不动产；（3）用于改建、扩建、修缮、装饰不动产并增加不动产原值超过50%的。而按流动资产核算的不动产、不动产在建工程；融资租入的不动产以及在施工现场修建的临时建筑物、构筑物以及用于改建、扩建、修缮、装饰不动产并增加不动产原值未超过50%的实行一次性抵扣。

购进时已全额抵扣进项税额的货物和服务，转用于不动产在建工程的，其已抵扣进项税额的40%，应于转用的当期从进项税额中扣减，计入待抵扣进项税额，并于转用的当月起第13个月从销项税额中抵扣。

【例10】某企业为新修建厂房，购进一批工程物资，取得增值税专用发票上注明的价款100万元，增值税税款17万元。请作出相应的账务处理。

借：在建工程　　　　　　　　　　　　　　　　　　　　　　1 000 000
　　应交税费——应交增值税（进项税额）　　　　　　　　　　 102 000
　　应交税费——待抵扣进项税额　　　　　　　　　　　　　　　68 000
　　贷：银行存款　　　　　　　　　　　　　　　　　　　　1170 000

### （五）"待认证进项税额"明细科目

该科目核算一般纳税人由于未经税务机关认证而不得从当期销项税额中抵扣的进项税额。具体是指：（1）一般纳税人已取得增值税扣税凭证、按照现行增值税制度规定准予从销项税额中抵扣，但尚未经税务机关认证的进项税额；（2）一般纳税人已申请稽核但尚未取得稽核相符结果的海关缴款书进项税额。

根据《国家税务总局关于进一步明确营改增有关征管问题的公告》规定，自2017年7月1日起，增值税一般纳税人取得的2017年7月1日及以后开具的增值税专用发票和机动车销售统一发票，应自开具之日起360日内认证或登录增值税发票选择确认平台进行确认，并在规定的纳税申报期内，向主管税务机关申报抵扣进项税额。纳税人取得的2017年6月30日前开具的增值税扣税凭证，仍按《国家税务总局关于调整增值税扣税凭证抵扣期限有关问题的通知》执行。海关进口增值税专用缴款书的稽核比对期亦由2017年6月30日之前开具的180日内改为2017年7月1日及以后开具的360日内。逾期的其进项税额不予抵扣。

一般纳税人应在"应交税费"科目下设"待认证进项税额"明细科目，用于核算已申请稽核但尚未取得稽核相符结果的海关缴款书进项税额。一般纳税人取得海关缴款书后，应借记"应交税费——待认证进项税额"明细科目，贷记相关科目；稽核比对相符以及核查后允许抵扣的，应借记"应交税费——应交增值税（进项税额）"科目，贷记"应交税费——待认证进项税额"科目。经核查不得抵扣的进项税额，红字借记"应交税费——待认证进项税额"科目，红字贷记相关科目。

### （六）"待转销项税额"明细科目

核算一般纳税人销售货物、加工修理修配劳务、服务、无形资产或不动产，已确认相关收入（或利得）但尚未发生增值税纳税义务而需于以后期间确认为销项税额的增值税额。

该科目主要是解决增值税纳税义务时间与按照会计准则核算确认收入的时间两者之间的差异。当增值税纳税义务发生时间早于会计上收入确认时间，会计处理一般为借：银行存款等，贷：预收账款、应交税费——应交增值税（销项税额）；当会计上收入确认时间早于增值税纳税义务发生时间（如建筑服务完成后被扣留的质押金、保证金），会计处理一般为借：应收账款，贷：主营业务收入（或工程结算等）、应交税费——待转销项税额。

### （七）"增值税留抵税额"明细科目

该科目核算兼有销售服务、无形资产或者不动产的原增值税一般纳税人，截至纳入营改增试点之日前的增值税期末留抵税额按照现行增值税制度规定不得从销售服务、无形资产或不动产的销项税额中抵扣的增值税留抵税额。

根据《国家税务总局关于调整增值税一般纳税人留抵税额申报口径的公告》规定，自2016年12月1日起，《国家税务总局关于全面推开营业税改征增值税试点后增值税纳税申报有关事项的公告》附件1《增值税纳税申报表（一般纳税人适用）》（以下称"申报表主表"）第13栏"上期留抵税额""一般项目"列"本年累计"和第20栏"期末留抵税额""一般项目"列"本年累计"栏次停止使用，不再填报数据。此前，申报表主表第20栏"期末留抵税额""一般项目"列"本年累计"中有余额的一般纳税人，在2016年12月纳税申报期，将余额一次性转入第13栏"上期留抵税额""一般项目"列"本月数"中。

### （八）"简易计税"明细科目

核算一般纳税人采用简易计税方法发生的增值税计提、扣减、预缴、缴纳等业务。

### （九）"转让金融商品应交增值税"明细科目

核算增值税纳税人转让金融商品发生的增值税额。金融商品转让按规定以盈亏相抵后的余额为销售额。

### （十）"代扣代交增值税"明细科目

核算纳税人购进在境内未设经营机构的境外单位或个人在境内的应税行为代扣代缴的增值税。按照适用税率代扣代交。应扣缴税额＝购买方支付的价款÷（1＋税率）×税率。

### （十一）"增值税检查调整"专门账户

在税务机关对增值税一般纳税人增值税纳税情况进行检查后凡涉及增值税涉税账务调整的，应设立"应交税费——增值税检查调整"专门账户；调账过程中与增值税有关的账户用"应交税费——增值税检查调整"替代；全部调账事项入账后，结出"应交税费——增值税检查调整"的余额，并将该余额转至"应交税费——未交增值税"中。处理之后，本账户无余额。

### （十二）应交消费税、资源税、城建税和教育费附加

企业按规定计算应缴的消费税、资源税、城市维护建设税，借记"税金及附加"等科目，贷记本科目（应交消费税、应交资源税、应交城市维护建设税）；企业销售的在"固定资产"等科目核算的土地使用权及其地上建筑物，计算应缴的城市维护建设税，借记"固定资产清理"等科目，贷记本科目（应交城市维护建设税）；企业缴纳消费税、资源税、城市维护建设税，借记本科目（应交消费税、应交资源税、应交城市维护建设税），贷记"银行存款"等科目。

### （十三）应交所得税

企业按照税法规定计算应缴的所得税，借记"所得税费用"等科目，贷记本科目；缴纳的所得税，借记本科目，贷记"银行存款"等科目。

### （十四）应交土地增值税

企业转让的国有土地使用权连同地上建筑物及其附着物一并在"固定资产"或"在建工程"等科目核算的，转让时应缴的土地增值税，借记"固定资产清理"科目，贷记本科目；缴纳的土地增值税，借记本科目，贷记"银行存款"等科目。

### （十五）应交房产税、城镇土地使用税和车船税

企业按规定计算应缴的房产税、城镇土地使用税、车船税，借记"税金及附加"科目，贷记本科目（应交房产税、应交城镇土地使用税、应交车船税）；缴纳的房产税、城镇土地使用税、车船税，借记本科目（应交房产税、应交城镇土地使用税、应交车船税），贷记"银行存款"等科目。

### （十六）应交个人所得税

企业按规定计算的应代扣代缴的职工个人所得税，借记"应付职工薪酬"科目，贷记本科目；缴纳的个人所得税，借记本科目，贷记"银行存款"等科目。

### （十七）应交的教育费附加、地方教育附加、矿产资源补偿费

企业按规定计算应缴的教育费附加、矿产资源补偿费，借记"税金及附加""管理费用"等科目，贷记本科目（应交教育费附加、地方教育附加、应交矿产资源补偿费）；缴纳的教育费附加、地方教育附加、矿产资源补偿费，借记本科目（应交教育费附加、地方教育附加、应交矿产资源补偿费），贷记"银行存款"等科目。

随着资源税改革的深入进行，应交矿产资源补偿费将逐渐减少甚至取消。

## 二、"税金及附加"科目

本科目核算企业经营活动发生的消费税、城市维护建设税、资源税、教育费附加及房产税、城镇土地使用税、车船税、印花税等相关税费。

企业按规定计算确定的与经营活动相关的税费，借记本科目，贷记"应交税费"等科目。企业收到的返还的消费税等原记入本科目的各种税金，应按实际收到的金额，借记"银行存款"科目，贷记本科目。

期末，应将本科目余额转入"本年利润"科目，结转后本科目应无余额。

【延伸阅读】

涉税会计核算新变化，税金不再进费用

税金及附加科目会计核实分录：

（1）计提税金及附加：

借：税金及附加（消费税、城市维护建设税、资源税、教育费附加、房产税、土地使用税、车船使用税、印花税等）

贷：应缴税费——应交消费税、城市维护建设税、资源税、教育费附加、房产税、土地使用税、车船使用税、印花税等

（2）缴纳税金及附加：

借：应缴税费——应交消费税、城市维护建设税、资源税、教育费附加、房产税、土地使用税、车船使用税、印花税等

贷：银行存款

"税金及附加"是个新科目，该科目核算消费税、城市维护建设税、资源税、教育费附加、房产税、土地使用税、车船使用税、印花税等，期末将本科目余额转入本年利润科目，结转后本科目应无余额。

政策依据：

财政部《关于印发〈增值税会计处理规定〉的通知》（2016）规定：全面试行营业税改征增值税后，"营业税金及附加"科目名称调整为"税金及附加"科目，该科目核算企业经营活动发生的消费税、城市维护建设税、资源税、教育费附加及房产税、土地使用税、车船使用税、印花税等相关税费；利润表中的"营业税金及附加"项目调整为"税金及附加"项目。意味着房产税、车船税、土地使用税、印花税不再通过"管理费用"科目核算了。

资料来源：http：//www．shui5．cn/article/8b/109986．html

## 三、"所得税费用"科目

本科目核算企业根据企业会计准则确认的应从当期利润总额中扣除的所得税费用。

本科目应当按照"当期所得税费用""递延所得税费用"进行明细核算。

期末，应将本科目的余额转入"本年利润"科目，结转后本科目应无余额。

## 四、"递延所得税资产"科目

本科目核算企业根据企业会计准则确认的可抵扣暂时性差异产生的所得税资产。根据税法规定可用以后年度税前利润弥补的亏损产生的所得税资产，也在本科目核算。一般情况下，递延所得税资产对应科目是"所得税费用"，但与直接计入所有者权益的交易或事项相

关的递延所得税资产，对应科目为"资本公积——其他资本公积"。

## 五、"递延所得税负债"科目

本科目核算企业根据企业会计准则确认的应纳税暂时性差异产生的所得税负债。一般情况下，递延所得税负债的对应科目是"所得税费用"，但与直接计入所有者权益的交易或事项相关的递延所得税负债，对应科目为"资本公积——其他资本公积"。

## 六、"以前年度损益调整"科目

该科目是指发生错账时使用本科目进行调整。企业在资产负债表日至财务报告批准报出日之间发生的需要调整报告年度损益的事项，也在本科目核算。调整错账过程中，如果跨年调整涉及损益类科目替换成"以前年度损益调整"科目。调整后本科目的余额转入"利润分配——未分配利润"，本科目结转后应无余额。

【例11】2016年某企业会计误将购建固定资产的贷款利息10万元，计入"财务费用"账户。请写出账务处理。2017年税务机关检查时发现了这一问题，该固定资产尚未完工。假设企业适用的所得税税率为25%。企业应如何调账？

1. 2016年账务处理为：

借：财务费用                              100 000

    贷：应付利息                  100 000

2. ①调账：

借：在建工程                            100 000

    贷：以前年度损益调整        100 000

②补提企业所得税：

借：以前年度损益调整           25 000

    贷：应交税费——应交所得税    25 000

③结转"以前年度损益调整"余额：

借：以前年度损益调整           75 000

    贷：利润分配——未分配利润    75 000

## 七、"营业外收入"科目

核算企业实际收到即征即退、先征后退、先征后返的增值税和直接减免的增值税。其贷方发生额反映实际收到或直接减免的增值税，期末由借方结转至"本年利润"科目，结转后本科目应无余额。

## 八、"应收出口退税款"科目

本科目借方反映销售出口货物按规定向税务机关申报应退回的增值税、消费税等，还反映出口企业销售出口货物后，按规定向税务机关办理"免、抵、退"税申报，所计算得出的应退税额；贷方反映实际收到的出口货物应退回的增值税、消费税等。期末借方余额，反映尚未收到的应退税额。企业必须设置明细账页进行明细核算。本科目可分以下两种情况进行记载：第一种是按批准数作免抵和应退税的会计处理；第二种是按退税申报数进行会计处理。

**【相关链接】**

国家税务总局关于发布《涉税信息查询管理办法》的公告

http：//www.chinatax.gov.cn/n810341/n810755/c2202132/content.html

# 第四节 工业企业涉税核算

## 一、工业企业增值税的核算

### （一）供应阶段

此阶段，主要是增值税一般纳税人外购货物、接受应税劳务或应税服务而发生支付增值税的业务，按增值税法的有关规定，应区别不同情况作相应的涉税账务处理。

1. 按价税合一记账的情况。根据《增值税暂行条例》及有关规定，纳税人购进货物或者应税劳务，取得的增值税扣税凭证不符合法律、行政法规或者国务院税务主管部门有关规定的，其进项税额不得从销项税额中抵扣。此外，小规模纳税人外购货物或应税劳务所支付的增值税，不得抵扣其应纳税额。因此，对于发生上述事项的外购业务，纳税人所支付的增值税额不能在"应交税费——应交增值税（进项税额）"专栏中核算，而是仍按原来会计处理办法核算，即将此增值税额并入外购货物或应税劳务成本之中。

**【想一想】** 哪些项目的进项税额不得从销项税额中抵扣？

**【例12】** A企业是增值税一般纳税人，2017年2月从外地购入原材料一批，价款200 000元，税金34 000元，款项已付，取得一张专用发票，超过规定时限，未办理认证手续。则A企业的会计处理为：

借：原材料                                                234 000

    贷：银行存款                                         234 000

2. 按价税分别记账的情况。根据税法规定，目前准予抵扣销项税额的扣税凭证，其所

涉税服务实务

列明的税额或计算出来的税额，不列入外购货物或应税劳务成本之中，而应记入当期"应交税费——应交增值税（进项税额）"专栏，即在账务上要按价税分别记账。

一般情况下，借方常用科目主要涉及"原材料"（如购入材料已入库）、"周转材料"（如购入低值易耗品、包装物）、"固定资产"（如购入机器，设备等）、"委托加工物资"（如委托外单位加工）等。贷方常用科目有："银行存款"（如已实际付款）、"应付账款"（如未付款）、"实收资本"（如股东出资）、"营业外收入"（如接受捐赠）、"应付票据"（如开出商业承兑汇票或银行承兑汇票）。

【例13】A企业是增值税一般纳税人，于2017年5月外购钢材一批，已收到增值税专用发票一张并通过认证，发票上注明价款400 000元，增值税68 000元，款项已付，钢材已验收入库。则A企业的会计处理为：

借：原材料 400 000
　　应交税费——应交增值税（进项税额） 68 000
　　贷：银行存款 468 000

3. 小规模纳税人采购等业务的账务处理。小规模纳税人购买物资、服务、无形资产或不动产，取得增值税专用发票上注明的增值税应计入相关成本费用或资产，不通过"应交税费——应交增值税"科目核算。

【例14】某增值税小规模纳税人2017年6月购入咨询服务，取得一份增值税专用发票，发票上注明金额10万元，税额0.6万元。则账务处理为：

借：管理费用 106 000
　　贷：应付账款 106 000

## （二）生产阶段

工业企业在生产周转过程中，一般按正常的生产经营业务进行会计核算。但因发生非正常损失或改变用途等，原已计入进项税额、待抵扣进项税额或待认证进项税额，但按现行增值税制度规定不得从销项税额中抵扣的，借记"待处理财产损溢""应付职工薪酬""固定资产""无形资产"等科目，贷记"应交税费——应交增值税（进项税额转出）""应交税费——待抵扣进项税额"或"应交税费——待认证进项税额"科目；原不得抵扣且未抵扣进项税额的固定资产、无形资产等，因改变用途等用于允许抵扣进项税额的应税项目的，应按允许抵扣的进项税额，借记"应交税费——应交增值税（进项税额）"科目，贷记"固定资产""无形资产"等科目。固定资产、无形资产等经上述调整后，应按调整后的账面价值在剩余尚可使用寿命内计提折旧或摊销。

【例15】A企业为增值税一般纳税人，2017年2月将2016年11月外购的乙材料10吨，转用于企业的职工食堂修缮，按企业材料成本计算方法确定，该材料实际成本为104 000元，适用增值税税率为17%。

则A企业正确会计处理为：

应转出进项税额 = 104 000 × 17% = 17 680（元）

| 借：在建工程 | 121 680 | |
| 贷：原材料 | | 104 000 |
| 应交税费——应交增值税（进项税额转出） | | 17 680 |

## （三）销售阶段

在此阶段，销售价格中不再含税，如果定价时含税，应还原为不含税价格作为销售收入，向购买方收取的增值税作为销项税额。

1. 销售等业务的账务处理。

（1）销售业务的账务处理。企业销售货物、加工修理修配劳务、服务、无形资产或不动产，应当按应收或已收的金额，借记"应收账款""应收票据""银行存款"等科目，按取得的收入金额，贷记"主营业务收入""其他业务收入""固定资产清理""工程结算"等科目，按现行增值税制度规定计算的销项税额（或采用简易计税方法计算的应纳增值税额），贷记"应交税费——应交增值税（销项税额）"或"应交税费——简易计税"科目（小规模纳税人应贷记"应交税费——应交增值税"科目）。发生销售退回的，应根据按规定开具的红字增值税专用发票作相反的会计分录。

【例16】A企业为增值税一般纳税人，2017年5月对外销售产品一批，应收取款项524 800元，其中，价款440 000元，税金74 800元，代垫运输费10 000元。则A企业正确的会计处理为：

| 借：应收账款 | 524 800 | |
| 贷：主营业务收入 | | 440 000 |
| 应交税费——应交增值税（销项税额） | | 74 800 |
| 银行存款 | | 10 000 |

（2）企业提供建筑服务确认销项税额的账务处理。企业提供建筑服务，（按合同约定）向业主办理工程价款结算时：借：应收账款，贷：工程结算、应交税费——应交增值税（销项税额）。

企业向业主办理工程价款结算的时点早于增值税纳税义务发生的时点的（如被扣质保金且未开发票），应贷记"应交税费——待转销项税额"，待增值税纳税义务发生时再转入"应交税费——应交增值税（销项税额）"。

增值税纳税义务发生的时点早于企业向业主办理工程价款结算的（如预收工程款），应借记"银行存款"等科目，贷记"预收账款"和"应交税费——应交增值税（销项税额）"等科目。

2. 出口货物的账务处理。

为核算纳税人出口货物应收取的出口退税款，设置"应收出口退税款"科目，该科目借方反映销售出口货物按规定向税务机关申报应退回的增值税、消费税等，贷方反映实际收到的出口货物应退回的增值税、消费税等。期末借方余额，反映尚未收到的应退税额。

（1）未实行"免、抵、退"办法的一般纳税人出口货物按规定退税的，按规定计算的应收出口退税额，借记"应收出口退税款"科目，贷记"应交税费——应交增值税（出口退税）"科目；收到出口退税时，借记"银行存款"科目，贷记"应收出口退税款"科目；退税额低于购进时取得的增值税专用发票上的增值税额的差额，借记"主营业务成本"科目，贷记"应交税费——应交增值税（进项税额转出）"科目。

（2）实行"免、抵、退"办法的一般纳税人出口货物，在货物出口销售后结转产品销售成本时，按规定计算的退税额低于购进时取得的增值税专用发票上的增值税额的差额，借记"主营业务成本"科目，贷记"应交税费——应交增值税（进项税额转出）"科目；按规定计算的当期出口货物的进项税抵减内销产品的应纳税额，借记"应交税费——应交增值税（出口抵减内销产品应纳税额）"科目，贷记"应交税费——应交增值税（出口退税）"科目。在规定期限内，内销产品的应纳税额不足以抵减出口货物的进项税额，不足部分按有关税法规定给予退税的，应在实际收到退税款时，借记"银行存款"科目，贷记"应交税费——应交增值税（出口退税）"科目。

【例17】某货物征税率为17%，出口退税率为11%。以到岸价格成交，成交价为10 000元，其中运保佣为1 000元。则账务处理为：

借：应收外汇账款　　　　　　　　　　　　　　　　　　　　　　10 000
　　贷：主营业务收入　　　　　　　　　　　　　　　　　　　　　10 000

同时：

借：主营业务成本　　　　　　　　　　　　　　　　　　　　　　　　600
　　贷：应交税费——应交增值税（进项税额转出）　　　　　　　　　　600

冲减运保佣：

借：主营业务收入　　　　　　　　　　　　　　　　　　　　　　　1 000
　　贷：银行存款　　　　　　　　　　　　　　　　　　　　　　　1 000

也可在冲减运保佣同时，同步计算不得抵扣税额抵减额；也可以暂不冲减，在期末统一计算。

借：主营业务成本　　　　　　　　　　　　　　　　　　　　　　　　 −60
　　贷：应交税费——应交增值税（进项税额转出）　　　　　　　　　 −60

【例18】某自营出口生产企业是增值税一般纳税人，出口货物的征税税率为17%，退税税率为13%。2017年3月有关经营业务为：

（1）上期期末留抵税额6万元；

（2）购原材料一批，取得的增值税专用发票注明的价款200万元，准予抵扣进项税额34万元通过认证；

（3）本月内销货物不含税销售额100万元，收款117万元存入银行；

（4）本月出口货物销售额折合人民币200万元；

（5）按计划分配率计算的进料加工免税材料价格50万元。

试计算该企业当期的"免、抵、退"税额，并进行账务处理。

不得免征和抵扣税额抵减额 = 50 × (17% − 13%) = 2 (万元)

不得免征和抵扣税额 = 200 × (17% − 13%) = 8 (万元)

应纳税额 = 100 × 17% − (34 − 8 + 2) − 6 = −17 (万元)

"免、抵、退税额" = (200 − 50) × 13% = 19.5 (万元)

所以应退税额 = 17 (万元)

| | | |
|---|---|---|
| 借：应收出口退税款 | | 170 000 |
| 应交税费——应交增值税（出口抵减内销产品应纳税额） | | 25 000 |
| 贷：应交税费——应交增值税（出口退税） | | 195 000 |

3. 视同销售的账务处理。

企业发生税法上视同销售的行为，应当按照企业会计准则相关规定进行相应的会计处理，并按照现行增值税制度规定计算的销项税额（或采用简易计税方法计算的应纳增值税额），借记"应付职工薪酬""利润分配"等科目，贷记"应交税费——应交增值税（销项税额）"或"应交税费——简易计税"科目（小规模纳税人应记入"应交税费——应交增值税"科目）。

【例19】利宁服装厂（增值税一般纳税人）将服装1 000件用于对外投资，已知每件衣服的对外不含税售价为1 000元，成本为800元。该企业未提取存货跌价准备。则账务处理为：

| | |
|---|---|
| 借：长期股权投资 | 1 170 000 |
| 贷：主营业务收入 | 1 000 000 |
| 应交税费——应交增值税（销项税额） | 170 000 |
| 借：主营业务成本 | 800 000 |
| 贷：库存商品 | 800 000 |

4. 带包装销售货物的账务处理。随同产品出售但单独计价的包装物，按规定应缴纳的增值税，借记"应收账款"等科目，贷记"应交税费——应交增值税（销项税额）"科目。企业逾期未退还的包装物押金，按规定应缴纳的增值税，借记"其他应付款"等科目，贷记"应交税费——应交增值税（销项税额）"科目。

【例20】利宁服装厂（增值税一般纳税人）销售带包装的服装100件，包装物单独计价。已知每件服装的不含税售价为1 000元，成本为800元，包装物不含税售价共计1 000元，成本共计700元。上述款项均已收到。则账务处理为：

| | |
|---|---|
| 借：银行存款 | 118 170 |
| 贷：主营业务收入 | 100 000 |
| 其他业务收入 | 1 000 |
| 应交税费——应交增值税（销项税额） | 17 170 |

结转成本时：

借：主营业务成本　　　　　　　　　　　　　　　　　　　　80 000

　　贷：库存商品　　　　　　　　　　　　　　　　　　　　　　80 000

借：其他业务成本　　　　　　　　　　　　　　　　　　　　　700

　　贷：周转材料——包装物　　　　　　　　　　　　　　　　　700

5. 纳税人销售不动产业务的账务处理

（1）销售非自建不动产。对于一般纳税人销售非自建的不动产，应以取得的全部价款和价外费用扣除不动产购置原价或者取得不动产时的作价后的余额，按照5%的预征率（或者征收率）向不动产所在地主管税务机关预缴（或者缴纳）税款。

小规模纳税人的税款计算同上述一般纳税人选择的简易计税方法，只是账务处理上将"应交税费——未交增值税"科目改为"应交税费——应交增值税"科目即可。

【例21】甲公司2016年7月3日将其一栋办公楼对外出售，取得出售价款1 000万元（含税），该办公楼系甲公司2013年8月购入，入账价值为700万元，已提折旧100万元，甲公司保留完整购入凭证。请分下列两种情况讨论：①甲公司选择按一般计税方法处理，假设当月甲公司进项税额合计70万元，其他销项税额合计30万元。②采用简易计税方法处理。

情况①：向不动产所在地预缴税款＝（1 000－700）÷（1＋5%）×5%＝14.29（万元）

企业会计处理为：

借：应交税费——预交增值税　　　　　　　　　　　　　　　14.29

　　贷：银行存款　　　　　　　　　　　　　　　　　　　　　14.29

企业进行固定资产清理时：

借：固定资产清理　　　　　　　　　　　　　　　　　　　　600

　　累计折旧　　　　　　　　　　　　　　　　　　　　　　100

　　贷：固定资产　　　　　　　　　　　　　　　　　　　　　700

借：银行存款　　　　　　　　　　　　　　　　　　　　　1 000

　　贷：固定资产清理　　　　　　　　　　　　900.9[1 000/（1＋11%）]

　　　　应交税费——应交增值税（销项税额）　　　　　　　　99.1

借：固定资产清理　　　　　　　　　　　　　　　　　　　300.9

　　贷：营业外收入　　　　　　　　　　　　　　　　　　　300.9

则当期应纳增值税＝99.1＋30－70－14.29＝44.81（万元）

月末会计处理为：

借：应交税费——未交增值税　　　　　　　　　　　　　　　14.29

　　贷：应交税费——预交增值税　　　　　　　　　　　　　　14.29

借：应交税费——应交增值税（转出未交增值税）　　59.1[99.1＋30－70]

　　贷：应交税费——未交增值税　　　　　　　　　　　　　　59.1

实际缴纳时凭预缴完税凭证：

借：应交税费——未交增值税　　　　　　　　　44.81[59.1－14.29]

　　贷：银行存款　　　　　　　　　　　　　　　　　44.81

情况②：

预缴税款时：

借：应交税费——简易计税　　　　　　　　　　　14.29

　　贷：银行存款　　　　　　　　　　　　　　　　　14.29

企业进行会计处理时：

借：银行存款　　　　　　　　　　　　　　　　1 000

　　贷：固定资产清理　　　　　　　　985.71[1 000－14.29]

　　　　应交税费——简易计税　　　　　　　　　　14.29

借：固定资产清理　　　　　　　　　　　　　385.71

　　贷：营业外收入　　　　　　　　　　　　　　　385.71

（2）销售自建不动产。一般纳税人转让其2016年4月30日前自建的不动产，可以选择适用简易计税方法计税，以取得的全部价款和价外费用为销售额，按照5%的征收率计算应纳税额。纳税人应按照上述计税方法向不动产所在地主管地税机关预缴税款，向机构所在地主管税务机关申报纳税。

【例22】甲公司为M市A区一般纳税人，2016年6月30日转让其2013年自建的厂房一间，取得转让收入1 000万元，厂房坐落在A区。纳税人2013年厂房的建造成本为700万元。甲公司选择按一般计税方法纳税，则会计及税务处理为：

在A区地税局预缴税款＝1 000÷（1＋5%）×5%＝47.62（万元）

账务处理：

借：应交税费——预交增值税　　　　　　　　　47.62

　　贷：银行存款　　　　　　　　　　　　　　　　　47.62

借：银行存款　　　　　　　　　　　　　　　1 000

　　贷：固定资产清理　　　　　　　　900.9[1 000/（1＋11%）]

　　　　应交税费——应交增值税（销项税额）　　　　99.1

假设甲公司其他业务应纳税额为70万元，则甲公司6月应纳税额＝70＋99.1＝169.1（万元）

借：应交税费——未交增值税　　　　　　　　　47.62

　　贷：应交税费——预交增值税　　　　　　　　　　47.62

借：应交税费—应交增值税（转出未交增值税）　169.1

　　贷：应交税费——未交增值税　　　　　　　　　　169.1

甲公司7月在申报6月增值税时，可以凭在A区地税局缴纳税款的完税凭证抵减甲公司应纳税额，则甲公司实际需缴纳增值税＝169.1－47.62＝121.48（万元）。

借：应交税费——未交增值税             121.48

  贷：银行存款                 121.48

  一般纳税人转让其2016年5月1日后自建的不动产，适用一般计税方法，以取得的全部价款和价外费用为销售额计算应纳税额。纳税人应以取得的全部价款和价外费用，按照5%的预征率向不动产所在地主管地税机关预缴税款，向机构所在地主管税务机关申报纳税。

  小规模纳税人销售自建不动产时，无需区分是营改增前还是营改增后取得的，统一按取得的全部价款和价外费用换算成不含税金额，按5%的征收率向不动产所在地主管税务机关预缴，再向机构所在地税务机关申报纳税，预缴税款税额与申报税额一致。

**【同步案例4-2】**

  乐居房地产企业2016年3月获取天津市J地块，支付土地出让金11 100万元，配套费1 500万元。2016年10月取得商品房预售许可证，当年取得含税预售销售额11 100万元。当年支付工程价款含税11 100万元，取得增值税专用发票并认证抵扣。2017年1~6月，取得预售收入22 200万元并销售完毕。2017年10月，该项目交付入住并向业主办理了房产转移手续。

  会计核算示例：

  （1）企业获取土地，并支付土地出让金和配套费。

借：开发成本——土地获取成本-土地出让金        11 100

  贷：银行存款                11 100

借：开发成本——土地获取成本-市政设施配套费      1 500

  贷：银行存款                1 500

  （2）2016年企业取得商品房预售收入，并预缴增值税。

借：银行存款                11 100

  贷：预收账款                11 100

借：应交税金——应交增值税（预缴税金11 100/1.11×0.03）   300

  贷：银行存款                 300

  （3）2016年企业取得建安企业增值税专用发票并抵扣进项税。

借：开发成本——建筑安装费           10 000

  应交税费——应交增值税（进项税金）       1 100

  贷：银行存款                11 000

  （4）2017年1~6月，企业取得预售收入并预缴增值税。

借：银行存款                22 200

  贷：预收账款                22 200

借：应交税金——应交增值税（预缴税金22 200/1.11×0.03）   600

  贷：银行存款                 600

（5）2017年10月，企业交付房屋并向业主办理产权登记手续，确认收入并申报增值税，确认收入并结转成本。

借：预收账款　　　　　　　　　　　　　　　　　　　　　　　33 300

　　贷：主营业务收入　　　　　　　　　　　　　　　　　　　　　30 000

　　　　应交税金——应交增值税（销项税金）　　　　　　　　　　3 300

借：主营业务成本　　　　　　　　　　　　　　　　　　　　　21 500

　　贷：开发成本——结转开发成本　　　　　　　　　　　　　　21 500

发生增值税纳税义务申报并交纳增值税，按销售面积比例抵扣土地差额计征销项税（100%）。

房开企业中的一般纳税人销售自行开发的房地产项目，适用一般计税方法计税的，按照取得的全部价款和价外费用，扣除当期销售房地产项目对应的土地价款后的余额计算销售额。支付的土地价款，是指向政府、土地管理部门或受政府委托收取土地价款的单位直接支付的土地价款，包括土地受让人向政府部门支付的征地和拆迁补偿费用、土地前期开发费用和土地出让收益等。

此外，取得土地时向其他单位或个人支付的拆迁补偿费用也允许在计算销售额时扣除。纳税人按上述规定扣除拆迁补偿费用时，应提供拆迁协议、拆迁双方支付和取得拆迁补偿费用凭证等能够证明拆迁补偿费用真实性的材料。

当期允许扣除的土地价款为11 100（万元）

允许抵减的销项税额 = 11 100（万元）÷ 1.11 × 0.11 = 1 100（万元）。

借：应交税费——应交增值税（销项税额抵减）　　　　　　　　1 100

　　贷：主营业务成本　　　　　　　　　　　　　　　　　　　　1 100

转出未交增值税［销项税金 – 进项税金 – 预缴 =（3 300 – 1 100）– 1 100 – 900 = 200］

借：应交税金——应交增值税（转出未交）　　　　　　　　　　　200

　　贷：应交税金——未交增值税　　　　　　　　　　　　　　　　200

纳税申报交纳增值税。

借：应交税金——未交增值税　　　　　　　　　　　　　　　　　200

　　贷：银行存款　　　　　　　　　　　　　　　　　　　　　　　200

6. 小规模纳税企业销售货物或提供应税劳务、应税行为的账务处理。小规模纳税企业销售货物或提供应税劳务，按实现的销售收入和按规定收取的增值税，借记"应收账款""应收票据""银行存款"等科目，按实现的销售收入，贷记"主营业务收入""其他业务收入"等科目，按规定收取的增值税额，贷记"应交税费——应交增值税"科目。

7. 关于小微企业免征增值税的会计处理规定。小微企业（小规模纳税人）在取得销售收入时，应当按照税法的规定计算应交增值税，并确认为应交税费；在达到增值税制度规定的免征增值税条件时（按季度计算，应税销售额不超过9万元），将有关应交增值税转入当期损益。

【例23】A 企业为小规模纳税企业，2017 年 1～3 月销售自产货物取得价款 10 000 元，成本为 6 000 元。则 A 企业正确的会计处理为：

借：银行存款　　　　　　　　　　　　　　　　　　　　　　　10 000
　　贷：主营业务收入　　　　　　　　　　　　　　　　　　　　9 708. 74
　　　　应交税费——应交增值税　　　　　　　　　　　　　　　　291. 26
借：主营业务成本　　　　　　　　　　　　　　　　　　　　　　6 000
　　贷：库存商品　　　　　　　　　　　　　　　　　　　　　　　6 000

因本季度销售收入低于 9 万元，故可以享受小微免征增值税优惠。

借：应交税费——应交增值税　　　　　　　　　　　　　　　　291. 26
　　贷：营业外收入　　　　　　　　　　　　　　　　　　　　　　291. 26

### (四) 差额征税的账务处理

1. 企业发生相关成本费用允许扣减销售额的账务处理。按现行增值税制度规定企业发生相关成本费用允许扣减销售额的，发生成本费用时，按应付或实际支付的金额，借记"主营业务成本""存货""工程施工"等科目，贷记"应付账款""应付票据""银行存款"等科目。待取得合规增值税扣税凭证且纳税义务发生时，按照允许抵扣的税额，借记"应交税费——应交增值税（销项税额抵减）"或"应交税费——简易计税"科目（小规模纳税人借记"应交税费——应交增值税"科目），贷记"主营业务成本""存货""工程施工"等科目。

2. 金融商品转让按规定以盈亏相抵后的余额作为销售额的账务处理。金融商品实际转让月末，如产生转让收益，则按应纳税额借记"投资收益"等科目，贷记"应交税费——转让金融商品应交增值税"科目；如产生转让损失，则按可结转下月抵扣税额，借记"应交税费——转让金融商品应交增值税"科目，贷记"投资收益"等科目。交纳增值税时，应借记"应交税费——转让金融商品应交增值税"科目，贷记"银行存款"科目。年末，本科目如有其借方余额，则借记"投资收益"等科目，贷记"应交税费——转让金融商品应交增值税"科目。

## 二、工业企业消费税的核算

### (一) 生产销售应税消费品的账务处理

在销售实现时，应按产品全部价款借记"应收账款""银行存款"等科目，贷记"主营业务收入""应交税费——应交增值税（销项税额）"等科目；企业以生产的应税消费品换取生产资料、消费资料或抵偿债务，支付代购手续费等应按全部价款借记"材料采购""应收账款"等科目，贷记"主营业务收入""应交税费——应交增值税（销项税额）"科目。

在销售时，应当按照应缴消费税额，借记"税金及附加"科目，贷记"应交税费——应交消费税"科目。

【例24】某汽车制造厂（增值税一般纳税人）本月销售20辆A款小汽车，出厂价每辆120 000元（不含税），用10辆B款小汽车抵偿以前欠甲公司货款1 000 000元，B款小汽车的平均售价为每辆80 000元（不含税），最高售价为每辆88 000元（不含税）。小汽车消费税税率为9%。则账务处理为：

借：银行存款           2 808 000
 贷：主营业务收入        2 400 000
  应交税费——应交增值税（销项税额）  408 000
借：应付账款          1 000 000
 贷：主营业务收入        800 000
  应交税费——应交增值税（销项税额）  136 000
  营业外收入         64 000

销售应纳消费税 $=2\ 400\ 000\times9\%=216\ 000$（元）
抵债应纳消费税 $=10\times88\ 000\times9\%=79\ 200$（元）

借：税金及附加         295 200
 贷：应交税费——应交消费税    295 200

## （二）自产自用应税消费品的账务处理

按税法规定，自产自用的应税消费品，用于连续生产应税消费品的，不纳税；用于其他方面的，于移送使用时缴纳消费税。缴纳消费税时，按同类消费品的销售价格计算；没有同类消费品销售价格的，按组成计税价格计算。

## （三）包装物缴纳消费税的账务处理

随同产品销售且不单独计价的包装物，包装物销售应缴的消费税与因产品销售应缴的消费税应一同记入"税金及附加"科目。

随同产品销售但单独计价的包装物，其收入记入"其他业务收入"科目，应缴纳的消费税应记入"其他业务成本"科目。

出租、出借的包装物收取的押金，借记"银行存款"科目，贷记"其他应付款"科目；待包装物逾期收不回来而将押金没收时，借记"其他应付款"，贷记"其他业务收入"科目；这部分押金收入应缴纳的消费税应相应记入"其他业务成本"科目。

包装物已作价随同产品销售，但为促使购货人将包装物退回而另外加收的押金，借记"银行存款"科目，贷记"其他应付款"科目；包装物逾期未收回，押金没收，借记"其他应付款"科目，贷记"应交税费——应交消费税"科目，冲抵后"其他应付款"科目的余额转入"营业外收入"科目。

### （四）委托加工应税消费品缴纳消费税账务处理

1. 委托方将委托加工产品收回后直接用于销售，销售时不再计征消费税，受托方代收代缴的消费税计入加工物资成本中，不再抵扣。

【想一想】直接出售和非直接出售如何区分？

2. 委托加工产品收回后用于连续生产应税消费品计入"应交税费——应交消费税"的借方，月末按规定冲抵销售产生的消费税。收回应税消费品时，借记"应交税费——应交消费税"，贷记"银行存款"；月末根据消费品的销售收入时，按消费税规定的税率计算出的消费税，借记"税金及附加"，贷记"应交税费——应交消费税"；次月按规定缴纳消费税时，借记"应交税费——应交消费税"，贷记"银行存款"。

### （五）进口应税消费品缴纳消费税的账务处理

进口应税消费品缴纳的消费税一般不通过"应交税费——应交消费税"科目核算，在将消费税记入进口应税消费品成本时，直接贷记"银行存款"科目。在特殊情况下，如出现先提货、后缴纳消费税的，或者用于连续生产其他应税消费品按规定允许扣税的，也可以通过"应交税费——应交消费税"科目核算。

企业进口应税消费品时，借记"固定资产""材料采购"等科目，按支付的允许抵扣的增值税，借记"应交税费——应交增值税（进项税额）"科目，按采购成本、缴纳的增值税、消费税合计数，贷记"银行存款"等科目。

## 三、工业企业所得税的核算

资产负债表日，企业按照税法计算确定的当期应缴所得税金额，借记"当期所得税费用"科目，贷记"应交税费——应交所得税"科目。

在确认相关资产、负债时，根据所得税会计准则应予确认的递延所得税资产，借记"递延所得税资产"科目，贷记"递延所得税费用""资本公积——其他资本公积"等科目；应予确认的递延所得税负债，借记"递延所得税费用""资本公积——其他资本公积"等科目，贷记"递延所得税负债"科目。

资产负债表日，根据所得税会计准则应予确认的递延所得税资产大于"递延所得税资产"科目余额的差额，借记"递延所得税资产"科目，贷记"递延所得税费用""资本公积——其他资本公积"等科目；应予确认的递延所得税资产小于"递延所得税资产"科目余额的差额，作相反的会计分录。

企业应予确认的递延所得税负债的变动，应当比照上述原则调整"递延所得税负债"科目及有关科目。

## 四、工业企业其他税费的核算

### （一）资源税的会计核算

1. 企业销售应税产品应纳资源税的账务处理。按应缴纳的资源税，借记"税金及附加"等科目，贷记"应交税费——应交资源税"科目；缴纳资源税时，借记"应交税费——应交资源税"科目，"贷记银行存款"科目。

【例25】某油田2017年2月生产原油100万吨，当月已对外销售80万吨，每吨不含税售价为4 000元，货款已收到。计算该油田当月增值税销项税额和应纳资源税，并作相应会计处理。

增值税销项税额 = 80 × 4 000 × 17% = 54 400（万元）

应纳资源税 = 80 × 4 000 × 6% = 19 200（万元）

| | |
|---|---|
| 借：银行存款 | 3 744 000 000 |
| 　贷：主营业务收入 | 3 200 000 000 |
| 　　　应交税费——应交增值税（销项税额） | 544 000 000 |
| 借：税金及附加 | 192 000 000 |
| 　贷：应交税费——应交资源税 | 192 000 000 |

2. 企业自产自用应税产品应纳资源税的账务处理。

按应缴纳的资源税，借记"生产成本""制造费用"等科目，贷记"应交税费——应交资源税"科目；缴纳资源税时，借记"应交税费——应交资源税"科目，贷记"银行存款"科目。

3. 企业收购未税矿产品应缴资源税的账务处理。按实际支付的收购款，借记"材料采购"等科目，贷记"银行存款"等科目，按代扣代缴的资源税，借记"材料采购"等科目，贷记"应交税费——应交资源税"科目；缴纳资源税时，借记"应交税费——应交资源税"科目，贷记"银行存款"科目。

4. 企业外购液体盐加工固体盐应纳资源税的账务处理。在购入液体盐时，按所允许抵扣的资源税，借记"应交税费——应交资源税"科目，按外购价款扣除允许抵扣资源税后的数额，借记"材料采购"等科目，按应付的全部价款，贷记"银行存款""应付账款"等科目；企业加工成固体盐后，在销售时，按计算出的销售固体盐应缴的资源税，借记"税金及附加"科目，贷记"应交税费——应交资源税"科目；将销售固体盐应纳资源税扣抵液体盐已纳资源税后的差额上缴时，借记"应交税费——应交资源税"科目，贷记"银行存款"科目。

### （二）土地增值税的会计核算

工业企业按税法规定计算应纳的土地增值税记入"固定资产清理"科目，即借记"固定资产清理"科目，贷记"应交税费——应交土地增值税"科目。实际缴纳土地增值税时，借记"应交税费——应交土地增值税"科目，贷记"银行存款"等科目。

【例26】2016年6月，某企业转让一处房产的土地使用权及地上房产的产权，该房产于2013年5月购置并投入使用。根据有关凭证，确认企业为取得该房产支付的成本为4 200万元，转让房产取得的含增值税收入为6 300万元，房产累计折旧504万元。房产评估价格为4 620万元，成新率为8成新。计算应缴纳的土地增值税，并作相应的会计分录（假设该企业在计算增值税时选择了简易计税方法，城市维护建设税、教育费附加及印花税暂不考虑）。

1. 计算应缴纳的增值税。

增值税税额 = （6 300 - 4 200）÷（1 + 5%）× 5% = 100（万元）

2. 计算应缴纳的土地增值税。

土地增值额 = （6 300 - 100）- 4620 × 80% = 2 504（万元）

增值率 = 2 504 ÷（4 620 × 80%）= 67.75%

应纳土地增值税 = 2 504 × 40% - 4 620 × 80% × 5% = 816.8（万元）

3. 其会计分录为：

（1）转让房地产时：

| | | |
|---|---|---|
| 借：固定资产清理 | | 36 960 000 |
| 累计折旧 | | 5 040 000 |
| 贷：固定资产 | | 42 000 000 |

（2）收到转让收入时：

| | | |
|---|---|---|
| 借：银行存款 | | 63 000 000 |
| 贷：固定资产清理 | | 62 000 000 |
| 应交税费——应交增值税（简易计税） | | 1 000 000 |

（3）计提土地增值税时：

| | | |
|---|---|---|
| 借：固定资产清理 | | 8 168 000 |
| 贷：应交税费——应交土地增值税 | | 8 168 000 |

（4）上缴税费时：

| | | |
|---|---|---|
| 借：应交税费——应交土地增值税 | | 8 168 000 |
| 贷：银行存款 | | 8 168 000 |

（5）结转固定资产清理损益时：

| | | |
|---|---|---|
| 借：固定资产清理 | | 16 872 000 |
| 贷：营业外收入 | | 16 872 000 |

## （三）城市维护建设税的会计核算

工业企业按规定计算出的城市维护建设税，借记"税金及附加"等科目，贷记"应交税费——应交城市维护建设税"科目；实际缴纳时，借记"应交税费——应交城市维护建设税"科目，贷记"银行存款"科目。

## （四）房产税、城镇土地使用税、车船税和印花税的会计核算

按规定计算应缴的房产税、城镇土地使用税、车船税、印花税，借记"税金及附加"科目，贷记"应交税费——应交房产税、城镇土地使用税、车船税、印花税"科目；缴纳时，借记"应交税费——应交房产税、城镇土地使用税、车船税、印花税"科目，贷记"银行存款"科目。

## （五）耕地占用税的会计核算

企业按规定计算缴纳的耕地占用税，借记"在建工程"科目，贷记"银行存款"科目。

【例27】某市一家公司新占用2 000平方米耕地用于厂房建设，所占耕地适用的定额税率为20元/平方米。计算该公司应缴纳的耕地占用税，并作会计分录。

应缴纳的耕地占用税＝2 000×20＝40 000（元）

其会计分录为：

借：在建工程   40 000

  贷：银行存款   40 000

## （六）教育费附加、地方教育附加的会计核算

企业在计算应缴教育费附加、地方教育附加时，借记"税金及附加"等科目，贷记"应交税费——应交教育费附加、地方教育附加"科目，缴纳时，借记"应交税费——应交教育费附加、地方教育附加"科目，贷记"银行存款"科目。如果教育部门根据办学情况，将部分教育费附加退给办学企业作为办学补贴，企业收到办学补贴时，应通过"营业外收入"等科目核算。

【例28】某企业2016年11月缴纳增值税3万元，缴纳消费税2万元。计算该企业应缴纳的教育费附加和地方教育费附加，并作出账务处理。

应纳教育费附加为＝（30 000＋20 000）×3%＝1 500（元）

应纳地方教育费附加＝（30 000＋20 000）×2%＝1 000（元）

（1）计算出应缴纳的教育费附加时：

借：税金及附加   2 500

  贷：应交税费——教育费附加   1 500

      ——地方教育费附加   1 000

（2）实际缴纳教育费附加时：

借：应交税费——教育费附加   1 500

      ——地方教育费附加   1 000

  贷：银行存款   2 500

### （七）车辆购置税的会计核算

企业购置（包括购买、进口、自产、受赠、获奖或者以其他方式取得并自用）应税车辆，按规定缴纳的车辆购置税，借记"固定资产"等科目，贷记"银行存款"科目；企业购置的减税、免税车辆改制后用途发生变化的，按规定应补缴的车辆购置税，借记"固定资产"科目，贷记"银行存款"科目。

**【例 29】** 某企业当期进口轿车一部，海关到岸价格为 50 000 美元（当日美元与人民币的外汇牌价为 1 : 6.15，进口关税税率 25%，消费税税率 12%，增值税税率 17%）。另外，该企业在国内购置一部轿车，含税价款 200 000 元。计算企业应缴纳的车辆购置税，并作会计处理（暂不考虑增值税和消费税的会计处理）。

进口轿车计税价格 = $(6.15 \times 50\ 000 + 50\ 000 \times 25\%) \div (1 - 12\%)$ = 436 789.77（元）

进口轿车应纳车辆购置税 = $436\ 789.77 \times 10\%$ = 43 678.98（元）

国内购车计税价格 = $200\ 000 \div (1 + 17\%)$ = 170 940.17（元）

国内购车应纳车辆购置税 = $170\ 940.17 \times 10\%$ = 17 094.02（元）

缴纳车辆购置税时：

借：固定资产——轿车           60 773

  贷：银行存款            60 773

# 第五节  商品流通企业涉税核算

## 一、商品流通企业增值税的核算

### （一）供应阶段

1. 商业批发企业实行增值税后，购进商品业务的账务处理。主要包括国内购进、国外进口。国内购进又分为一般商品购进和免税农产品收购等。

（1）国内购进一般商品业务的账务处理。物资企业从国内购进一般商品，应根据销货方开具的增值税专用发票中的销货金额，计入"在途物资""库存商品"科目，按专用发票中注明的增值税借记"应交税费——应交增值税（进项税额）"科目，按实际支付的全部款项贷记"银行存款"等科目。

（2）企业收购免税农产品业务的账务处理。企业收购免税农产品，其账务处理与（1）基本相同，主要区别在于由于购进的是初级农产品或者说直接从农业生产者那里收购的，无法取得增值税专用发票，其进项税额根据购进的农产品的买价乘以 13% 的扣除率加以确定。

（3）进口商品增值税的账务处理。进口商品增值税的会计核算与国内购进商品的基本相同，主要区别有两点：一是外汇与人民币的折合；二是进口商品确定进项税额时的依据不是增值税专用发票，而是海关出具的海关进出口增值税专用缴款书。

（4）企业购进货物在运输途中发生短缺或溢余的账务处理。发生的溢余按不含税的价款记入"待处理财产损溢"科目的贷方，查明原因后进行转销，待处理财产溢余的处理一般不考虑增值税的问题。企业购进的商品因管理不善发生的毁损与短缺，应当将已付的损失商品货款及相应的进项税额一起转账。

【例30】某百货批发公司（增值税一般纳税人）购进商品一批，全部款项 12 810 元，其中增值税专用发票上注明的价款为 10 000 元，税额为 1 700 元，对方代垫运费 1 110 元，取得承运部门开具的增值税专用发票一张，价税款项合计及代垫运费已由银行划拨。

（1）采购货物并验收入库时：

借：库存商品　　　　　　　　　　　　　　　　　　　　　　　11 000

　　应交税费——应交增值税（进项税额）　　　　　　　　　　1 810

　　　贷：银行存款　　　　　　　　　　　　　　　　　　　　　　12 810

（2）若外购商品发生合理损耗，应编制会计分录为：

借：库存商品　　　　　　　　　　　　　　　　　　　　　　　11 000

　　应交税费——应交增值税（进项税额）　　　　　　　　　　1 810

　　　贷：银行存款　　　　　　　　　　　　　　　　　　　　　　12 810

（3）若发现有 1 100 元（含运费）的货物因管理不善毁损，根据毁损商品报告单，企业账务处理为：

借：库存商品　　　　　　　　　　　　　　　　　　　　　　　11 000

　　应交税费——应交增值税（进项税额）　　　　　　　　　　1 810

　　　贷：银行存款　　　　　　　　　　　　　　　　　　　　　　12 810

同时：

借：待处理财产损溢　　　　　　　　　　　　　　　　　　　　1 281

　　　贷：应交税费——应交增值税（进项税额转出）　　　　　　　181

　　　　　库存商品　　　　　　　　　　　　　　　　　　　　　　1 100

2. 商业零售企业实行增值税后购进商品业务的账务处理。商业零售企业库存商品的核算采用"售价记账、实物负责制"，实行增值税以后，其既要保持零售企业多年来形成的比较科学的"售价核算、实物负责制"，又要按照增值税的要求核算进项税额、销项税额和应缴纳的税金。

（1）一般购进商品业务的账务处理。按现行会计制度规定，企业购进商品仍按不含税成本借记"物资采购"科目，按进项税额借记"应交税费——应交增值税（进项税额）"科目，按已付的全部款项贷记"银行存款"科目；商品入库时，仍按原来的含税售价借记"库存商品"科目，按不含税的进价贷记"物资采购"科目，再按含税的进销差价贷记"商品进销差价"科目。

【例31】某零售店购进服装一批，不含税进价1 000元，增值税税额为170元，含税零售价1 500元。企业如何进行账务处理？

（1）采购时：

借：在途物资　　　　　　　　　　　　　　　　　　　　　　　1 000

　　应交税费——应交增值税（进项税额）　　　　　　　　　　　　170

　　贷：银行存款　　　　　　　　　　　　　　　　　　　　　　1 170

（2）入库时：

借：库存商品　　　　　　　　　1 500（含增值税的零售价）

　　贷：在途物资　　　　　　　　　　　　　　　　　　　　　　1 000

　　　　商品进销差价　　　　　　　　　　　　　　　　　　　　　500

（2）进货退出的账务处理。发生进货退出时，应按商品含税零售价冲减"库存商品"科目，相应调整"商品进销差价"科目。同时，还应将收回的已付进项税额予以冲销。

## （二）销售阶段

1. 商业批发企业销售商品增值税的账务处理。

（1）一般销售商品业务增值税的账务处理。商品流通企业销售货物或提供应税劳务，按照实现的销售收入和按规定收取的销项税额，借记"应收账款""应收票据""银行存款"等科目，贷记"主营业务收入""其他业务收入""应交税费——应交增值税（销项税额）"科目，发生的销售退回，作相反的会计分录。

（2）视同销售行为增值税的账务处理：一是委托代销商品。将商品移交他人代销，应当在收到代销单位转来代销清单时，计算销售额和销项税额。根据计算的销售额和销项税额，借记"应收账款"或"银行存款"科目，贷记"主营业务收入""应交税费——应交增值税（销项税额）"科目。二是销售代销商品。由于销售价格是双方在合同中事先商定的，所以受托方无论采取进价核算还是售价核算，其账务处理都是相同的。

2. 商业零售企业销售商品增值税的账务处理。实行售价金额核算的零售企业，其"库存商品"科目是按含税零售价记载的，商品含税零售价与不含税购进价的差额在"商品进销差价"科目内反映。零售企业销售商品时，首先，按含税的价格记账，即按含税的售价，借记"银行存款"等科目，贷记"主营业务收入"科目，同时按含税的售价结转商品销售成本，借记"主营业务成本"科目，贷记"库存商品"科目。其次，计算出销项税额，将商品销售收入调整为不含税的收入，借记"主营业务收入"科目，贷记"应交税费——应交增值税（销项税额）"科目。最后，月末，按含税的商品进销差价率计算已销商品应分摊的进销差价，根据计算出来的已销商品应分摊的进销差价，调整商品销售成本，即借记"商品进销差价"科目，贷记"主营业务成本"科目。

【例32】某零售商店采用售价金额核算，2017年6月购进B商品一批，进价10 000元，支付的进项税额为1 700元，同时支付运费价税合计111元，取得承运部门开具的货物运输业增值税专用发票，款项通过银行转账，该批商品的含税售价为 14 000 元。

假设月初同类商品存货的进销差价为 2 000 元，对外售价是 6 000 元；本月销售该商品含税价为 5 850 元，并收到货款，增值税税率为 17%。

（1）购进商品支付款项时：

借：在途物资　　　　　　　　　　　　　　　　　　　　　　　　　10 000

销售费用　　　　　　　　　　　　　　　　　100[111/（1+11%）]

应交税费——应交增值税（进项税额）

　　　　　　　　　　　　　1 711（1 700+111/（1+11%）×11%）

　　贷：银行存款　　　　　　　　　　　　　　　　　　　　　　　11 811

（2）商品验收入库时：

借：库存商品　　　　　　　　　　　　　　　　　　　　　　　　　14 000

　　贷：在途物资　　　　　　　　　　　　　　　　　　　　　　　10 000

　　　　商品进销差价　　　　　　　　　　　　　　　　　　　　　4 000

（3）商品售出收到销货款时：

借：银行存款　　　　　　　　　　　　　　　　　　　　　　　　　5 850

　　贷：主营业务收入　　　　　　　　　　　　　　　　　　　　　5 850

借：主营业务成本　　　　　　　　　　　　　　　　　　　　　　　5 850

　　贷：库存商品　　　　　　　　　　　　　　　　　　　　　　　5 850

（4）月末终了，计算不含税销售额和销项税。

不含税销售额 = 5 850÷（1+17%）= 5 000（元）

销项税额 = 5 000×17% = 850（元）

借：主营业务收入　　　　　　　　　　　　　　　　　　　　　　　850

　　贷：应交税费——应交增值税（销项税额）　　　　　　　　　　850

（5）月末结转商品进销差价。

含税的商品进销差价率 = （4 000+2 000）/（14 000+6 000）×100% = 30%

应分摊的进销差价 = 5 850×30% = 1 755（元）

借：商品进销差价　　　　　　　　　　　　　　　　　　　　　　　1 755

　　贷：主营业务成本　　　　　　　　　　　　　　　　　　　　　1 755

**【延伸阅读】**

### 涉税违法别想逃！济南警税联手打击涉税犯罪

明明卖的是淀粉，增值税发票上却写的是煤炭，虚开的发票用来牟利或者骗税。日前，济南市公安局和济南市税务机关建立联络机制，警税联手，更加有效地打击和防范涉税违法犯罪。

此前，济南市税务机关的工作人员在检查中发现，济南鑫德超商贸公司对外开具的增值税专用发票上下联次的购货单位、货物品名不一致。后经核实后发现，华诚商贸与华诚煤炭用的是同一个税务登记号码，华诚商贸根本没有工商和税务登记信息，是一个假公司。

案情进展到这里，税务稽查人员接下来的工作却困难重重。因为虚开案件必须集体审理通过后才能移交公安经侦部门，而虚开发票地下产业链隐蔽性很强，多数犯罪团伙流动性大、反侦察能力强，犯罪人员利用QQ、微信群等方式发布信息，采取线上交易，快递邮寄发票等方式"货到付款"，一旦被查立即注销公司"跑路"，同时转移或销毁相关资料。考虑到这些，济南税务稽查局的工作人员以举报人的身份向公安经侦部门报案，把已经掌握的证据移交给经侦部门。

这种方式打破了以往的模式，可以提请公安机关先期立案，较早地利用公安侦查手段寻找案件突破口，避免涉案企业销毁或转移账簿资料等证据。在这一案件中，税警携手，4名犯罪嫌疑人最终顺利抓捕归案。该案涉及企业18家，涉案金额达3.7亿元，税款0.6亿元，价税合计4.3亿元。

资料来源：http：//news.163.com/16/1225/14/C94THRUQ00014Q4P.html

## 二、商品流通企业消费税的核算

### （一）自购自销金银首饰应缴消费税的账务处理

商业企业除了进出口应税消费品涉及消费税的核算外，最主要的是从事金银首饰零售业务的企业，应在"应交税费"科目下增设"应交消费税"明细科目，核算金银首饰应缴纳的消费税。另外，卷烟批发企业也要设置"应交税费——应交消费税"科目，核算卷烟批发环节的消费税。

1. 一般金银首饰销售业务的核算。商业企业销售金银首饰的收入记入"主营业务收入"科目，其应缴的消费税相应记入"税金及附加"科目。

2. 以旧换新销售业务的核算。按实际收到的不含税价计算增值税、消费税。增值税：借记"物资采购"（旧首饰的作价）"库存现金"（加收的差价＋收取的增值税）科目，贷记"主营业务收入"（旧首饰作价＋加收的差价）和"应交税费——应交增值税"（销项税额）科目。消费税：借记"税金及附加"，贷记"应交税费——应交消费税"。

### （二）金银首饰的包装物缴纳消费税的账务处理

1. 随同金银首饰销售不单独计价的包装物。其收入一并记入"主营业务收入"；包装物收入应缴的消费税与金银首饰本身销售应缴的消费税应一并记入"税金及附加"。

2. 随同金银首饰销售单独计价的包装物。其收入记入"其他业务收入"；包装物收入应缴的消费税应记入"税金及附加"。

## （三）自购自用金银首饰应缴消费税

从事批发、零售商品业务的企业将外购的金银首饰用于馈赠、赞助的金银首饰应缴纳的消费税，应记入"营业外支出"科目；用于广告的金银首饰应缴纳的消费税，应记入"销售费用"科目；用于职工福利、奖励的金银首饰应缴纳的消费税，应记入"税金及附加"科目等。

商品流通企业涉及所得税等其他税费的核算与工业企业基本相同，故不再重复。

【学习思考】

1. 简述代理建账建制的适用范围。

2. 简述代理建账建制的操作流程。

3. 现行企业会计中核算涉税业务的主要会计科目有哪些？

4. 增值税一般纳税人应当在"应交税费"科目下设置哪些明细科目？

6. 说明工业企业视同销售的账务处理。

6. 简述工业企业纳税人销售不动产的账务处理。

7. 简述商业零售企业实行增值税后购进商品业务的账务处理。

【能力训练】

1. 某企业以 15 日为 1 个纳税期，当月预缴税款 10 万元，月末"应交增值税"明细账的余额数据有以下三种情况，请分别说明企业期末该如何处理。

（1）期末余额数据是借方 30 万元；

（2）期末余额数据是借方 5 万元；

（3）期末余额数据是贷方 5 万元。

2. 请选择一家小微企业，了解其建账建制的基本情况；若存在问题，请协助其改进和完善。

# 第五章

# 纳税审查代理

【本章导读】

税务师为客户提供纳税审查服务，其目的是为了指导或帮助纳税人、扣缴义务人做好纳税自查工作，自行补缴少缴或未缴的税款，切实规避纳税风险；同时，纳税审查服务也能够提高税务代理的执业质量，规避执业风险。通过本章的学习，要求学生熟练掌握代理纳税审查的基本原理和方法，掌握会计报表、会计账簿及会计凭证的审查技巧，并能借助纳税审查的基本原理和方法分析、处理实际问题。

## 第一节　纳税审查的基本方法

纳税审查有多种方法，每种方法各有特点。概括地说，主要分为审阅法、核对法、分析法和电子查账法等类别。在实际审查中，应根据审查的时间、范围、对象不同，灵活运用各种方法。

### 一、审阅法

审阅法是指税务师对纳税审查对象的会计记录和其他有关资料进行阅读和审核，据以掌握纳税审查对象履行涉税义务情况的检查方法。按其审阅会计资料的先后顺序，审阅法可分为顺查法和逆查法，按其审阅会计资料的范围可分为详查法和抽查法。

### （一）顺查法与逆查法

顺查法是根据会计业务处理的一般顺序，由凭证到账簿进而到报表依次进行检查的一种查账方法。这种方法的优点是可以通过对纳税审查对象的每笔经济活动内容了解其会计核算的准确性和真实性，并据以发现纳税审查对象是否存在涉税问题，操作简单、容易掌握，其检查范围和内容较宽、较全面，易于深入发现问题。缺点是查账工作量大，发现的涉税问题往往比较分散，难以捕捉重点。

逆查法，是指根据会计业务处理顺序的相反方向，先从会计报表的检查开始，并根据需要依次检查会计账簿、记账凭证和原始凭证的一种查账方法。这种方法的优点是检查目标比较明确，易于发现问题，可大大减少工作量，查账时间一般比顺查法短。但缺点是检查范围和内容不宽、不全，若判断失误就可能遗漏问题。

顺查法和逆查法虽然是两种检查顺序截然相反的查账方法，但在实际工作中，如果将这两种方法互相配合运用，往往能取得事半功倍的效果。

【想一想】举例说明顺查法和逆查法如何结合运用？

## （二）详查法与抽查法

详查法，又称全查法。是对审查对象在检查期内所有的会计凭证、账簿、报表以及其他涉税资料进行全面、系统、细致检查的一种查账方法。该种方法的优点是检查的内容较全面、系统，可以比较全面地发现涉税问题，并通过会计核算资料的相互联系加以验证，其检查的结论较为可靠，但检查的工作量大、费时费力。

抽查法，是对审查对象被查期内的会计凭证、账簿、报表以及财产物资选择部分样本，进行有目的、有重点地检查的一种查账方法。采用抽查法进行检查，关键在于要通过抽查的方法来选择检查的样本。抽查样本的方法分为两种：一是重点抽查法，即根据检查目的、要求或事先掌握的纳税人有关纳税情况，有目的地选择一部分会计资料或存货进行重点检查；二是随机抽查法，即以随机方法，选择纳税人某一特定时期或某一特定范围的会计资料或存货进行检查。这种方法的优点是省时、省力，但若抽查的项目判断错误，会有疏漏或可能漏掉主要问题的情况发生。

【想一想】详查法与抽查法一般适用于何种类型的审查对象？

## 二、核对法

核对法是指根据凭证、账簿、报表之间的相互关系，对账证、账表、账账、账实的相互钩稽关系进行核对审查的一种方法。一般用于对纳税人和扣缴义务人有关会计处理结果之间的对应关系有所了解的情况。按其核对的内容、侧重点不同，可分为账户法、查对法、查询法。

## （一）账户法

账户法，又称"中心账户辐射检查法"。是根据纳税审查的任务和会计核算的特点，针对不同税种的检查确定某一或某些账户为中心，并按其对应关系及其规律性与有关账户资料进行核对的一种查账方法。对计税依据的检查是任何税种检查的核心环节，虽然不同税种的征税对象和计税依据不同，但是其计税依据的具体数额在会计上要通过某一账户，或通过某些账户加以体现。而账户法正是根据这一特点，找出某一税种应侧重检查的某一或某些账户，并以该账户作为中心，有针对性地展开检查。例如，在对房产税进行检查时，应以

"固定资产——房屋建筑物"明细账作为中心账户。首先，从其借方发生额划分自用和出租房产的界限，并从借方发生额的入账时间核实交付使用时间和出租时间，以便确定其纳税义务时间；其次，应从其借方发生额并结合对"其他业务收入——租金收入"明细账贷方发生额的检查，核实自用房产的计税原值和出租房产的租金收入，以便确定其计税依据。

## （二）查对法

查对法，是指运用会计资料之间客观存在的相互联系，通过审查和对比来发现纳税问题的一种查账方法。常用的查对法主要有证证查对、账证查对、账账查对、账表查对、表表查对等。

1. 证证查对。是指根据会计核算的基本原理，对记账凭证及其所附原始凭证以及纳税审查对象内部互有关联的凭证的金额和有关内容进行查对，以发现涉税问题的一种方法。证证核对，既包括原始凭证与相关原始凭证、原始凭证与原始凭证汇总表的核对，也包括记账凭证与原始凭证、记账凭证与汇总凭证之间的核对。在进行证证查对的过程中，如果发现查证对象所记录的内容或金额不一致的，应进一步查明原因。

2. 账证查对。是指根据会计核算的基本原理，将会计账簿的有关记录与相关的记账凭证、原始凭证进行查对，以发现涉税问题的一种查账方法。通过账、证核对可以判断企业会计核算的真实性和可靠性，有助于发现并据以查证有无多记、少记或错记等会计错弊，帮助检查人员节约检查时间、简化检查过程、提高检查效率和正确性。

3. 账账查对。是指根据会计核算的基本原理，将各种会计账簿的相关记录进行查对，以发现涉税问题的一种查账方法。账账查对既包括总分类账与其相应的二级账户、明细账户和日记账户记录之间的查对，也包括存货明细账户与实物保管责任人的仓库账、商品台账之间的查对，以及同一账户上下结算期的期初、期末余额之间的查对。进行账账核对，需要将存在对应关系账簿中的业务逐笔逐项进行核对，核对时不仅要核对金额、数量、日期、业务内容是否相符，还要核查分析所反映的经济业务是否合理、合法。

4. 账表查对。是指根据会计核算的基本原理，将会计报表和纳税申报表的有关数据与相关的账簿记录进行查对，以发现涉税问题的一种查账方法。账表查对既包括将总账及其明细账的有关发生额与利润表、资产负债表、现金流量表进行查对，也包括将总账及其明细账的有关发生额与纳税申报表进行查对。其目的在于查明账表记录是否一致，报表之间的勾稽关系是否正常。

5. 表表查对。是指根据会计核算的基本原理，将会计报表之间以及会计报表和纳税申报表之间有联系的指标互相进行查对，以发现涉税问题的一种查账方法。通过查对，可以了解纳税审查对象是否真实地反映了生产经营活动，发现有无错漏账项、漏报漏缴税款等现象。

## （三）查询法

查询法是在查账过程中，根据查账的线索，通过询问或调查的方式，取得必要的资料或旁证的一种审查方法。查询法便于了解现实情况，常与其他方法一起使用。

## 三、分析法

分析法是指运用不同的分析技术，对纳税审查对象的会计资料和纳税申报信息进行客观分析和判断，以确定涉税线索和疑点，并进行追踪检查的一种方法。在实际运用中，常用的分析方法包括比较分析法、控制分析法等。

### （一）比较分析法

比较分析法是将纳税人、扣缴义务人审查期间的账表资料和账面同历史的、同计划的、同行业的、同类的相关资料进行对比分析，找出存在问题的一种审查方法。比较分析法的种类较多，按照比较指标的形态不同可分为绝对数比较分析法、相对数比较分析法、构成比率比较分析法。比较分析法易于发现纳税人、扣缴义务人存在的问题。但分析比较的结果只能为更进一步的审查提供线索。

### （二）控制计算法

控制计算法是可靠的或科学测定的数据，利用数学等式原理来验证纳税审查对象账面资料和申报资料是否准确，从而发现涉税问题的一种检查方法。常用的控制分析法方法有以产控耗、以耗控产、以产控销、以支控销等。控制分析法在进行投入产出的控制分析中，往往能够起到事半功倍的效果，该方法是以一定的数据来逻辑测定另一数据的可靠性和合理性，难以完全符合实际，其结果不能直接作为判断依据，还需采用其他查账方法进一步取得实证或旁证资料方可定案处理。

【同步案例5-1】

某小规模集体工业企业系小规模纳税人，主要生产衍缝机。2016年1月试生产，2016年7月取得第一笔产品销售收入，并于8月到主管税务机关按月申报缴纳增值税。10月某国税局接到群众举报，反映该企业不开发票账外销售产品。税务机关委托××税务师事务所审核该企业的纳税情况，并指导该企业正确核算经营情况，如实申报纳税。

首先，税务师对银行存款日记账、现金日记账、往来账、产成品账、销售收入账、销售收据存根等进行重点审核，但只发现零配件的销售未申报纳税，没有发现账外产品销售；其次，从生产环节着手，到生产车间实地了解产品生产情况。其生产的衍缝机分为无梭机、94A、94C、64A四种型号，产品的关键部件伺服电机系从国外进口，生产设备的床面都是外委加工。经过上述调查，税务师决定将确定产品生产的真实数量作为纳税审查的突破口。

一是对该企业伺服电机购进入库数量、领用数量、库存数量进行核对，对伺服电机领用数量与产成品的入库数量、出库销售数量和库存数量作比较，找出电机购进、领用数量的差额；二是对外加工床面的入库数量、领用数量、库存数量作比较，找出其差额，分析确定各种型号的产品的账外生产销售数量。运用这种方法，查实该公司 2016 年 1～9 月存在大量账外销售的问题如下：

（1）产成品不入库、不开发票，账外销售产品 21 台，销售收入 532 451.61 元分别存入个人账户。

（2）销售零配件开收据，不作收入，账外销售收入 18 129.03 元，账务处理如下：

借：银行存款 　　　　　　　　　　　　　　　　　　　　　　　18 129.03

　　贷：其他应付款 　　　　　　　　　　　　　　　　　　　　　18 129.03

通过上述审核，查实企业少计含税收入为 532 451.61 + 18 129.03 = 550 580.64（元），少缴增值税 = 550 580.64 ÷（1 + 3%）× 3% = 16 036.33（元）。

作相关账务调整如下：

（1）产品销售账外收入：

借：其他应收款——××个人 　　　　　　　　　　　　　　　　532 451.61

　　贷：主营业务收入 　　　　　　　　　　　　　　　　　　　516 943.31

　　　　应交税费——应交增值税（销项税额） 　　　　　　　　 15 508.30

（2）零配件账外销售收入：

借：其他应付款 　　　　　　　　　　　　　　　　　　　　　　 18 129.03

　　贷：其他业务收入 　　　　　　　　　　　　　　　　　　　 17 601.00

　　　　应交税费——应交增值税（销项税额） 　　　　　　　　　 528.03

（3）计算补缴增值税：

借：应交税费——应交增值税 　　　　　　　　　　　　　　　　 16 036.33

　　贷：银行存款 　　　　　　　　　　　　　　　　　　　　　 16 036.33

## 四、电子查账法

随着企业电算化程度进一步提高，越来越多的企业使用了财务软件系统进行会计核算，这对规范企业账务起到了良好的促进作用，同时也使税务师实施电子查账成为可能。电子查账一般包括电子数据的采集、电子数据的整理及电子数据的分析几个环节。实施电子查账，可以将手工查账和自动查账功能有效地加以结合，大大提高审查效率。

# 第二节　纳税审查的基本内容

## 一、代理纳税审查的基本内容

我国目前开征的税种中，按征税对象可分为三大类，即按流转额征税，按所得额征税，按资源、财产及行为征税。虽然不同的税种纳税审查的侧重点不同，但是审查的基本内容大多一致。

1. 审查其核算是否符合《企业会计准则》和分行业财务制度及会计制度。财务及相关的会计制度是纳税人进行会计核算的准则，同时也是正确核算税额的基础。通过纳税审查，可以掌握企业的成本核算、费用开支、利润分配和会计业务的处理是否符合规定，会计核算是否准确，会计报表的填报是否准确、及时。

2. 审查计税是否符合税收法规，重点是审查计税依据和税率。通过纳税审查可以了解纳税人有无偷税、逃税和骗税，有无隐瞒收入、虚报费用、减少或截留税收的情况。促进纳税人依法履行纳税义务，帮助纳税人合理地缴纳税款。

3. 审查纳税人有无不按纳税程序办事、违反征管制度的情况。主要是审查纳税人税务登记、凭证管理、纳税申报、缴纳税款等方面的情况。

此外，在审查上述内容时，还应关注纳税人的生产、经营、管理情况。通过在审查中发现的问题，提出改进措施，帮助企业改善经营管理。

## 二、会计报表的审查

会计报表是综合反映企业一定时期财务状况和经营结果的书面文件，按照我国现行会计制度和公司法的规定，企业的会计报表主要包括资产负债表、损益表、现金流量表、各种附表以及附注说明。通过对会计报表的审查和分析，一方面，可以概括了解审查对象的财务状况、资金状况和获利水平；另一方面，可以了解审查对象可能存在的问题，找出疑点，明确重点，从而收到事半功倍的效果。审查会计报表的常用方法有：核对法、比较分析法及财务指标评价法等。

### （一）资产负债表的审查

资产负债表是反映企业在某一特定日期资产、负债及所有者权益的报表，反映了企业所掌握的经济资源、企业所负担的债务，以及所有者拥有的权益。

1. 对流动资产各项目的审查与分析。流动资产包括"货币资金""交易性金融资产""应收票据""应收账款""坏账准备"（"应收账款"项目的抵减数）"预付账款""应收股利""应收利息""其他应收款""存货""待摊费用""一年内到期的非流动资产""其他流动资产"等项目。在审查时，首先分析流动资产占全部资产的比重，分析企业的资产分布是否合理，分析流动资产的实际占用数是否与企业的生产规模和生产任务计划相适应。若流动资产实际占用数增长过快，则应注意是因材料或商品集中到货或因价格变动等因素引起，还是由于管理不善、物资积压、产品滞销或者是虚增库存成本所造成，以便进一步分析企业有无弄虚作假、乱计成本等问题。对流动资产项目进行分析后，还要进一步考核企业流动资金的周转情况，通过计算应收账款周转率、存货周转率等指标，分别与计划、上年同期进行对比，分析这些指标的变化是否正常。

2. 对长期股权投资、固定资产、无形资产及长期待摊费用的审查与分析。长期股权投资反映企业不准备在一年内变现的投资。按规定，企业可以采用货币资金、实物、无形资产等方式向其他单位投资，由于投资额的大小涉及企业的投资效益，因此，在对资产负债表进行审查分析时，应注意核实企业长期股权投资数额。对长期股权投资的审查分析，除核实长期股权投资数额外，还应注意企业对长期股权投资的核算方法。企业进行长期股权投资，对被投资单位拥有实际控制权的，应采用成本法核算，并且不因被投资单位净资产的增加或减少而变动；具有共同控制、重大影响的，应当采用权益法核算。由于成本法和权益法对于投资收益的确定方法不同，直接涉及所得税的计算和缴纳，因此要注意审查企业长期股权投资的核算方法是否得当。

固定资产的审查分析，首先是了解资产增减变动的情况；其次是在核实固定资产原值及计税基础的基础上，应进一步核实固定资产折旧额，审查企业折旧计算方法是否得当、计算结果是否正确以及固定资产处置过程中的涉税处理是否准确等。

对"在建工程"项目的审核，应注意了解企业有无工程预算，各项在建工程费用支出是否核算真实，有无工程支出与生产经营支出混淆的情况等。

无形资产是反映企业的专利权、非专利技术、商标权、土地使用权等各种无形资产的价值。在审查无形资产项目时，应注意企业无形资产期末数与期初数的变化情况，了解其计税基础的合理性以及企业本期无形资产的变动和摊销情况，并注意企业无形资产的摊销额计算是否正确，有无多摊或少摊的现象。

长期待摊费用包括租入固定资产的改建支出、已足额提取折旧的固定资产的改建支出、固定资产大修理支出等。对于"长期待摊费用"项目的审查，应审查期末数与期初数变动的情况，注意企业有无将不属于长期待摊费用列支的事项纳入其中，摊销期限的确定是否合理，各期摊销额计算是否正确。

3. 对负债各项目的审查与分析。资产负债表中将负债分为流动负债和长期负债排列。审查中应对流动负债和长期负债各项进行审查，通过报表中期末数与期初数的比较，分析负债的增减变化，对于增减变化数额较大、数字异常的项目，应进一步查阅账面记录，审查企业有无将应转入的收入挂在"应付账款"账面，逃、漏税收的情况。审查企业"应缴税费"是否及时、足额上缴，表中"未交税费"项目的金额与企业的"应缴税费"贷方的余额是否相符，有无欠缴、错缴等问题。

4. 对所有者权益的审查和分析。在审查资产负债表中所有者权益各项目时，主要依据财务制度的有关规定，审核企业投资者是否按规定履行出资义务，资本公积金核算是否正确，盈余公积金以及公益金的提留比例是否符合制度的规定，并根据所有者权益各项目期末数和期初数之间的变动数额，分析企业投入资本的情况和利润分配的结果。

通过资产负债表的审查与分析，可以大致了解企业的资产分布情况、长短期负债情况和所有者权益的构成情况。在审查资产负债表时，还可以运用一些财务评价指标，如资产负债率、流动比率等对企业的经营状况、偿债能力等进行评价。

## （二） 损益表的审查

损益表是综合反映企业一定时期内（月份、年度）利润（亏损）实现情况的报表。通过对损益表的审查和分析，可以了解企业本期生产经营的成果，也借以了解企业所得税计税依据的准确性。

1. 销售收入的审查。销售收入的增减，直接关系到税收收入和企业的财务状况及资金周转的速度，影响销售收入变化的主要因素是销售数量和销售价格。审查时，应分别按销售数量和销售单价进行分析。对销售数量的分析应结合当期的产销情况，将本期实际数与计划数或上年同期数进行对比，如果销售数量下降，应注意企业有无销售产品不通过"产品（商品）销售收入"账户核算的情况或企业领用本企业产品（或商品）而不计销售收入的情况。另外，还应注意销售合同的执行情况，有无应转未转的销售收入。对销售价格的审查，应注意销售价格的变动是否正常，如变动较大，应注意查明原因。企业的销售退回、折扣销售与折让，均冲减当期的销售收入。因此，应注意销售退回的有关手续是否符合规定，销售折扣与折让是否合理合法，特别是以现金支付的退货款项和折扣、折让款项是否存在套取现金或支付回扣等问题。

2. 销售成本的审查。对于产品（商品）销售成本的审查，应注意企业销售产品（商品）品种结构的变化情况，注意成本结转时的计价方法是否正确。同时，注意分析期末库存产品（商品）的成本是否真实。对于采用售价核算的商业企业，还应注意结转的商品进销价是否正确。

3. 税金及附加的审查。税金及附加是指企业销售产品（商品）所缴纳的消费税、城市维护建设税等税金以及教育费附加。分析时应注意：一是税率有没有调整变动；二是不同税率的产品产量结构有没有变动；三是企业申报数字是否属实。由于销售收入与税金有密切的联系，两者成正比例增减，因此，要在核实销售收入的基础上，审查核实企业税金及附加计算结果是否正确，有无错计漏计等情况。

4. 销售利润的审查。销售利润是利润总额的组成部分，审查时应核查企业是否完成销售利润计划，与上期相比有无增减变动，计算出本期销售利润率，并与上期、上年同期的销售利润率进行对比，如果企业生产规模无多大变化，而销售利润率变动较大，可能存在收入、成本计算不实，人为调节销售利润等问题，应进一步审查。

5. 营业利润的审查与分析。企业的营业利润是主营业务的利润加上其他业务利润再减去期间费用后的余额。在审查营业利润增减变动情况时，应注意审查主营业务的利润，注意审查其他业务的收入和为取得其他业务而发生的各项支出。其他业务收入应纳的流转税通过"其他业务支出"科目核算，因此，审查时要核实其他业务收入是否真实准确，其他业务支出是否与其他业务收入相配比，有无将不属于其他业务支出的费用摊入的现象。另外，对于属于期间费用的管理费用、财务费用、汇兑损失等要注意审核，对比分析各项费用支出额以前各期和本期的变动情况。如果费用支出增长较大，应进一步查阅有关"管理费用""财务费用"等账户，分析企业各项支出是否合理合法，有无多列多摊费用、减少本期利润的现象。

6. 投资收益的审查与分析。根据会计制度，企业对外投资取得的收益（损失），通过"投资收益"科目进行反映。损益表中的投资收益项目就是根据"投资收益"科目的发生额分析填列的。企业的投资收益包括分得的投资利润、债券投资的利息收入、认购的股票应得的股利以及收回投资时发生的收益等。投资收益，应按照国家规定缴纳或者补缴所得税。在审查损益表的投资收益时，应注意企业是否如实反映情况。企业对外投资具有控制权时，是否按权益法记账、投资收益的确认是否准确。

7. 营业外收支项目的审查与分析。企业的营业外收入和营业外支出，是指与企业生产经营无直接关系的各项收入和支出。按照财务制度规定，营业外收入包括：固定资产的盘盈和出售净收益、罚款收入、因债权人原因确实无法支付的应付账款、教育费附加返还款等。营业外支出则包括：固定资产盘亏、报废、损毁和出售的净损失，非季节性和非修理期间的停工损失，职工子弟学校经费和技工学校经费，非常损失，公益救济性捐赠和非公益救济性捐赠，税收滞纳金、罚款、赔偿金、违约金等。审查营业外收支数额的变动情况时，对于营业外收入，应注意企业有无将应列入销售收入的款项或收益直接记作营业外收入，漏报流转税额。对于营业外支出，应注意是否符合规定的开支范围和开支标准，有无突增突减的异常变化。对于超过标准的公益救济性捐赠等，在计算应缴所得税时，应调增应纳税所得额。

## （三）现金流量表的审查

现金流量表是反映企业在一定会计期间，所从事的经营、投资和筹资等活动对现金及现金等价物影响情况的会计报表。它通过企业现金流入量、现金流出量和现金净流量来反映现金项目从期初到期末的变动过程，提供企业在一定会计期间内现金流入与流出的有关信息，揭示企业的偿债能力、应对突发事件的能力和领导市场的能力。

对现金流量表的审查，应注意审查核对现金流量表有关项目数字来源及计算的正确性，即主要核对经营活动、投资活动和筹资活动产生的现金流量。

## 三、会计账簿的审查与分析

会计账簿是以会计凭证为依据，全面、连续、系统地记录企业各项资产、负债、所有者权益的增减变化情况以及经营过程中各项经济活动和财务成果情况的簿籍。由于会计账簿所记录的经济活动内容比会计报表资料更充实、更具体，因此，它是纳税审查的重要依据。报表的审查可提供进一步深入审查的线索和重点，账簿审查则可以进一步查证落实问题。

会计账簿可分为序时账、总分类账和明细分类账。审查时应根据经济业务的分类资料，按照从总分类账到明细分类账、从会计记录到实际情况的顺序进行审查。

## （一）序时账的审查与分析

序时账又称日记账，是按照经济业务完成时间的先后顺序登记的账簿。序时账有现金日记账和银行存款日记账。对现金日记账审查时，应注意企业现金日记账是否做到日清月结，账面余额与库存现金是否相符，有无白条抵库现象，库存现金是否在规定限额之内，现金收入和支付是否符合现金管理的有关规定，有无坐支或挪用现金的情况，有无私设小金库的违法行为。并进一步核实现金账簿记录是否正确，计算是否准确，更改的数字是否有经手人盖章。对银行存款日记账的审查，注意银行存款账所记录的借贷方向是否正确，金额是否与原始凭证相符，经济业务是否合理合法，前后页过账的数字、本期发生额合计和期初、期末余额合计是否正确，注意将企业银行存款日记账与银行对账单进行核对，审查企业有无隐瞒收入等情况。

## （二）总分类账的审查与分析

总分类账是按会计制度中的会计科目设置的，它可以提供企业资产、负债、所有者权益、成本、损益各类总括资料。可以从总体上了解企业财产物资、负债等变化情况，从中分析审查，找出查账线索。审查总分类账时，应注意总分类账的余额与资产负债表中所列数字是否相符。各账户本期借贷方发生额和余额与上期相比较，有无异常的增减变化。特别是对与纳税有关的经济业务，应根据总账的有关记录，进一步审查有关明细账户的记录和相关的会计凭证，据以发现和查实问题。由于总分类账户提供的是总括的资料，一般金额比较大，如果企业某些经济业务有问题，但金额较小，在总分类账中数字变化不明显，则审查时不容易发现。因此，审查和分析总分类账簿的记录，只能为进一步审查提供线索，不能作为定案处理的依据。

## （三）明细分类账的审查与分析

明细分类账是在总分类账的基础上，对各类资产、负债、所有者权益、成本、损益按照实际需要进行明细核算的账户，是总分类账的详细补充说明。总分类账审查后，根据发现的线索，应重点分析审查明细账，因为有些问题总分类账反映不出来或数字变化不明显。如结转耗用原材料成本所采用的计价方法是否正确，计算结果是否准确等，在总分类账中不能直接看出来，而查明细账则可以一目了然。明细账审查方法主要是：

1. 审查总分类账与所属明细分类账记录是否相吻合，借贷方向是否一致，金额是否相符。

2. 审查明细账的业务摘要，了解每笔经济业务是否真实合法，若发现疑点应进一步审查会计凭证，核实问题。

3. 审查各账户年初余额是否同上年年末余额相衔接，有无利用年初建立新账之机，采取合并或分设账户的办法，故意增减或转销某些账户的数额，弄虚作假、偷税漏税。

4. 审查账户的余额是否正常、计算是否正确，如果出现反常余额或红字余额，应注意核实是核算错误还是弄虚作假所造成的。

5. 审查实物明细账的计量、计价是否正确，采用按实际成本计价的企业，各种实物增减变动的计价是否准确合理。有无将不应计入实物成本的费用计入实物成本的现象，发出实物时，有无随意变更计价方法的情况。如有疑点，应重新计算，进行验证。

由于企业的账簿种类较多，经济业务量较大，而纳税审查的重点主要是审查企业有无逃税和隐瞒利润等问题。因此，在审查账簿时应有所侧重，重点选择一些与纳税有密切关系的账户，详细审查账簿中的记录，根据有关账户的性质，对借方、贷方、余额等进行有侧重的审查和分析。

上述对各类账簿进行审查时的侧重点，主要针对与税收有关的一些主要账簿而言。在实际工作中，由于各个企业的经济业务不同，审查的目的和侧重点也应有所区别。审查时，应结合企业的特点，根据企业的规模大小、核算水平的高低、内部管理制度的严谨与否，灵活运用查账的方法，以提高纳税审查的工作效率。

## 四、会计凭证的审查与分析

会计凭证是记录企业经济业务、明确经济责任、进行会计处理的书面证明和记账依据，也是纳税审查中核实问题的重要依据。

会计凭证按其填制程序和用途划分，可分为原始凭证和记账凭证两种。原始凭证是在经济业务发生时所取得或者填制的、载明业务的执行和完成情况的书面证明，它是进行会计核算的原始资料和重要依据。记账凭证是由会计部门根据原始凭证编制的，是登记账簿的依据。由于原始凭证和记账凭证的用途不同，因此审查的内容也不同，但两者有着密切的联系，应结合对照审查。

### （一）原始凭证的审查

原始凭证是根据经济业务内容直接取得的最初书面证明，按其取得的来源可以分为自制的原始凭证和外来的原始凭证两种。对外来和自制的原始凭证进行审查，就是审查其真实性和合法性。审查中，为进一步查明问题，还应当把被查的凭证同其他有关的凭证相互核对，若有不符或其他问题，应进一步分析落实。

具体的审查内容和方法如下：

1. 审查内容是否齐全，注意审查凭证的合法性。看凭证记录的经济内容是否符合政策、法规和财务会计制度规定的范围和标准。（1）审查凭证的真实性。对凭证各项目的经济内容、数据、文字要注意有无涂改、污损、伪造、大头小尾等问题，并进行审查分析，从中发现问题。（2）审查凭证的完整性。对凭证上的商品名称、规格、计量单位、大小写金额和填制日期仔细核对，应注意填写的内容是否清晰，计算的结果是否准确。（3）审查自制的原始凭证手续是否完备，应备附件是否齐全。对差旅费报销还应与所附车船票、住宿费单据核对，看内容、金额是否相符。

2. 审查有无技术性或人为性的错误。主要通过产成品（库存商品）、原材料（材料物资）等出入库凭证的检查，看有无产品（商品）销售后收取的现金不入账，减少当期收入的情况；有无多列、虚列材料（商品）成本的情况；通过对成本类原始凭证的检查，看纳税人是否区分了本期的收支与非本期的收支，基本业务收支与营业外收支，资本性支出与收益性支出等。有无因此而影响当期或后期计税所得额的情况。

3. 审查有无白条入账的情况。要注意审查自制凭证的种类、格式及使用是否符合财务会计制度的规定，审批手续是否健全，有无以白条替代正式凭证的现象。对收款凭证要注意其号码是否连续，如发现缺本、缺页、审批手续不全的，应进一步查明原因。在审查支出凭证所记载的内容是否遵守制度规定的开支范围和标准时，要注意有无白条作支出凭证的情况。

### （二）记账凭证的审查

记账凭证是由会计人员对原始凭证归类整理而编制的，是登记账簿的依据。记账凭证的审查主要从以下几个方面进行：

1. 审查所附原始凭证有无短缺，两者的内容是否一致。首先要注意记账凭证与原始凭证的数量、金额是否一致。有的记账凭证往往附有一些原始凭证，如支票存根、发票联、差旅费报销单、医药费单据等，应认真检查核对。有的原始凭证金额不能简单地加总，还需要按规定分析填制记账凭证，通过复核，看其是否与记账凭证所反映的金额相符。

2. 审查会计科目及其对应关系是否正确。会计事项的账务处理及其科目的对应关系在会计制度中一般都有明确规定，如果乱用会计科目或歪曲会计科目，就可能出现少缴或未缴税款的情况。例如，企业销售产品（商品），不通过销售收入账户进行核算，而直接以借"银行存款"（或"应收账款"）科目，贷"产成品（库存商品）"科目的错误对应关系来处理，就掩盖了销售收入，漏掉了增值税，而且也影响了企业利润和所得税。

3. 记账凭证的会计科目与原始凭证反映的经济业务内容是否相符。审查时应注意会计凭证的摘要说明与原始凭证的经济内容是否相符，如不相符，应注意纳税人是不是有意的，如收到对方的预收货款收款收据后，将其作为购货凭证登记"库存商品"或"材料物资"，取得正式发票后又重复入账的；将应记入"应付福利费""在建工程"的支出列入直接费用或期间费用的；将应记入"固定资产"原价的支出作为"低值易耗品"或"管理费用"入账的；将应记入"待摊费用"分期摊销却列入当期生产成本一次摊销的。

### 【相关链接】

税务师纳税审核技术规则（试行）

http：//www.cctaa.cn/zczd/zygz/cxxzz/2017-02-07/CCON17900000015013.html

# 第三节 账务调整的基本方法

在代理人对纳税人的纳税情况进行全面审查后，对于有错漏问题的会计账目，应指导纳税人按照财务会计制度进行账务调整，以防止明补暗退，避免重复征税，确保企业会计核算资料的真实性。

## 一、年度内的调账方法

一个会计年度结账前，纳税人还未及编制决算会计报表，税务师查出纳税人的错账或漏账对经营成果和纳税的影响只涉及当年度的损益，尚未递延到以后年度，因而只需对年度内的错账进行纠正即可。在审查中发现当期的错误会计账目，可根据正常的会计核算程序，采用红字调整法、补充调整法、综合调整法予以调整；对于按月结转利润的纳税人，在本月内发现的错账，调整错账本身即可；在本月以后发现的错账，由于以前月份已结转利润，所以影响到利润的账项还需先通过相关科目最终结转到本年利润科目调整。

### （一）红字冲销法

红字冲销法就是先用红字冲销原错误的会计分录，再用蓝字重新编制正确的会计分录，重新登记账簿。它适用于会计科目用错及会计科目正确但核算金额错误的情况。一般情况下，在及时发现错误、没有影响后续核算的情况下多使用红字冲销法。

【例1】某税务师事务所审查某企业的纳税情况发现，该企业当年取得残次品销售收入5 000元，款已收存银行，财务人员不清楚款项来源，将其计入"其他应付款"账户。账务处理为：

借：银行存款　　　　　　　　　　　　　　　　　　　5 000
　　贷：其他应付款　　　　　　　　　　　　　　　　　5 000

税务师指导其作以下调账处理：

借：银行存款　　　　　　　　　　　　　　　　　　　5 000
　　贷：其他应付款　　　　　　　　　　　　　　　　　5 000

借：银行存款　　　　　　　　　　　　　　　　　　　5 000
　　贷：其他业务收入　　　　　　　　　　　　　　　4 273.5
　　　　应交税费——应交增值税（销项税额）　　　　726.5

### （二）补充登记法

补充登记法就是通过编制转账分录，将调整金额直接入账，以更正错账。它适用于漏计或错账所涉及的会计科目正确，但核算金额小于应计金额的情况。

【例2】某税务师事务所审查某企业的纳税情况，发现该企业本月应摊销待摊费用 5 400 元，实际摊销 4 800 元，在本年度纳税审查中发现少摊销 600 元，企业的会计处理为：

借：制造费用 4 800
    贷：待摊费用 4 800

税务师认为，企业的此笔账务处理所涉及的会计科目的对应关系没有错误，但核算金额少计 600 元，用补充登记法作调账分录为：

借：制造费用 600
    贷：待摊费用 600

## （三）综合调账法

综合账务调整法就是将红字冲销法与补充登记法综合加以运用，一般适用于错用会计科目的情况，而且主要用于所得税纳税审查后的账务调整，如果涉及会计所得，可以直接调整"本年利润"账户。

综合调账法一般运用于会计分录借贷方，有一方会计科目用错，而另一方会计科目没有错的情况。正确的一方不调整，错误的一方用错误科目转账调整，使用正确科目及时调整。

【例3】某纳税人本年度将本单位福利人员某月的工资 6 800 元计入了"管理费用"账户，会计处理为：

借：管理费用 6 800
    贷：应付职工薪酬——福利费 6 800

如果在当月发现记账错误，可做调账分录如下：

借：管理费用 6 800
    贷：应付职工薪酬——福利费 6 800

如果是年度内的次月发现记账错误，则可直接调增本年利润。

借：应付职工薪酬——福利费 6 800
    贷：本年利润 6 800

## 二、跨年度的调账方法

1. 对上一年度错账且对上年度税收发生影响的，分以下两种情况：

如果在上一年度决算报表编制前发现的，可直接调整上年度账项，这样可以应用上述几种方法加以调整，对于影响利润的错账须一并调整"本年利润"科目核算的内容。

如果在上一年度决算报表编制之后发现的，一般不能应用上述方法，而按正常的会计核算对有关账户进行一一调整。这时需区别不同情况，按简便实用的原则进行调整。

对于不影响上年利润的项目，可以直接进行调整。

**【例4】** 在所得税的汇算清缴中，税务师受托对某企业所得税纳税情况进行审查，发现该企业将用于职工福利支出的 30 000 元记入"在建工程"账户，审查是在年终结账后进行的。税务师经过认真审核，确认该笔业务应通过"应付职工薪酬"科目核算，因企业基建工程尚未完工交付使用，相关调账分录为：

借：以前年度损益调整           30 000

  贷：在建工程             30 000

**【例5】** 在所得税的汇算清缴中，税务师受托对某企业 2014 年所得税纳税情况进行审查，发现该企业将对外投资分回税后利润 28 500 元，记入"盈余公积"账户。审查是在年终结账后进行的。税务师经过认真审核，确认该笔投资收益依现行税法规定应予补税，查实受让投资企业适用税率为 15%，该企业适用税率为 25%，故应补缴所得税 = 28 500 ÷ (1 - 15%) × (25% - 15%) = 3 352.94（元）。相关调账分录为：

（1）借：盈余公积            28 500

   贷：以前年度损益调整         28 500

（2）借：以前年度损益调整         3 352.94

   贷：应交税费——应交所得税      3 352.94

（3）借：应交税费——应交所得税      3 352.94

   贷：银行存款           3 352.94

（4）期末 借：以前年度损益调整      25 147.06

      贷：利润分配——未分配利润    25 147.06

对于影响上年利润的项目，由于企业在会计年度内已结账，所有的损益账户在当期都结转至"本年利润"账户，凡涉及调整会计利润的，不能用正常的核算程序对"本年利润"进行调整，而应通过"以前年度损益调整"进行调整。

**【例6】** 某税务师事务所 2016 年 4 月对某公司 2015 年度纳税审查中，发现多预提厂房租金 20 000 元，应予以回冲。

应通过"以前年度损益调整"科目调整，将调整数体现在 2015 年的核算中，应作调整分录如下：

（1）借：预提费用            20 000

   贷：以前年度损益调整         20 000

（2）补所得税 = 20 000 × 25% = 5 000（元）。

 借：以前年度损益调整          5 000

   贷：应交税费——应交所得税      5 000

（3）将以前年度损益调整贷方余额转入未分配利润。

 借：以前年度损益调整          15 000

   贷：利润分配——未分配利润      15 000

2. 对上一年度错账且不影响上一年度的税收，但与本年度核算和税收有关的，可以根据上一年度账项的错漏金额影响本年度税项情况，相应调整本年度有关账项。

【例7】某税务师事务所2016年审查2015年某企业的账簿记录，发现2015年12月多转材料成本差异40 000元（借方超支数），而消耗该材料的产品已完工入库，该产品于2016年售出。

这一错误账项虚增了2015年12月的产品生产成本，由于产品未销售，无须结转销售成本，未对2015年度税收产生影响，但是由于在2016年售出，此时虚增的生产成本会转化为虚增销售成本，从而影响2016年度的税项。如果是在决算报表编制前发现且产品还未销售，就可应用转账调整法予以调整上年度账项，即：

借：材料成本差异　　　　　　　　　　　　　　　　　　　40 000
　　贷：库存商品　　　　　　　　　　　　　　　　　　　　　　40 000

3. 不能直接按审查出的错误数额调整利润情况的账务调整方法。税务师审查出的纳税错误数额，有的直接表现为实现的利润，无须进行计算分摊，直接调整利润账户；有的需经过计算分摊，将错误的数额分别摊入相应的有关账户内，才能确定应调整的利润数额。后一种情况主要是在材料采购成本、原材料成本的结转、生产成本的核算中发生的错误，如果尚未完成一个生产周期，其错误额会依次转入原材料、在产品、产成品、销售成本及利润中，导致虚增利润，使纳税人多缴当期的所得税。因此，应将错误额根据具体情况在期末原材料、在产品、产成品和本期销售产品成本之间进行合理分摊。

计算分摊的方法是：应按产品成本核算过程逐步剔除挤占因素，即将审查出的需分配的错误数额，按材料、自制半成品、在产品、产成品、产品销售成本等核算环节的程序，一步一步地往下分配。将计算出的各环节应分摊的成本数额，分别调整有关账户，在期末结账后，当期销售产品应分摊的错误数额应直接调整利润数额。在实际工作中一般较多地采用"按比例分摊法"。计算步骤如下：

第一步：计算分摊率。

分摊率 = 审查出的错误额/（期末材料结存成本 + 期末在产品结存成本
+ 期末产成品结存成本 + 本期产品销售成本）

上述公式是基本计算公式，具体运用时，应根据错误发生的环节，相应地选择某几个项目进行计算分摊，不涉及的项目则不参加分摊。

第二步：计算分摊额。

期末材料应分摊的数额 = 期末材料成本 × 分摊率
期末在产品应分摊的数额 = 期末在产品成本 × 分摊率
期末产成品应分摊的数额 = 期末产成品成本 × 分摊率
本期销售产品应分摊的数额 = 本期销售产品成本 × 分摊率

第三步：调整相关账户

将计算出的各环节应分摊的成本数额，分别调整有关账户，在期末结账后，当期销售产品应分摊的错误数额应直接调整利润数。

【例8】 税务师受托对某企业进行纳税审查，发现该企业某月将基建工程领用的生产用原材料30 000元计入生产成本。由于当期期末既有期末在产品，也有生产完工产品，完工产品当月对外销售一部分，因此，多计入生产成本的30 000元，已随企业的生产经营过程分别进入了生产成本、产成品、产品销售成本之中。经核实，期末在产品成本为150 000元，产成品成本为150 000元，产品销售成本为300 000元。则税务师可按以下步骤计算分摊各环节的错误数额，并作相应调账处理。

第一步：计算分摊率。

分摊率 = 30 000/（150 000 + 150 000 + 300 000）= 0.05

第二步：计算各环节的分摊数额。

在产品应分摊数额 = 150 000 × 0.05 = 7 500（元）

产成品应分摊数额 = 150 000 × 0.05 = 7 500（元）

本期产品销售成本应分摊数额 = 300 000 × 0.05 = 15 000（元）

应转出的增值税进项税额 = 30 000 × 17% = 5 100（元）

第三步：调整相关账户。

若审查期在当年，调账分录为：

| | | |
|---|---|---|
| 借：在建工程 | 35 100 | |
| 贷：生产成本 | | 7 500 |
| 产成品 | | 7 500 |
| 本年利润 | | 15 000 |
| 应交税费——应交增值税（进项税额转出） | | 5 100 |

若审查期在以后年度，则调账分录为：

| | | |
|---|---|---|
| 借：在建工程 | 35 100 | |
| 贷：生产成本 | | 7 500 |
| 产成品 | | 7 500 |
| 以前年度损益调整 | | 15 000 |
| 应交税费——应交增值税（进项税额转出） | | 5 100 |

【同步案例5-2】

## 关于××有限公司2015年12月增值税纳税的审核报告

××有限公司：

我们受贵公司的委托，对贵公司2015年12月增值税纳税情况进行审核，重点审核了本月的增值税纳税申报表和"应交税费——应交增值税"等明细账，抽查了相关会计凭证和账务处理，提出纳税审核报告如下：

第一，增值税纳税审核发现的主要问题：

审核"待处理财产损溢"账户，发现购进原材料非正常损失 10 000 元，其进项税额未作转出处理。

审核"物资采购""应付账款"账户，发现购进辅助材料 10 000 元，尚未收到合法扣税凭证、尚未付款验收入库，其增值税税额 1 700 元，不应结转进项税额。

审核"应付利润""库存商品"账户，将产品分配给投资者，按售价计算 10 000 元，属于视同销售行为，应计算销项税额。

第二，计算应补税额与账务调整：

1. 对购进原材料非正常损失 10 000 元，其进项税额 1 700 元，不应从销项税额中抵扣，应作进项税额转出处理。账务处理如下：

借：待处理财产损溢——待处理流动资产损溢　　　　　　　　　　1 700

　　贷：应交税费——应交增值税（进项税额转出）　　　　　　　　　1 700

2. 对于外购生产用辅助材料尚未取得合法扣税凭证，已验收入库，其税额 1 700 元不应计入本期进项税额处理，待验收入库后再作进项税额处处理。调账分录为：

借：待摊费用——待抵扣进项税额　　　　　　　　　　　　　　　1 700

　　贷：应交税费——应交增值税（进项税额转出）　　　　　　　　　1 700

3. 对视同销售行为应计算销项税额，补缴增值税。应红字冲回原分录再作账务处理：

借：应付利润　　　　　　　　　　　　　　　　　　　　　　　　11 700

　　贷：主营业务收入　　　　　　　　　　　　　　　　　　　　　10 000

　　　　应交税费——应交增值税（销项税额）　　　　　　　　　　　1 700

借：主营业务成本　　　　　　　　　　　　　　　　　　　　　　8 000

　　贷：库存商品　　　　　　　　　　　　　　　　　　　　　　　8 000

4. 根据上述处理结果，本月增值税纳税申报表有关内容应调整如下：

（1）本期应抵扣进项税额 = 27 200 元；

（2）本期销项税额 35 700 元；

（3）本期应纳税额 8 500 元；

（4）本月应补缴增值税：8 500 - 3 400 = 5 100（元）。

　　　　　　　　　　　　　　　　　　　　　　××税务师事务所（签章）

　　　　　　　　　　　　　　　　　　　　　　　税务师：××（签章）

　　　　　　　　　　　　　　　　　　　　　　　2015 年 12 月 31 日

【学习思考】

1. 纳税审查的基本内容有哪些？如何运用？

2. 账务调整的基本方法有哪些？其各自的适用范围？

3. 资产负债表及利润表各自的审查要点有哪些?

4. 不同会计账簿检查分析的重点是什么?

5. 记账凭证和原始凭证的审查分析如何结合进行?

【能力训练】

某企业位于某市市区,为增值税一般纳税人,2016 年 8 月税务师受托对其上月纳税情况进行检查,发现以下问题:

(1) 所属仓库多提折旧 100 000 元;

(2) 7 月为本企业基建工程购入材料 234 000 元,其会计处理为:

借:在建工程　　　　　　　　　　　　　　　　　　　　　　　200 000

　　应交税费——应交增值税(进项税额)　　　　　　　　　　 34 000

　　　贷:银行存款　　　　　　　　　　　　　　　　　　　　234 000

(3) 将自产的一批货物直接捐赠给职工子弟学校,价值 120 000 元,成本为 85 000 元,其会计处理为:

借:营业外支出　　　　　　　　　　　　　　　　　　　　　　120 000

　　　贷:库存商品　　　　　　　　　　　　　　　　　　　　120 000

(4) 其他资料:企业直接按会计利润计算并预缴了企业所得税。

要求:(1) 分别指出上述处理对企业相关税费的影响(不考虑地方教育附加)。

　　　(2) 作出相应的涉税调账分录。

# 第六章

# 货物和劳务税申报代理与审核

## 【本章导读】

为了优化流转税制结构，消除重复征税，2012年1月1日起我国启动营业税改征增值税试点。此后在部分地区和行业逐步扩大试点，持续推进。2016年5月1日，全面推开"营改增"试点，实现货物和服务行业增值税全覆盖，打通税收抵扣链条，支持制造业升级和现代服务业发展，落实供给侧结构性改革。至此，增值税、消费税、营业税三税鼎立的流转税制终结，新型的增值税、消费税组成的货劳税制开始形成，我国财税体制改革取得重大进展。本章以此为基础，重点介绍增值税及消费税纳税申报及审核代理业务。

## 第一节　增值税纳税申报代理

### 一、增值税纳税申报

增值税纳税申报是指增值税纳税人按照有关法律、法规要求，收集、整理增值税纳税申报资料，计算当期应纳增值税额，填制增值税纳税申报表及附列资料，并在规定的期限内通过一定的方式或途径向主管税务机关报送，履行增值税申报纳税义务。

增值税纳税申报表及其他纳税申报资料全面反映了纳税人当期应纳增值税额的相关内容与信息。随着增值税的"转型"与"扩围"改革、"金税工程"的推广应用，增值税的纳税申报几经调整完善。为了保障全面推开"营改增"工作的顺利实施，国家税务总局发布《关于全面推开营业税改征增值税试点后增值税纳税申报有关事项的公告》（2016）、《关于调整增值税纳税申报有关事项的公告》（2016）、《关于营业税改征增值税部分试点纳税人增值税纳税申报有关事项调整的公告》（2016），要求自2016年6月1日起我国境内增值税纳税人均应按照规定进行增值税纳税申报。

### （一）增值税纳税申报方式

增值税纳税申报方式分为远程申报和上门申报。远程申报是指纳税人借助于网络、电话或其他手段,将申报资料传输至税务机关进行申报的一种方式;上门申报是指纳税人携带申报资料,直接到税务机关办税服务区申报纳税窗口或综合服务窗口进行申报的一种方式。

【想一想】分析比较远程申报和上门申报的优劣?

## (二) 增值税纳税申报期限

根据《中华人民共和国增值税暂行条例》和《财政部、国家税务总局关于全面推开营业税改征增值税试点的通知》(2016) 规定,增值税的纳税期限分别为 1 日、3 日、5 日、10 日、15 日、1 个月或者 1 个季度。纳税人的具体纳税期限,由主管税务机关根据纳税人应纳税额的大小分别核定。1 个季度为纳税期限的规定适用于小规模纳税人、银行、财务公司、信托投资公司、信用社,以及财政部和国家税务总局规定的其他纳税人。不能按照固定期限纳税的,可以按次纳税。

纳税人以 1 个月或者 1 个季度为 1 个纳税期的,自期满之日起 15 日内申报纳税(遇节假日顺延);以 1 日、3 日、5 日、10 日或者 15 日为 1 个纳税期的,自期满之日起 5 日内预缴税款,于次月 1 日起 15 日内申报纳税并结清上月应纳税款。

## (三) 增值税专用发票的认证和报税

为了加强增值税征收管理,满足增值税防伪税控系统采集增值税专用发票数据和金税三期的要求,一般纳税人应对其收到和开具的增值税专用发票进行认证和报税。认证、报税、纳税申报是一个有机的整体,是税务机关受理、审核纳税人申报工作的内容。

1. 认证。认证是指通过增值税发票税控系统对增值税发票所包含的数据进行识别、确认。一般情况下,采用一般计税方法的增值税一般纳税人取得增值税专用发票以后,须在 360 日内进行认证,并在认证通过的次月按照增值税有关规定据以抵扣增值税进项税额。增值税一般纳税人取得增值税普通发票,不得进行进项抵扣,无需认证。增值税小规模纳税人除特定项目外没有进项抵扣,不需要取得增值税专用发票和进行认证工作。

上门认证是指纳税人携带增值税专用发票抵扣联等资料,到税务机关申报征收窗口或者自助办税机(ARM 机)进行认证的方式。远程认证是由纳税人自行扫描、识别专用发票抵扣联票面信息,生成电子数据,通过网络传输至税务机关,由税务机关完成解密和认证,并将认证结果信息返回纳税人的认证方式。

2016 年 10 月 1 日起,金税三期全面上线,增值税专用发票认证方式也进一步调整优化。勾选认证是最新的一种认证方式,是指符合条件的纳税人通过特定的网址,查询升级版增值税开票系统开具给自己的增值税发票信息,然后通过勾选和确认的形式完成发票认证。目前可以适用取消增值税发票认证政策(上述两种认证),采用勾选确认的方式进行增值税发票认证的纳税人范围不断扩展。包括:2015 年度纳税人信用等级为 A、B、C 增值税一般纳税人;2016 年 5 月 1 日新纳入营改增试点的增值税一般纳税人(2016 年 5 ~ 7 月期间适用）。2016年8月起按照纳税信用级别分别适用发票认证的有关规定。

2.报税。报税是指纳税人持IC卡或者IC卡和软盘向税务机关报送开票数据电文。纳税人应在纳税申报期限内完成报税。纳税人使用新系统开具增值税发票，应在纳税申报期限内将上月开具发票汇总情况通过增值税发票系统升级版进行网络报税；特定纳税人不使用网络报税，需要携带专用设备和相关资料到税务机关进行报税。

### （四）增值税纳税申报资料

增值税纳税申报资料包括纳税申报表及其附列资料和纳税申报其他资料。

我国增值税纳税人分为一般纳税人和小规模纳税人，由于两类纳税人的计税方法和使用的发票种类不同，适用的纳税申报表及其附列资料也有差异。

1.一般纳税人的纳税申报表及其附列资料。

（1）《增值税纳税申报表（一般纳税人适用）》。

（2）《增值税纳税申报表附列资料（一）》（本期销售情况明细）。

（3）《增值税纳税申报表附列资料（二）》（本期进项税额明细）。

（4）《增值税纳税申报表附列资料（三）》（服务、不动产和无形资产扣除项目明细）。

一般纳税人销售服务、不动产和无形资产，在确定服务、不动产和无形资产销售额时，按照有关规定可以从取得的全部价款和价外费用中扣除价款的，需填报《增值税纳税申报表附列资料（三）》。其他情况不填写该附列资料。

（5）《增值税纳税申报表附列资料（四）》（税额抵减情况表）。

（6）《增值税纳税申报表附列资料（五）》（不动产分期抵扣计算表）。

（7）《固定资产（不含不动产）进项税额抵扣情况表》。

（8）《本期抵扣进项税额结构明细表》。

（9）《增值税减免税申报明细表》。

（10）《营改增税负分析测算明细表》。

2.小规模纳税人的纳税申报表及其附列资料。

（1）《增值税纳税申报表（小规模纳税人适用）》。

（2）《增值税纳税申报表（小规模纳税人适用）附列资料》。

小规模纳税人发生应税行为，在确定销售额时，按照有关规定可以从取得的全部价款和价外费用中扣除价款的，需填报《增值税纳税申报表（小规模纳税人适用）附列资料》。其他情况不填写该附列资料。

（3）《增值税减免税申报明细表》。

3.纳税申报其他资料。

（1）已开具的税控机动车销售统一发票和普通发票的存根联。

（2）符合抵扣条件且在本期申报抵扣的增值税专用发票（含税控机动车销售统一发票）的抵扣联。

（3）符合抵扣条件且在本期申报抵扣的海关进口增值税专用缴款书、购进农产品取得的普通发票的复印件。

（4）符合抵扣条件且在本期申报抵扣的税收完税凭证及其清单，书面合同、付款证明和境外单位的对账单或者发票。

（5）已开具的农产品收购凭证的存根联或报查联。

（6）纳税人销售服务、不动产和无形资产，在确定服务、不动产和无形资产销售额时，按照有关规定从取得的全部价款和价外费用中扣除价款的合法凭证及其清单。

（7）主管税务机关规定的其他资料。

4. 预缴申报及抵税申报。纳税人跨县（市）提供建筑服务、房地产开发企业预售自行开发的房地产项目、纳税人出租与机构所在地不在同一县（市）的不动产，按规定需要在项目所在地或不动产所在地主管税务机关预缴税款的，需填写《增值税预缴税款表》。纳税人向主管税务机关申报纳税时，在当期增值税应纳税额中抵减预缴税款时，应同时报送《增值税预缴税款表》，并以完税凭证作为合法凭据。

## 二、增值税应纳税额的计算

### （一）一般纳税人应纳增值税额的计算

代理一般纳税人应纳增值税额的计算，税务师首先要根据发生的应税行为判定和选择计税方法。因为一般纳税人的应纳增值税额计算方法，有一般计税方法和简易计税方法。

一般纳税人发生财政部和国家税务总局规定的特定应税行为，可以选择适用简易计税方法计税，其计算公式为：

$$应纳税额 = 销售额 × 征收率$$

尽管简易计税方法比较简单，但需要注意其对应业务的进项税额不得抵扣。

除此之外，一般纳税人采用一般计税方法，税务师应根据纳税人当期发生的经济业务，依据开具的增值税专用发票、普通发票和其他收入凭证、取得的增值税进项税额抵扣凭证，结合纳税人"应交税费"下设的"应交增值税""预交增值税""待抵扣进项税额""待认证进项税额""待转销项税额""增值税留抵税额""转让金融商品应交增值税""代扣代交增值税"明细账和其他相关会计核算、增值税进项税额抵扣凭证认证或比对结果和防伪税控开票子系统开具增值税专用发票的开票数据电文，分别核实纳税人应税业务的销售额、适用税率、可以抵扣的进项税额、进项税额抵减额等增值税计税要素，计算纳税人当期应纳增值税额。

一般纳税人发生应税行为，应纳税额的计算公式为：

$$应纳税额 = 当期销项税额 - 当期进项税额$$

1. 销项税额。销项税额，是指纳税人发生应税行为按照销售额和增值税税率计算的增值税税额。销项税额计算公式：

$$销项税额 = 销售额 \times 税率$$

一般纳税人发生应税行为取得的销项税额，在会计核算时，应借记相关科目，贷记"应交税费——应交增值税（销项税额）"明细科目。但是，按照现行政策规定，采取简易计税法的一般纳税人特殊业务，按销售额和征收率计算的增值税额，应贷记"应交税费——简易计税"明细科目。

按照国家统一的会计制度确认收入或利得的时点早于按照增值税制度确认增值税纳税义务发生时点的，应将相关销项税额计入"应交税费——待转销项税额"科目，待实际发生纳税义务时再转入"应交税费——应交增值税（销项税额）"或"应交税费——简易计税"科目。

按照增值税制度确认增值税纳税义务发生时点早于按照国家统一的会计制度确认收入或利得的时点，应将应纳增值税额，借记"应收账款"科目，贷记"应交税费——应交增值税（销项税额）"或"应交税费——简易计税"科目，按照国家统一的会计制度确认收入或利得时，应按扣除增值税销项税额后的金额确认收入。

2. 进项税额。进项税额是指纳税人购进货物、加工修理修配劳务、服务、无形资产或不动产而支付或负担的、准予从当期销项税额中抵扣的增值税额。

（1）抵扣凭证和确定的进项税额。增值税扣税凭证，是指增值税专用发票、海关进口增值税专用缴款书、农产品收购发票、农产品销售发票和完税凭证。纳税人取得的增值税扣税凭证不符合法律、行政法规或者国家税务总局有关规定的，其进项税额不得从销项税额中抵扣。

①从销售方取得的增值税专用发票（含税控机动车销售统一发票，下同）上注明的增值税额。

②从海关取得的海关进口增值税专用缴款书上注明的增值税额。

③购进农产品，除取得增值税专用发票或者海关进口增值税专用缴款书外，按照农产品收购发票或者销售发票上注明的农产品买价和13%的扣除率计算的进项税额。计算公式为：

$$进项税额 = 买价 \times 扣除率$$

买价，是指纳税人购进农产品在农产品收购发票或者销售发票上注明的价款和按照规定缴纳的烟叶税。

购进农产品，按照《农产品增值税进项税额核定扣除试点实施办法》抵扣进项税额的除外。

④从境外单位或者个人购进服务、无形资产或者不动产，自税务机关或者扣缴义务人取得的解缴税款的完税凭证上注明的增值税额。

⑤支付的道路、桥、闸通行费，暂凭取得的通行费发票（不含财政票据，下同）上注

明的收费金额按照下列公式计算可抵扣的进项税额：

高速公路通行费可抵扣进项税额＝高速公路通行费发票上注明的金额÷（1＋3%）×3%

一级公路、二级公路、桥、闸通行费可抵扣进项税额＝一级公路、二级公路、桥、闸通行费发票上注明的金额÷（1＋5%）×5%。

通行费，是指有关单位依法或者依规设立并收取的过路、过桥和过闸费用。纳税人凭完税凭证抵扣进项税额的，应当具备书面合同、付款证明和境外单位的对账单或者发票。资料不全的，其进项税额不得从销项税额中抵扣。

（2）不得从销项税额中抵扣的进项税额。

①用于简易计税方法计税项目、免征增值税项目、集体福利或者个人消费的购进货物、加工修理修配劳务、服务、无形资产和不动产。其中涉及的固定资产、无形资产、不动产，仅指专用于上述项目的固定资产、无形资产（不包括其他权益性无形资产）、不动产。

纳税人的交际应酬消费属于个人消费。

②非正常损失的购进货物，以及相关的加工修理修配劳务和交通运输服务。

③非正常损失的在产品、产成品所耗用的购进货物（不包括固定资产）、加工修理修配劳务和交通运输服务。

④非正常损失的不动产，以及该不动产所耗用的购进货物、设计服务和建筑服务。

⑤非正常损失的不动产在建工程所耗用的购进货物、设计服务和建筑服务。纳税人新建、改建、扩建、修缮、装饰不动产，均属于不动产在建工程。

⑥购进的旅客运输服务、贷款服务、餐饮服务、居民日常服务和娱乐服务。

⑦财政部和国家税务总局规定的其他情形。

（3）进项税额的抵扣时间。

①一般纳税人取得的增值税专用发票和机动车销售统一发票，应在开具之日起360日内到税务机关办理认证。认证通过后，非纳税辅导期管理的一般纳税人，应在认证通过的次月申报期内，向主管税务机关申报抵扣进项税额；纳税辅导期管理的一般纳税人，应当在交叉稽核比对无误后，方可抵扣进项税额。

②一般纳税人进口货物取得的属于增值税扣税范围的海关缴款书，自开具之日起360天内向主管税务机关报送《海关完税凭证抵扣清单》（电子数据），申请稽核比对。对稽核比对结果为相符的海关缴款书，纳税人应在税务机关提供稽核比对结果的当月纳税申报期内申报抵扣。

③一般纳税人发生真实交易但由于客观原因造成增值税专用发票、海关进口增值税专用缴款书等扣税凭证逾期的，经主管税务机关审核、逐级上报，由国家税务总局认证、稽核比对后，对比对相符的增值税扣税凭证，允许纳税人继续抵扣其进项税额。一般纳税人由于除客观原因以外的其他原因造成增值税扣税凭证逾期的，逾期未认证或申请比对的，其进项税额不予抵扣。

④一般纳税人取得的增值税专用发票、海关进口增值税专用缴款书等扣税凭证已认证或已采集上报信息但未按照规定期限申报抵扣；实行纳税辅导期管理的增值税一般纳税人取得的增值税扣税凭证稽核比对结果相符但未按规定期限申报抵扣，属于发生真实交易且符合规定的客观原因的，经主管税务机关审核，允许纳税人继续申报抵扣其进项税额。一般纳税人除客观原因规定以外的其他原因造成增值税扣税凭证未按期申报抵扣的，其进项税额不予抵扣。

（4）进项税额的会计核算。

①采购等业务进项税额允许抵扣的账务处理。一般纳税人购进货物、加工修理修配劳务、服务、无形资产或不动产，按应计入相关成本费用或资产的金额，按当月已认证的可抵扣增值税额，借记"应交税费——应交增值税（进项税额）"科目，按当月未认证的可抵扣增值税额，借记"应交税费——待认证进项税额"科目，按应付或实际支付的金额，贷记"应付账款""应付票据""银行存款"等科目。

②采购等业务进项税额不得抵扣的账务处理。一般纳税人购进货物、加工修理修配劳务、服务、无形资产或不动产，用于简易计税方法计税项目、免征增值税项目、集体福利或个人消费等，其进项税额按照现行增值税制度规定不得从销项税额中抵扣的，取得增值税专用发票时，应借记相关成本费用或资产科目，借记"应交税费——待认证进项税额"科目，贷记"银行存款""应付账款"等科目。经税务机关认证后，根据有关"进项税额""进项税额转出"专栏及"待认证进项税额"明细科目的核算内容，先转入"进项税额"专栏，借记"应交税费——应交增值税（进项税额）"科目，贷记"应交税费——待认证进项税额"科目；按现行增值税制度规定转出时，记入"进项税额转出"专栏，借记相关成本费用或资产科目，贷记"应交税费——应交增值税（进项税额转出）"科目。

③购进不动产或不动产在建工程按规定进项税额分年抵扣的账务处理。一般纳税人自2016年5月1日后取得并按固定资产核算的不动产或者2016年5月1日后取得的不动产在建工程，其进项税额按现行增值税制度规定自取得之日起分2年从销项税额中抵扣的，应当按取得成本，借记"固定资产""在建工程"等科目，按当期可抵扣的增值税额，借记"应交税费——应交增值税（进项税额）"科目，按以后期间可抵扣的增值税额，借记"应交税费——待抵扣进项税额"科目，按应付或实际支付的金额，贷记"应付账款""应付票据""银行存款"等科目。尚未抵扣的进项税额待以后期间允许抵扣时，按允许抵扣的金额，借记"应交税费——应交增值税（进项税额）"科目，贷记"应交税费——待抵扣进项税额"科目。

④货物等已验收入库但尚未取得增值税扣税凭证的账务处理。一般纳税人购进的货物等已到达并验收入库，但尚未收到增值税扣税凭证并未付款的，应在月末按货物清单或相关合同协议上的价格暂估入账，不需要将增值税的进项税额暂估入账。下月初，用红字冲销原暂估入账金额，待取得相关增值税扣税凭证并经认证后，按①处理。

⑤购买方作为扣缴义务人的账务处理。按照现行增值税制度规定，境外单位或个人在境

内发生应税行为，在境内未设有经营机构的，以购买方为增值税扣缴义务人。境内一般纳税人购进服务、无形资产或不动产，按应计入相关成本费用或资产的金额，按可抵扣的增值税额，借记"应交税费——进项税额"科目，按应付或实际支付的金额，贷记"应付账款"等科目，按应代扣代缴的增值税额，贷记"应交税费——代扣代交增值税"科目。实际缴纳代扣代缴增值税时，按代扣代缴的增值税额，借记"应交税费——代扣代交增值税"科目，贷记"银行存款"科目。

【相关链接】

《关于印发〈增值税会计处理规定〉的通知》

财政部网站 http：//www.mof.gov.cn/mofhome/kjs/zhengwuxinxi/zhengcefabu/201612/t20161212_2479869.html

3. 进项税额的扣减。一般纳税人已抵扣进项税额的购进货物、加工修理修配劳务、服务、无形资产或不动产，发生不得从销项税额中抵扣情况的，应当将该进项税额从当期进项税额中扣减；无法确定该进项税额的，按照当期实际成本计算应扣减的进项税额。一般纳税人发生服务中止、购进货物退回、折让而收回的增值税额，也应当从当期的进项税额中扣减。

一般纳税人发生进项税额扣减，在会计核算时，应借记相关科目，贷记"应交税费——应交增值税（进项税额转出）"明细科目。

4. 进项税额不足抵扣的处理。纳税人在计算应纳税额时，如果出现当期销项税额小于当期进项税额、不足抵扣的部分（即留抵税额）可以结转下期继续抵扣。

【同步案例6–1】

税务师受理某建筑安装企业2016年11月增值税应纳税额计算和编制纳税申报表及其附列资料的业务。

税务师根据企业提供的资料核实，该企业系增值税一般纳税人，从事建筑安装业务和不动产经营租赁业务，所有建筑服务业务均由直接管理的项目部施工或分包，建筑工程材料按项目发生地分别就近统一采购。结合企业的财务核算、增值税开票系统和其他相关资料，经税务师收集整理，当期发生与增值税相关的业务如下：

（一）收入方面

1. 与本地某房地产公司签订合同，承接其房产项目的工程作业。该房产项目分两期开发，第一期项目《建筑工程施工许可证》上注明的开工日期是2015年12月2日，第二期项目《建筑工程施工许可证》上注明的开工日期是2016年5月1日。建安企业就上述两个项目的处理如下：

（1）第一期项目选择采用简易计税办法，本月竣工结算。收取工程款3 090万元，开具增值税专用发票，款已收到，发生分包支出412万元。

（2）第二期项目采取一般计税办法，本月竣工结算。收取工程款1 665万元，开具增值税专用发票；另收取抢工费111万元，开具企业自制的收款收据，款项均已收到。

2. 承接外省营改增后的建筑项目，采取一般计税办法，本月竣工结算，收取工程款2 220万元，开具增值税专用发票，款已收到，发生分包支出888万元。

3. 本月将外市的一间商铺出租，合同约定租金按月收取，每月收取租金5.25万元，开具增值税普通发票。该商铺是企业2008年购入，企业选择按简易办法计税。

4. 将本月在当地购置办公楼出租，合同约定每年租金388.5万元，当月一次性收取10年的租金，开具增值税专用发票，注明租金3 500万元，税额385万元。

5. 将外省建筑项目竣工后剩余的板材出售，取得含税销售收入23.4万元，开具增值税专用发票，款项已收到。

6. 8月完工并已开具增值税专用发票的当地某项目（采取一般计税办法），因存在质量问题，经协商退还工程款44.4万元，凭税务机关系统校验通过的《开具红字增值税专用发票信息表》开具红字专用发票，款项已退还。

7. 将"营改增"前以300万元购置的外省一间商铺出售，取得收入825万元。企业选择简易计税办法，开具增值税专用发票。

8. 将"营改增"前购置的一批旧的建筑设备出售，取得收入10.3万元，未放弃减税优惠，开具增值税普通发票。

（二）进项税额方面

1. 本月采购建筑工程材料均取得增值税专用发票，相关情况如表6-1所示。

表6-1　　　　　　　　　建筑工程材料相关情况

| 工程项目发生地 | 材料种类 | 发票份数 | 发票不含税金额（万元） | 发票注明税额（万元） |
|---|---|---|---|---|
| 本地工程 | 钢材、板材等 | 1 | 1 000 | 170 |
| | 砂石、混凝土等 | 1 | 300 | 9 |
| 外省工程 | 钢材、板材等 | 1 | 500 | 85 |
| | 砂石、混凝土等 | 2 | 200 | 6 |

2. 本月公司在当地购置办公楼一座，取得增值税专用发票一张，注明销售额8 000万元，增值税税额为880万元，当月认证相符。

3. 支付房地产工程作业第一期项目发生的分包支出，分别取得增值税专用发票和增值税普通发票各一张。增值税专用发票记载金额和税额为：金额120万元，税额3.6万元；增值税普通发票记载金额288.4万元。

4. 支付本地房地产工程作业第二期项目与劳务派遣公司结算的劳务派遣服务费180万元，其中包括支付给劳务派遣员工的工资、福利和为其办理社会保险及住房公积金的费用148.5万元。劳务派遣公司选择适用差额纳税，分别开具了增值税专用发票和普通发票各一份，其中增值税专用发票载明：金额30万元，税额1.5万元。

5. 支付外省建筑项目的分包支出，取得增值税专用发票一张，记载金额和税额为：金额 800 万元，税额 88 万元。

6. 进口建筑专用设备，进口价 100 万元，报关进口时海关征收关税 20 万元，增值税 20.4 万元，分别取得海关完税凭证和海关进口增值税专用缴款书（本月报送电子数据，申请稽核比对）。

7. 向主管税务机关查询海关进口增值税专用缴款书稽核比对结果信息，上月申请比对的一份海关进口增值税专用缴书已比对相符，为进口建筑设备，金额 60 万元，税额 10.2 万元。

（三）进项税额转出方面

1. 外省工程项目工地一批板材被盗，经盘点确认被盗板材的实际成本为 20 万元。

2. 本地房产项目工程作业第一期项目领用上月购进已经抵扣过进项税的建材一批，该批建筑成本 100 万元。

（四）其他情况

经核实企业上期期末留抵税额 20 万元，无待抵扣不动产进项税额，无服务、不动产和无形资产扣除项目期末余额及无税额抵减的期末余额。

当期开具的增值税发票都已按规定进行报税；取得的增值税专用发票都已通过增值税发票查询平台选择用于申报抵扣或通过扫描认证；企业选择简易计税办法和享受税收优惠都向主管税务机关办理备案手续。预缴税款已经取得相应税务机关出具的完税凭证。

根据上述收集整理的资料，税务师可以计算当期该建筑安装企业的增值税额。

1. 本企业需要预缴增值税的业务包括：承接外省营改增后的建筑项目、出租外市商铺、出售外省商铺。需要填报《增值税预缴税款表》的业务是：承接外省营改增后的建筑项目、出租外市商铺。

（1）预缴增值税：

承接外省营改增后的建筑项目 $=(2\,220-888)\div(1+11\%)\times2\%=24$（万元）

出租外市商铺 $=5.25\div(1+5\%)\times5\%=0.25$（万元）

出售外省商铺 $=(825-300)\div(1+5\%)\times5\%=25$（万元）

合计预缴增值税 $=24+0.25+25=49.25$（万元）

（2）计算当期应纳增值税：

①销项税额：

房产项目工程作业第二期项目 $=(1\,665+111)\div(1+11\%)\times11\%=176$（万元）

外省营改增后的建筑项目 $=2\,220\div(1+11\%)\times11\%=220$（万元）

当地购置办公楼出租 $=385$（万元）

外省建筑项目竣工后剩余的板材出售 $=23.4\div(1+17\%)\times17\%=3.4$（万元）

退还工程款抵减本期销项税 $=44.4\div(1+11\%)\times11\%=4.4$（万元）

销项税额合计 $=176+220+385+3.4-4.4=780$（万元）

②进项税额：

本地工程进项税额 $=170+9=179$（万元）

【注意】

本地工程同时包括一般计税项目和简易计税项目，购入建材无法区分用于哪个项目，先全部计入进项税额，再作进项税额转出。

外省工程进项税额 = 85 + 6 = 91（万元）

购置办公楼进项税额 = 880 × 60% = 528（万元）

房地产工程作业第一期项目适用简易计税办法，分包支出已经差额纳税，进项税额不能重复抵扣。

房地产工程作业第二期项目劳务派遣支出进项税额 = 1.5（万元）

外省营改增后的建筑项目分包支出 = 88（万元）

进口设备进项税额 = 10.2（万元）

【注意】

本月进口设备进项税 20.4 万元因未取得稽核比对相符信息，进项税额先计入待抵扣进项税额，待比对相符后，再转入进项税额抵扣。

进项税额合计 = 179 + 91 + 528 + 1.5 + 88 + 10.2 = 897.7（万元）

③进项税额转出：

本地工程建材不得抵扣的进项税额 = 179 × 3 000 ÷ (3 000 + 1 600) = 116.74（万元）

板材被盗进项税额转出 = 20 × 17% = 3.4（万元）

房产项目工程作业第一期项目（简易计税项目）领用已经抵扣过的建材进项税转出 = 100 × 17% = 17（万元）

进项税额转出合计 = 116.74 + 3.4 + 17 = 137.14（万元）

④简易计税办法应纳增值税：

房产项目工程作业第一期项目 = (3 090 − 412) ÷ (1 + 3%) × 3% = 78（万元）

外市商铺出租 = 5.25 ÷ (1 + 5%) × 5% = 0.25（万元）

出售外省商铺 = (825 − 300) ÷ (1 + 5%) × 5% = 25（万元）

旧设备出售 = 10.3 ÷ (1 + 3%) × 2% = 0.2（万元）

简易计税办法应纳税额合计 = 78 + 0.25 + 25 + 0.2 = 103.45（万元）

⑤当期应纳税额：

一般计税方法应纳税额 = 780 − (897.7 − 137.14) − 20 = −0.56（万元）

当期应纳税额 = 0 + 103.45（简易计税）− 49.25（预缴税款）= 54.2（万元）

## （二）小规模纳税人应纳增值税额的计算

代理小规模纳税人应纳增值税额的计算，税务师应根据纳税人当期发生应税经济业务，依据开具的增值税普通发票和其他收入凭证，结合纳税人"应交税费——应交增值税"明细账和相关会计核算，分别核实纳税人应税业务的销售额、适用的征收率，计算纳税人当期应纳增值税额。

小规模纳税发生应税行为适用简易计税方法计税。应纳税额计算公式：

$$应纳税额 = 销售额 \times 征收率$$

征收率的调整由国务院决定。从 2009 年 1 月 1 日起，小规模纳税人增值税征收率为 3% 或 5%。其中小规模纳税人销售不动产和提供劳务派遣服务并选择差额纳税，依 5% 的征收率计算缴纳增值税；小规模纳税人其他经营业务，依 3% 的征收率计算缴纳增值税。

**【同步案例 6 – 2】**

某装潢公司系增值税小规模纳税人，2016 年 9 月取得装修收入总计 61.8 万元。其中，为某增值税一般纳税人办公楼提供装修收入 30.9 万元，通过税务机关代开增值税专用发票，并在开票时缴纳增值税 0.9 万元；为某餐饮城提供装修收入 20.6 万元，自行开具增值税普通发票；为个人住宅提供装修收入 10.3 万元，未开具增值税发票。该公司将办公楼和餐饮城的水电安装业务分包给专业的水电安装公司，取得水电安装公司开具的安装费发票两张，金额分别是 6.18 万元和 4.12 万元。

税务师根据上述资料，可以计算该公司当期应纳增值税额：

应纳增值税额 $= (61.8 - 6.18 - 4.12) \div (1 + 3\%) \times 3\% = 1.5$（万元）

应补增值税额 $= 1.5 - 0.9 = 0.6$（万元）

## 三、代理填制增值税纳税申报表及其附列资料

### （一）代理填制一般纳税人增值税纳税申报表及其附列资料

税务师代理填制一般纳税人增值税纳税申报表及其附列资料，应根据纳税人发生增值税相关业务的实际情况，结合其"主营业务收入""应交税费"下设的"应交增值税""未交增值税""预交增值税""待抵扣进项税额""待认证进项税额""待转销项税额""增值税留抵税额""简易计税""转让金融商品应交增值税""代扣代交增值税"等明细账核算内容、增值税抵扣凭证认证、稽核比对情况、防伪税控开票子系统开具增值税专用发票的开票数据电文及其他增值税相关资料，为纳税人填制增值税纳税申报表及其附列资料。

税务师在代理填制一般纳税人增值税纳税申报表及其附列资料时，应注意：

1. 根据增值税纳税申报表及其附列资料的填写说明填制增值税纳税申报表及其附资料。税务师应根据纳税人发生的增值税纳税业务情况，根据增值税纳税申报表及其附列资料的填写说明，填制增值税纳税申报表及附列资料，并核定各相关表、栏、列间的逻辑关系，以保证增值税纳税申报表及其附列资料填制质量。

2. 按照"先附列资料后纳税申报表"的顺序填制增值税纳税申报表及其附列资料附列资料是对纳税申报表的相关内容进行详细报告，纳税申报表的有关栏目数据以附列资料的详细数据为基础。税务师填制增值税纳税申报表及其附列资料的基本顺序应为：

（1）填写《增值税纳税申报表附列资料（一）》第 1 ~ 11 列；

（2）填写《增值税纳税申报表附列资料（三）》（服务、不动产和无形资产扣除项目明细，有差额扣除项目的纳税人填写）；

（3）填写《增值税纳税申报表附列资料（一）》（本期销售情况明细，第 12 ~ 14 列有差额扣除项目的纳税人填写）；

（4）填写《增值税减免税申报明细表》（有减免税业务的纳税人填写）；

（5）填写《增值税纳税申报表附列资料（五）》（不动产分期抵扣计算表，有不动产进项税额分期抵扣业务的纳税人填写）；

（6）填写《固定资产（不含不动产）进项税额抵扣情况表》［有固定资产（不含不动产）进项税额抵扣业务的纳税人填写］；

（7）填写《增值税纳税申报表附列资料（二）》（本期进项税额明细）；

（8）填写《本期抵扣进项税额结构表》；

（9）填写《增值税纳税申报表附列资料（四）》（税额抵减情况表，有税额抵减业务的纳税人填写）；

（10）填写《增值税纳税申报表（主表）》。

3. 关注与其他纳税资料间的逻辑关系。税务师在填制纳税申报表及其附列资料时，应做到与相关纳税资料反映的内容、数据相一致或符合逻辑。在填制时，应特别注意如下几方面逻辑关系：

（1）增值税专用发票的开票数据电文或税控 IC 卡载有的增值税专用发票销项税额、税额汇总数与《增值税纳税申报表附列资料（一）》中"开具税控增值税专用发票"第 1、第 2 列中所填列的销售额、税额数据比对，二者的逻辑关系必须相等。

（2）通过增值税发票查询平台选择用于申报抵扣或者出口退税，以及通过扫描的增值税专用发票（包括"增值税专用发票"和税控"机动车销售统一发票"）抵扣联份数、金额、税额汇总数与《增值税纳税申报表附列资料（二）》中第 35 栏必须相等。若为非辅导管理的一般纳税人，因选择抵扣或者退税以及通过扫描认证的增值税专用发票，有的按照税法规定不允许抵扣，因此，选择抵扣或者退税以及通过扫描认证的增值税专用发票的进项税额信息必须大于或等于《增值税纳税申报表附列资料（二）》中第 2 栏"本期认证相符且本期申报抵扣"中所填列的进项金额、税额。

（3）报送《海关完税凭证抵扣清单》（电子数据），申请稽核比对的海关进口增值税专用缴款书的份数、金额汇总数，与《增值税纳税申报表附列资料（二）》中第 30 栏"其中：海关进口增值税专用缴款书"所填列的份数、金额汇总数比对，二者的逻辑关系必须相等。

（4）当期稽核系统比对相符和协查后允许抵扣的海关进口增值税专用缴款书的数据，与《增值税纳税申报表附列资料（二）》中第 5 栏"其中：海关进口增值税专用缴款书"中所填列的数据比对，二者的逻辑关系是比对相符和协查后允许抵扣的海关进口增值税专用缴款书的数据必须大于或等于申报资料中所填列的进项数据。

（5）辅导期管理的一般纳税人，当期稽核系统比对相符和协查后允许抵扣的专用发票抵扣联数据，与《增值税纳税申报表附列资料（二）》中第3栏"前期认证相符且本期申报抵扣"中所填列的数据比对，二者的逻辑关系是比对相符和协查后允许抵扣的专用发票抵扣联的数据必须大于或等于申报资料中所填列的进项数据。

（6）纳税人增值税准确核算的"应交税费"下设的"应交增值税"明细账当期发生额与纳税申报表的相关栏填列的金额比对，除"营改增"纳税人应税服务有扣除项目的，纳税申报表填列的"销项税额"等于明细账记载的"销项税额"与"'营改增'抵减的销项税额"的差额外，其他情况下，明细账记载的"销项税额""进项税额""进项税额转出"等记载的数据与纳税申报表相关栏所填列的数据相等。

4. 注意特殊业务的填制方法。

（1）营改增纳税人应税服务、不动产和无形资产有扣除项目。《增值税纳税申报表》销售额中第1栏、第4栏、第5栏、第6栏、第7栏和第8栏所填列的销售额均为应税服务扣除之前的不含税销售额；而《增值税纳税申报表》中的第11栏"销项税额"和第21栏"简易计税办法计算的应纳税额"填列的为应税服务扣除之后的销项税额或应纳税额。两者的差异，通过《增值税纳税申报表附列资料（一）》第12列相关栏填列数据反映。

（2）销售使用过的固定资产按简易办法依3%征收率减按2%征收。《增值税纳税申报表》中第21栏"简易计税办法计算的应纳税额"填列的为未减征的税额，减征部分的税额填列于《增值税纳税申报表》中第23栏"应纳税额减征额"。

（3）不动产的抵扣填报。其填报特殊性主要体现在：①先将记载本期购建的分2年抵扣进项税额的扣税凭证剔除，即填报《增值税纳税申报表附列资料（二）》第9栏，再结合《增值税纳税申报表附列资料（五）》，确定本期可抵扣不动产进项税额，填报于《增值税纳税申报表附列资料（二）》第11栏；②通过《增值税纳税申报表附列资料（五）》，详细报告分2年抵扣的不动产进税额变动情况及待抵扣进项税额的变化情况；③分2年抵扣的不动产项目领用已全额抵扣进项税额的货物和服务，其已抵扣进项税额的40%部分，应于转用的当期既填报《增值税纳税申报表附列资料（二）》第22栏"其他应作进项税额转出的情形"，又需要填报《增值税纳税申报表附列资料（五）》第4列"本期转入的待抵扣不动产进项税额"。

（4）不得抵扣转为允许抵扣的填报。纳税人按照规定不得抵扣且未抵扣进项税额的固定资产、无形资产、不动产，发生用途改变，用于允许抵扣进项税额和应税项目，可在用途改变的次月将按公式计算出可以抵扣的进项税额，填入《增值税纳税申报表附列资料（二）》第8栏"其他"的"税额"栏。若为不动产，还应填报《增值税纳税申报表附列资料（五）》第2列"本期不动产进项税额增加额"。

【同步案例6-3】

税务师代为填制企业2016年11月增值税纳税申报表及附列资料见表6-2~表6-7。

表 6－2

## 增值税纳税申报表

（一般纳税人适用）

根据国家税收法律法规及增值税相关规定制定本表。纳税人不论有无销售额，均应按税务机关核定的纳税期限填写本表，并向当地税务机关申报。

税款所属时间：自 2016 年 11 月 1 日至 2016 年 11 月 30 日　　填表日期：2016 年 12 月 × 日　　　　金额单位：元至角分

| 纳税人识别号 | | | | | |
|---|---|---|---|---|---|
| 纳税人名称 | （公章） | 所属行业： | | | |
| 开户银行及账号 | 法定代表人姓名 | 注册地址 | | 生产经营地址 | 电话号码 |
| | 登记注册类型 | | | | |

| 项　目 | 栏次 | 一般项目 | | 即征即退项目 | |
|---|---|---|---|---|---|
| | | 本月数 | 本年累计 | 本月数 | 本年累计 |
| 销售额 | （一）按适用税率计税销售额 | 1 | 70 800 000 | | | |
| | 其中：应税货物销售额 | 2 | 200 000 | | | |
| | 应税劳务销售额 | 3 | | | | |
| | 纳税检查调整的销售额 | 4 | | | | |
| | （二）按简易办法计税销售额 | 5 | 38 007 142.86 | | | |
| | 其中：纳税检查调整的销售额 | 6 | | | | |
| | （三）免、抵、退办法出口销售额 | 7 | | — | — | — |
| | （四）免税销售额 | 8 | | — | — | — |
| | 其中：免税货物销售额 | 9 | | — | — | — |
| | 免税劳务销售额 | 10 | | — | — | — |

127

续表

| 项目 | | 栏次 | 一般项目 | | 即征即退项目 | |
|---|---|---|---|---|---|---|
| | | | 本月数 | 本年累计 | 本月数 | 本年累计 |
| | 销项税额 | 11 | 7 800 000 | | | |
| | 进项税额 | 12 | 8 977 000 | | | |
| | 上期留抵税额 | 13 | 200 000 | | | — |
| | 进项税额转出 | 14 | 1 371 391.3 | | — | — |
| | 免、抵、退应退税额 | 15 | | | | — |
| | 按适用税率计算的纳税检查应补缴税额 | 16 | | | | |
| 税款计算 | 应抵扣税额合计 | 17 = 12 + 13 - 14 - 15 + 16 | 7 805 608.7 | — | | |
| | 实际抵扣税额 | 18（如 17 < 11，则为 17，否则为 11） | 7 800 000 | | | |
| | 应纳税额 | 19 = 11 - 18 | 0 | | | |
| | 期末留抵税额 | 20 = 17 - 18 | 5 608.7 | | — | |
| | 简易计税办法计算的应纳税额 | 21 | 1 035 500 | | | |
| | 按简易计税办法计算的纳税检查应补缴税额 | 22 | | | | — |
| | 应纳税额减征额 | 23 | 1 000 | | | |
| | 应纳税额合计 | 24 = 19 + 21 - 23 | 1 034 500 | | | |
| | 期初未缴税额（多缴为负数） | 25 | | | | |
| | 实收出口开具专用缴款书退税额 | 26 | 492 500 | | — | — |
| 税款缴纳 | 本期已缴税额 | 27 = 28 + 29 + 30 + 31 | | | | |

续表

| 项　目 | | 栏次 | 一般项目 | | 即征即退项目 | |
|---|---|---|---|---|---|---|
| | | | 本月数 | 本年累计 | 本月数 | 本年累计 |
| 税款缴纳 | ①分次预缴税额 | 28 | 492 500 | — | — | — |
| | ②出口开具专用缴款书预缴税额 | 29 | | | — | — |
| | ③本期缴纳上期应纳税额 | 30 | | | | |
| | ④本期缴纳欠缴税额 | 31 | | | | |
| | 期末未缴税额（多缴为负数） | 32＝24＋25＋26－27 | 542 000 | — | — | — |
| | 其中：欠缴税额（≥0） | 33＝25＋26－27 | 0 | — | — | — |
| | 本期应补（退）税额 | 34＝24－28－29 | 542 000 | | — | — |
| | 即征即退实际退税额 | 35 | | | — | — |
| | 期初未缴查补税额 | 36 | | | — | — |
| | 本期入库查补税额 | 37 | | | — | — |
| | 期末未缴查补税额 | 38＝16＋22＋36－37 | | | | |

授权声明　如果你已委托代理人申报，请填写下列资料：

　　为代理一切税务事宜，现授权_____（地址）_____为本纳税人的代理申报人，任何与本申报表有关的往来文件，都可寄于此人。

授权人签字：

申报人声明　本纳税申报表是根据国家税收法律法规及相关规定填报的，我确定它是真实的、可靠的、完整的。

声明人签字：

主管税务机关：　　　　　　　　接收人：　　　　　　　　接收日期：

129

表6-3

## 增值税纳税申报表附列资料（一）

（本期销售情况明细）

税款所属时间：自 2016 年 11 月 1 日至 2016 年 11 月 30 日
纳税人名称：（公章）　　　　　　　　　　　　　　　　　　　　　金额单位：元至角分

| 项目及栏次 | | 开具增值税专用发票 | | 开具其他发票 | | 未开具发票 | | 纳税检查调整 | | 合计 | | | 服务、不动产和无形资产扣除项目本期实际扣除金额 | 扣除后 | |
|---|---|---|---|---|---|---|---|---|---|---|---|---|---|---|---|
| | | 销售额 | 销项（应纳）税额 | 销售额 | 销项（应纳）税额 | 销售额 | 销项（应纳）税额 | 销售额 | 销项（应纳）税额 | 销售额 | 销项（应纳）税额 | 价税合计 | | 含税（免税）销售额 | 销项（应纳）税额 |
| | | 1 | 2 | 3 | 4 | 5 | 6 | 7 | 8 | 9=1+3+5+7 | 10=2+4+6+8 | 11=9+10 | 12 | 13=11-12 | 14=13÷(100%+税率或征收率)×税率或征收率 |
| 全部征税项目 一般计税方法计税 | 17%税率的货物及加工修理修配劳务 | 1 | 200 000 | 34 000 | | | | | | | 200 000 | 34 000 | | | | |
| | 17%税率的服务、不动产和无形资产 | 2 | | | | | | | | | | | | | | |
| | 13%税率 | 3 | | | | | | | | | | | | | | |
| | 11%税率 | 4 | 69 600 000 | 7 656 000 | | | 1 000 000 | 110 000 | | | 70 600 000 | 7 766 000 | 78 366 000 | 0 | 78 366 000 | 7 766 000 |
| | 6%税率 | 5 | — | — | — | — | — | — | — | — | — | — | — | — | — | — |
| 其中：即征即退项目 | 即征即退货物及加工修理修配劳务 | 6 | — | — | — | — | — | — | — | — | — | — | — | — | — | — |
| | 即征即退服务、不动产和无形资产 | 7 | — | — | — | — | — | — | — | — | — | — | — | — | — | — |

续表

| | | 开具增值税专用发票 | | 开具其他发票 | | 未开具发票 | | 纳税检查调整 | | 合计 | | | 服务、不动产和无形资产扣除项目本期实际扣除金额 | 扣除后 | |
|---|---|---|---|---|---|---|---|---|---|---|---|---|---|---|---|
| 项目及栏次 | | 销售额 | 销项(应纳)税额 | 销售额 | 销项(应纳)税额 | 销售额 | 销项(应纳)税额 | 销售额 | 销项(应纳)税额 | 销售额 | 销项(应纳)税额 | 价税合计 | | 含税(免税)销售额 | 销项(应纳)税额 |
| | | 1 | 2 | 3 | 4 | 5 | 6 | 7 | 8 | $9=1+3+5+7$ | $10=2+4+6+8$ | $11=9+10$ | 12 | $13=11-12$ | $14=13\div(100\%+税率或征收率)\times税率或征收率$ |
| 二、简易计税方法计税　全部征税项目 | 6%征收率 | 8 | | | | | | | | — | | | | — | | — |
| | 5%征收率的货物及加工修理修配劳务 | 9a | | | | | | | — | | | | — | — | — | — |
| | 5%征收率的服务、不动产和无形资产 | 9b | 7 857 142.86 | 392 857.14 | 50 000 | 2 500 | | | — | — | 7 907 142.86 | 395 357.14 | 8 302 500 | 3 000 000 | 5 302 500 | 252 500 |
| | 4%征收率 | 10 | | | | | | | — | | | | — | — | | — |
| | 3%征收率的货物及加工修理修配劳务 | 11 | | | 100 000 | 3 000 | | | — | | 100 000 | 3 000 | | | — | — |
| | 3%征收率的服务、不动产和无形资产 | 12 | 30 000 000 | 900 000 | | | | | — | — | 30 000 000 | 900 000 | 30 900 000 | 4 120 000 | 26 780 000 | 780 000 |
| | 预征率(%) | 13a | | | | | | | | | | | | | | |
| | 预征率(%) | 13b | | | | | | | | | | | | | | |
| | 预征率(%) | 13c | | | | | | | | | | | | | | |

续表

| 项目及栏次 | | 开具增值税专用发票 | | 开具其他发票 | | 未开具发票 | | 纳税检查调整 | | 合计 | | 价税合计 | 服务、不动产和无形资产扣除项目本期实际扣除金额 | 扣除后 | |
|---|---|---|---|---|---|---|---|---|---|---|---|---|---|---|---|
| | | 销售额 | 销项(应纳)税额 | 销售额 | 销项(应纳)税额 | 销售额 | 销项(应纳)税额 | 销售额 | 销项(应纳)税额 | 销售额 | 销项(应纳)税额 | | | 含税(免税)销售额 | 销项(应纳)税额 |
| | 栏次 | 1 | 2 | 3 | 4 | 5 | 6 | 7 | 8 | 9=1+3+5+7 | 10=2+4+6+8 | 11=9+10 | 12 | 13=11-12 | 14=13÷(100%+税率或征收率)×税率或征收率 |
| 二、简易计税方法计税 其中:即征即退项目 | 14 即征即退货物及加工修理修配劳务 | — | | — | — | — | — | — | — | — | — | | — | — | — |
| | 15 即征即退服务、不动产和无形资产 | — | — | — | — | — | — | — | — | — | — | | — | — | — |
| 三、免抵退税 | 16 货物及加工修理修配劳务 | — | — | — | — | — | — | — | — | — | — | | — | — | — |
| | 17 服务、不动产和无形资产 | — | — | — | — | — | — | — | — | — | — | | — | — | — |
| 四、免税 | 18 货物及加工修理修配劳务 | — | — | — | — | — | — | — | — | — | — | | — | — | — |
| | 19 服务、不动产和无形资产 | — | — | — | — | — | — | — | — | — | — | | — | — | — |

**表6-4**

# 增值税纳税申报表附列资料（二）

（本期进项税额明细）

税款所属时间：自2016年11月1日至2016年11月30日

纳税人名称：（公章）　　　　　　　　　　　　　　　　　　　金额单位：元至角分

一、申报抵扣的进项税额

| 项　目 | 栏次 | 份数 | 金额 | 税额 |
|---|---|---|---|---|
| （一）认证相符的增值税专用发票 | 1=2+3 | | 108 300 000 | 12 395 000 |
| 其中：本期认证相符且本期申报抵扣 | 2 | | 108 300 000 | 12 395 000 |
| 前期认证相符且本期申报抵扣 | 3 | | | |
| （二）其他扣税凭证 | 4=5+6+7+8 | | 600 000 | 102 000 |
| 其中：海关进口增值税专用缴款书 | 5 | | 600 000 | 102 000 |
| 农产品收购发票或者销售发票 | 6 | | — | |
| 代扣代缴税收缴款凭证 | 7 | | | |
| 其他 | 8 | | | |
| （三）本期用于购建不动产的扣税凭证 | 9 | | 80 000 000 | 8 800 000 |
| （四）本期不动产允许抵扣进项税额 | 10 | — | — | 5 280 000 |
| （五）外贸企业进项税额抵扣证明 | 11 | — | — | |
| 当期申报抵扣进项税额合计 | 12=1+4-9+10+11 | | | |

二、进项税额转出额

| 项　目 | 栏次 | 税额 |
|---|---|---|
| 本期进项税额转出额 | 13=14至23之和 | 1 371 391.3 |
| 其中：免税项目用 | 14 | |
| 集体福利、个人消费 | 15 | |
| 非正常损失 | 16 | 34 000 |

续表

二、进项税额转出额

| 项　目 | 栏次 | 税额 |
|---|---|---|
| 简易计税方法征税项目用 | 17 | 1 337 391.3 |
| 免抵退税办法不得抵扣的进项税额 | 18 | |
| 纳税检查调减进项税额 | 19 | |
| 红字专用发票信息表注明的进项税额 | 20 | |
| 上期留抵税额抵减欠税 | 21 | |
| 上期留抵税额退税 | 22 | |
| 其他应作进项税额转出的情形 | 23 | |

三、待抵扣进项税额

| 项　目 | 栏次 | 份数 | 金额 | 税额 |
|---|---|---|---|---|
| (一)认证相符的增值税专用发票 | 24 | — | — | — |
| 期初已认证相符但未申报抵扣 | 25 | | | |
| 本期认证相符且本期未申报抵扣 | 26 | | | |
| 期末已认证相符但未申报抵扣 | 27 | 1 | 1 200 000 | 36 000 |
| 其中:按照税法规定不允许抵扣 | 28 | 1 | 1 200 000 | 36 000 |
| (二)其他扣税凭证 | 29＝30至33之和 | | | |
| 其中:海关进口增值税专用缴款书 | 30 | 1 | 1 000 000 | 204 000 |
| 农产品收购发票或者销售发票 | 31 | 1 | 1 000 000 | 204 000 |
| 代扣代缴税收缴款凭证 | 32 | | — | |
| 其他 | 33 | | | |

续表

### 四、其他

| 项　　目 | 栏次 | 份数 | 金额 | 税额 |
|---|---|---|---|---|
| 本期认证相符的增值税专用发票 | 34 | 9 | 109 500 000 | 12 431 000 |
| 代扣代缴税额 | 35 | — | — | |

## 表 6 - 5　增值税纳税申报表附列资料（三）

（服务、不动产和无形资产扣除项目明细）

税款所属时间：自 2016 年 11 月 1 日至 2016 年 11 月 30 日

纳税人名称：（公章）　　　　　　　　　　　　　　　　　　　　金额单位：元至角分

| 项目及栏次 | 本期服务、不动产和无形资产价税合计额（免税销售额） | 服务、不动产和无形资产扣除项目 | | | | |
|---|---|---|---|---|---|---|
| | | 期初余额 | 本期发生额 | 本期应扣除金额 | 本期实际扣除金额 | 期末余额 |
| | 1 | 2 | 3 | 4＝2＋3 | 5（5≤1且5≤4） | 6＝4－5 |
| 17%税率的项目 | 1 | | | | | |
| 11%税率的项目 | 2 | | | | | |
| 6%税率的项目（不含金融商品转让） | 3 | | | | | |
| 6%税率的金融商品转让项目 | 4 | | | | | |
| 5%征收率的项目 | 5 | 8 250 000 | 0 | 3 000 000 | 3 000 000 | 3 000 000 | 0 |
| 3%征收率的项目 | 6 | 30 900 000 | 0 | 4 120 000 | 4 120 000 | 4 120 000 | 0 |
| 免抵退税的项目 | 7 | | | | | |
| 免税的项目 | 8 | | | | | |

表 6 - 6

## 增值税纳税申报表附列资料（四）

（税额抵减情况表）

税款所属时间：自 2016 年 11 月 1 日至 2016 年 11 月 30 日

纳税人名称：（公章）

金额单位：元至角分

| 序号 | 抵减项目 | 期初余额 | 本期发生额 | 本期应抵减税额 | 本期实际抵减税额 | 期末余额 |
|------|----------|----------|------------|----------------|------------------|----------|
|      |          | 1        | 2          | 3 = 1 + 2      | 4≤3              | 5 = 3 - 4 |
| 1    | 增值税税控系统专用设备费及技术维护费 |          |            |                |                  |          |
| 2    | 分支机构预征缴纳税款 |          |            |                |                  |          |
| 3    | 建筑服务预征缴纳税款 | 0        | 240 000    | 240 000        | 240 000          | 0        |
| 4    | 销售不动产预征缴纳税款 | 0        | 250 000    | 250 000        | 250 000          | 0        |
| 5    | 出租不动产预征缴纳税款 | 0        | 2 500      | 2 500          | 2 500            | 0        |

表 6 - 7

## 增值税纳税申报表附列资料（五）

（不动产分期抵扣计算表）

税款所属时间：自 2016 年 11 月 1 日至 2016 年 11 月 30 日

纳税人名称：（公章）

金额单位：元至角分

| 期初待抵扣不动产进项税额 | 本期不动产进项税额增加额 | 本期可抵扣不动产进项税额 | 本期转入的待抵扣不动产进项税额 | 本期转出的待抵扣不动产进项税额 | 期末待抵扣不动产进项税额 |
|------|------|------|------|------|------|
| 1    | 2    | 3≤1 + 2 + 4 | 4 | 5≤1 + 4 | 6 = 1 + 2 + 4 - 5 |
| 0    | 8 800 000 | 5 280 000 | 0 | 0 | 3 520 000 |

## （二）代理填制增值税预缴税款表

营改增试点政策规定：增值税纳税人（不含其他个人）跨县（市）提供建筑服务，按规定的纳税义务发生时间，应向建筑服务发生地主管税务机关预缴税款；房地产开发企业预售自行开发的房地产项目，应在收到预收款时向主管税务机关预缴税款；增值税纳税人（不含其他个人）出租与机构所在地不在同一县（市）的不动产，按规定的纳税义务发生时间，应向不动产所在地主管税务机关预缴税款。增值税纳税人在预缴税款时，应填报《增值税预缴税款表》，连同其他预缴税款资料，向税务机关提交，履行预缴增值税义务。

税务师代理填制《增值税预缴税款表》，应根据纳税人发生相关的经济业务情况，准确判定是否应预缴增值税；对应预缴的经济业务，结合会计核算，收集相关资料，按每一个应预缴增值税项目，依照适用的预缴增值计税方法，确定预缴增值税纳税义务发生时间、收入金额和扣除项目金额，计算应预缴的增值税，准确填表。

**【同步案例6-4】**

税务师代为填制某企业承接外省营改增后的建筑项目、出租外市商铺、出售外省商铺的《增值税预缴税款表》，如表6-8和表6-9所示。

## （三）代理填制小规模纳税人增值税纳税申报表及其附列资料

税务师代理填制小规模纳税人增值税纳税申报表及附列资料，应根据纳税人发生增值税业务的实际情况，结合开具的增值税普通发票及其他收入凭证、应税服务的扣除凭证和"应交税费——应交增值税"核算，为纳税人填制增值税纳税申报表及其附列资料。

税务师在代理填制小规模纳税人增值税纳税申报表及其附列资料时，应注意：

1. 根据增值税纳税申报表及其附列资料的填写说明填制。

2. 根据纳税人财务核算及其他纳税相关资料，准确掌握纳税人增值税征（免）税收入、可扣除的应税服务，按照征收率计算应纳增值税额，并填列到增值税纳税申报及附列资料相关栏目。在纳税人准确核算的情况下，纳税申报表填列的本期应纳税额应与纳税人"应交税费——应交增值税"记载的数额一致。

**【同步案例6-5】**

税务师填制装潢公司2016年9月的增值税纳税申报表（小规模纳税人适用）及附列资料。如表6-10和表6-11所示。

表 6－8

增值税预缴税款表

税款所属时间：2016 年 11 月 1 日至 2016 年 11 月 30 日

纳税人识别号：□□□□□□□□□□□□□□□□□□□□

纳税人名称：(公章)　　　　　　　　　　　　　　　　　　　金额单位：元 (列至角分)

是否适用一般计税方法　是 √　否 ×

| 项目编号 | | 项目名称 | | 承接外省营改增后的建筑项目 | |
|---|---|---|---|---|---|
| 项目地址 | | | | | |
| 预征项目和栏次 | | 销售额 | 扣除金额 | 预征率 | 预征税额 |
| | | 1 | 2 | 3 | 4 |
| 建筑服务 | 1 | 22 200 000 | 8 880 000 | 2% | 240 000 |
| 销售不动产 | 2 | | | | |
| 出租不动产 | 3 | | | | |
| | 4 | | | | |
| | 5 | | | | |
| 合计 | 6 | | | | |
| 授权声明 | 如果你已委托代理人填报，请填写下列资料：<br>为代理一切税务事宜，现授权　　　　(地址)　　　　为本次纳税人的代理填报人，任何与本表有关的往来文件，都可寄予此人。<br>授权人签字： | 填表人申明 | | 以上内容是真实的、可靠的、完整的。<br><br>纳税人签字： | |

**表6-9**

## 增值税预缴税款表

税款所属时间：2016年11月1日至2016年11月30日

纳税人识别号：□□□□□□□□□□□□□□□□□□□□

是否适用一般计税方法　是√　否×

金额单位：元（列至角分）

| 纳税人名称：（公章） | | | | | |
|---|---|---|---|---|---|
| 项目编号 | | 项目名称 | | | |
| 项目地址 | | | | | |
| 预征项目和栏次 | 销售额 | 扣除金额 | 预征率 | | 预征税额 |
| | 1 | 2 | 3 | | 4 |
| 建筑服务　　　1 | | | | | |
| 销售不动产　　2 | | | | | |
| 出租不动产　　3 | 5 250 000 | | 5% | | 25 000 |
| 4 | | | | | |
| 5 | | | | | |
| 合计　　　　　6 | | | | | |

授权声明

如果你已委托代理人填报，请填写下列资料：
为代理一切税务事宜，现授权　　（地址）　为本次纳税人的代理填报人，任何与本表有关的往来文件，都可寄予此人。

授权人签字：

填表人申明

以上内容是真实的、可靠的、完整的。

纳税人签字：

**表 6 - 10**　　　　　**增值税纳税申报表（小规模纳税人适用）附列资料**

税款所属期：2016 年 9 月 1 日至 2016 年 9 月 30 日　　　　　　　填表日期：2016 年 10 月 × 日

纳税人名称（公章）：　　　　　　　　　　　　　　　　　　　　　金额单位：元至角分

| 应税行为（3% 征收率）扣除额计算 | | | |
|---|---|---|---|
| 期初余额 | 本期发生额 | 本期扣除额 | 期末余额 |
| 1 | 2 | 3（3≤1 + 2 之和，且 3≤5） | 4 = 1 + 2 − 3 |
| 0 | 103 000.00 | 103 000.00 | 0 |
| 应税行为（3% 征收率）计税销售额计算 | | | |
| 全部含税收入（适用 3% 征收率） | 本期扣除额 | 含税销售额 | 不含税销售额 |
| 5 | 6 = 3 | 7 = 5 − 6 | 8 = 7 ÷ 1.03 |
| 618 000.00 | 103 000.00 | 515 000.00 | 500 000.00 |
| 应税行为（5% 征收率）扣除额计算 | | | |
| 期初余额 | 本期发生额 | 本期扣除额 | 期末余额 |
| 9 | 10 | 11（11≤9 + 10 之和，且 11≤13） | 12 = 9 + 10 − 11 |
|  |  |  |  |
| 应税行为（5% 征收率）计税销售额计算 | | | |
| 全部含税收入（适用 5% 征收率） | 本期扣除额 | 含税销售额 | 不含税销售额 |
| 13 | 14 = 11 | 15 = 13 − 14 | 16 = 15 ÷ 1.05 |
|  |  |  |  |

**表 6 - 11**　　　　　　　　**增值税纳税申报表**

（小规模纳税人适用）

纳税人识别号：□□□□□□□□□□□□□□□□□□□□

税款所属期：2016 年 9 月 1 日至 2016 年 9 月 30 日　　　　　　　填表日期：2016 年 10 月 × 日

纳税人名称（公章）：　　　　　　　　　　　　　　　　　　　　　金额单位：元至角分

| | 项　目 | 栏次 | 本期数 | | 本年累计 | |
|---|---|---|---|---|---|---|
| | | | 货物及劳务 | 服务、不动产和无形资产 | 货物及劳务 | 服务、不动产和无形资产 |
| 一、计税依据 | （一）应征增值税不含税销售额（3% 征收率） | 1 | | 600 000.00 | | |
| | 税务机关代开的增值税专用发票不含税销售额 | 2 | | 300 000.00 | | |

续表

| 项　目 | 栏次 | 本期数 | | 本年累计 | |
|---|---|---|---|---|---|
| | | 货物及劳务 | 服务、不动产和无形资产 | 货物及劳务 | 服务、不动产和无形资产 |
| 税控器具开具的普通发票不含税销售额 | 3 | | | | |
| （二）应征增值税不含税销售额（5%征收率） | 4 | — | | — | |
| 税务机关代开的增值税专用发票不含税销售额 | 5 | — | | — | |
| 税控器具开具的普通发票不含税销售额 | 6 | — | | — | |
| （三）销售使用过的固定资产不含税销售额 | 7（7≥8） | | — | | — |
| 其中：税控器具开具的普通发票不含税销售额 | 8 | | — | | — |
| （四）免税销售额 | 9＝10＋11＋12 | | | | |
| 其中：小微企业免税销售额 | 10 | | | | |
| 未达起征点销售额 | 11 | | | | |
| 其他免税销售额 | 12 | | | | |
| （五）出口免税销售额 | 13（13≥14） | | | | |
| 其中：税控器具开具的普通发票销售额 | 14 | | | | |
| 本期应纳税额 | 15 | 15 000.00 | | | |
| 本期应纳税额减征额 | 16 | | | | |
| 本期免税额 | 17 | | | | |
| 其中：小微企业免税额 | 18 | | | | |
| 未达起征点免税额 | 19 | | | | |

一、计税依据（项目3~14）；二、税款计算（项目15~19）

续表

| 二、税款计算 | 项　目 | 栏次 | 本期数 | | 本年累计 | |
|---|---|---|---|---|---|---|
| | | | 货物及劳务 | 服务、不动产和无形资产 | 货物及劳务 | 服务、不动产和无形资产 |
| | 应纳税额合计 | 20 = 15 − 16 | | 15 000.00 | | |
| | 本期预缴税额 | 21 | | 9 000.00 | — | — |
| | 本期应补（退）税额 | 22 = 20 − 21 | | 6 000.00 | — | — |

| 纳税人或代理人声明： | 如纳税人填报，由纳税人填写以下各栏： | |
|---|---|---|
| 本纳税申报表是根据国家税收法律法规及相关规定填报的，我确定它是真实的、可靠的、完整的。 | 办税人员： | 财务负责人： |
| | 法定代表人： | 联系电话： |
| | 如委托代理人填报，由代理人填写以下各栏： | |
| | 代理人名称（公章）： | 经办人： |
| | | 联系电话： |

主管税务机关：　　　　　　　　接收人：　　　　　　　　接收日期：

## 四、代理办理增值税纳税申报手续

代理办理增值税纳税申报手续是税务师按照增值税纳税申报要求，采取远程申报或上门申报方式，为纳税人履行增值税纳税申报手续。在代理办理增值税纳税申报手续时，应做到：

### （一）增值税纳税申报资料完整

代理办理增值税纳税申报时，只有完整地向主管税务机关报送纳税申报资料，才会受理，代理纳税申报才会成功，否则将会要求补正完整后再办理增值税纳税申报。因此，税务师在代理办理增值税纳税申报手续时，首先应审核纳税人提供的纳税申报资料或代理填制和收集整理的纳税申报资料是否完整、是否符合增值税纳税申报政策规定，以及所在省、自治区、直辖市和计划单列市国家税务局和主管税务机关的纳税申报要求。

### （二）增值税纳税申报资料符合逻辑关系

代理办理增值税纳税申报手续时，主管税务机关受理纳税申报资料后，将按增值税纳税申报"一窗式"管理操作规程，进行"票表比对"和申报资料逻辑关系审核，对于比对异常或逻辑关系不符合的纳税申报资料，按照异常情况进行处理或者不予受理纳税申报。因此，税务师在向税务机关办理纳税申报手续之前，对于纳税人自行填制的增值税纳税申报表及附列资料、其他纳税申报资料进行逻辑关系审核，确保符合逻辑关系。

## （三）及时办理增值税纳税申报手续

税务师在代理办理增值税纳税申报手续时，应按照增值税纳税申报期限的要求及时办理。实务中应避免出现在取得纳税人的纳税申报资料或代理填制纳税申报表及附列资料，收集整理纳税申报资料后，留滞代理的增值税纳税申报资料，导致未及时履行纳税申报代理手续而使纳税人遭受税务行政处罚及加收税收滞纳金，进而引发涉税服务的执业风险和民事纠纷。

【想一想】税务师在代理办理增值税申报手续时应注意哪些事项？

# 第二节 增值税纳税审核

税务师为客户提供纳税审查服务不是税务机关的纳税评估、税务检查等行政执法行为，而是属于民事代理的涉税服务，指导或帮助纳税人、扣缴义务人做好纳税自查自纠工作，自行补缴少缴、未缴的税款，免受惩处。因此税务师提供纳税审查服务，不仅能有效地指导纳税人依法合理纳税，而且能够提高税务代理服务的执业质量，降低执业风险。

## 一、增值税一般纳税人的纳税审核

由于增值税一般纳税人计税复杂并且政策性强，因而代理纳税审核，应明确审核内容和抓住重点环节，重点审核纳税人的身份、征税范围、计税方法、销售额与销项税额、进项税额与进项税额转出、应纳税额的计算、预缴及缴纳等方面。

### （一）审核纳税人身份

从 2015 年 4 月 1 日起，一般纳税人实行资格登记制，登记事项由增值税纳税人向主管税务机关申请办理。一般纳税人资格登记根据纳税人具体情况可分为不能登记、必须登记、申请登记和选择登记四种情形。其中，个人（除个体工商户外）不能登记为一般纳税人；年销售额超过规定标准的纳税人必须登记为一般纳税人；年销售额虽然未达到标准，但符合规定条件的纳税人，可以申请登记为一般纳税人；不经常发生应税行为的非企业性单位、企业和个体工商户等纳税人，可以选择登记为小规模纳税人。纳税人已登记成为一般纳税人后，除国家税务局另有规定外，不能再转为小规模纳税人。

税务师在纳税人身份审核时，应结合纳税人的具体情况，结合相关政策，确定是否应该办理一般纳税人资格登记，办理资格登记是否符合规定标准。审核要点：

（1）审核一般纳税人的登记手续是否完备。重点审核有无按规定向主管税务机关填报《增值税一般纳税人资格登记表》，并提供新的营业执照，取得主管税务机关当场登记信息；填报《增值税一般纳税人资格登记表》的信息与新的营业执照是否一致，对于填报信息不一致或者填报不符合要求的，是否按主管税务机关要求补正后，取得主管税务机关登记信息。

（2）审核申请登记一般纳税人是否符合条件。对于年销售额未达到规定标准的纳税人申请认定一般纳税人登记，除审核填报资料和新的营业执照外，还应关注其是否符合申请认定一般纳税人的两个条件，即会计核算是否健全和有无固定的经营场所。审核时，应注意纳税人有无健全的会计工作机构及人员，有无完善的财务核算规章制度，能否准确进行增值税核算；同时应关注纳税人是否有固定的经营场所和管理场所，产权或租赁手续是否完善。

（3）审核年销售额超过规定标准的纳税人是否按规定办理登记。重点审核纳税人在连续不超过12个月的经营期内累计应征增值税销售额（包括免税销售额），是否超过财政部、国家税务总局规定的小规模纳税人标准，超过规定标准时，是否及时向主管税务机关办理一般纳税人登记。审核内容包括：年应税销售额超过规定标准时，是否在达到应税销售额的申报期结束后20个工作日内按规定办理认定登记手续；未按规定办理时限办理认定登记的，在收到主管税务机关《税务事项通知书》告知后，是否在10个工作日内及时办理认定登记手续。

（4）审核选择认定是否符合条件。审核销售额超过规定标准且未选择认定为小规模纳税人的，是否符合不经常发生应税增值税业务的条件；收到税务机关要求办理一般纳税人认定登记的《税务事项通知书》时，作出选择认定为小规模纳税人的说明是否真实、准确；资料是否齐全。

（5）审核是否转回小规模纳税人。审核已办理一般纳税人认定登记的，是否擅自转回小规模纳税人计税方法纳税；转回小规模纳税人纳税的，是否属于国家税务总局另有规定的情形。

## （二）审核征税范围

1. 审核征税范围的基本条件。全面推行营改增后，一项经济行为需要缴纳增值税，一般应同时具备发生在中华人民共和国境内、经营性的业务活动、为他人提供的和有偿的等四个方面的条件。为此，增值税征税范围的审核主要围绕这四个方面进行。

（1）审核是否属于境内应税行为。税务师根据纳税人取得收入类型，结合相关签订的合同、财务核算、款项结算等，判定取得的收入是否符合增值税政策规定的境内应税收入行为，尤其关注纳税人有无将在境外提供应税劳务、租赁或出售不动产等取得收入当作境内提供应税服务缴纳增值税，也应注意纳税人提供的跨境服务是否符合适用零税率或免税条件；对符合条件的，是否按规定备案手续或进行免抵退税申报。对于纳税人向境外支付的应税服务、购进无形资产、承租或购买不动产，应结合签订的合同、向境外付款等情况，审核是否属于境内应税行为；对属于境内应税行为，纳税人是否履行了扣缴增值税的义务。

（2）审核是否属于经营活动。税务师对于纳税人取得的收入，应结合是否发生过应税行为，是否向购买方收取等特征，判定是否属于应征收增值税的经营活动收入，是否应缴纳增值税和开具增值税发票。对于非经营活动，如向非应税行为购买方收取的补贴、资助或赞助，与应税行为无关的赔偿、违约金，发生搬迁补偿收入等，审核纳税人是否误作为应税收入缴纳增值税或开具增值税发票。

（3）审核是否为他人提供。税务师应结合发生的应税行为的类型和实际情况，审核纳税人销售货物或提供的应税服务、应税劳务等应税行为，是否发生货物的所有权转移或者向外部提供服务，进而判定是否发生增值税应税行为。尤其应审核纳税人为雇员提供的货物或服务和雇员为纳税人提供的货物或服务，是否误认为应税行为，避免增值税缴纳的错误。

（4）审核应税行为是否属于有偿的。税务师在审核应税行为的征税范围是否符合有偿条件时，不仅应关注应税行为取得的货币，更应将发生应税行为，虽然没有实现货币资金的流入，却获取货物或其他经济利益作为重点关注内容，结合纳税人实际使用的资产、获取的股权、豁免的债务和财务资料，审核纳税人是否发生应税行为；换取货物、抵偿债务、换取股权等形式取得经济利益，而未按规定缴纳增值税。

2. 审核视同销售货物、服务、无形资产或者不动产。按照增值税政策规定，有些提供货物或服务虽然没有同时符合前述征税范围的条件，但仍应视同销售，属于征收增值税范围。这类没有实现货币流入或经济利益的取得视同销售货物或服务行为，纳税人或经营者往往难以理解并容易出错，是税务师审核的重点内容。后面审核销售额的确认有详细分析。

3. 审核混合销售的增值税处理。全面推开营改增试点后，混合销售的税务处理，从原来的是否缴纳增值税或营业税，转向怎样缴纳增值税。混合销售的增值税处理审核的重点主要是两个方面。

（1）审核是否属于混合销售行为。混合销售行为的标志是销售货物和销售服务属于同一销售行为，销售货物与销售服务有必然的关联关系；否则，就不属于混合销售，而属于兼营业务。税务师应根据纳税人业务发生的工程流程、签订的合同等资料，结合财务核算，准确判定纳税人发生的业务属于混合销售还是兼营业务，以便准确进行增值税处理。

（2）审核混合销售的增值税处理是否准确。按营改增试点政策规定，试点期间混合销售增值税处理视纳税人的主业确定按销售货物还是按销售服务缴纳增值税，也是混合销售的增值税处理变成适用的哪一个增值税税率或征收率的问题。税务师应根据纳税人经营范围和经营业务的实质，准确判定其主业是销售货物还是销售服务，进而作出准确的增值税处理。税务师应注意纳税人有无将混合销售行为人为地分解为销售货物和销售服务缴纳增值税，按兼营业务处理；也应注意混合销售行为适用税率是否准确，防止出现主业把握不准，或者不是按纳税人主业而是按该项业务销售货物或销售服务比例来使用税率缴纳增值税的情况。

## （三）审核计税方法

一般纳税人的基本计税方法为一般计税办法，但对于一般纳税人发生财政部和国家税务总局规定的特定应税行为，可以选择适用简易计税方法计税，但一经选择，36 个月内不得变更。在一般纳税人计税方法适用审核中，税务师应从如下方面展开：

1. 审核选择适用简易计税办法的应税行为是否符合财政部和国家总局规定。能够选择简易计税办法的应税行为，都有明确的行业限制或行为条件，税务师应结合纳税人发生应税行为的实际情况，结合财务核算和相关的纳税资料和信息，准确判定纳税人选择适用简易计税办法的应税行为，是否符合相关增值税政策规定的要求和条件，有无按规定进行独立核算。对于建筑工程营改增老项目或者房地产老项目，应结合《建筑工程施工许可证》或者建筑工程承包合同注明的开工日期，判定是否符合适用简易计税办法的条件，并且是否整个项目适用简易计税办法计税；有无做好营改增前后应纳税额的整体衔接处理。对于清包工和甲供工程提供的建筑服务，应结合签订建筑安装合同、业主单位提供材料的联系单或材料施工清单和工程决算资料，判定是否符合增值税政策规定的适用简易计税办法的条件。

2. 审核是否按规定办理计税办法的备案手续。简易计税办法是纳税人自行选择确定，应按规定向主管税务机关办理选择简易计税办法的备案，税务师应结合纳税人选择适用简易计税办法的业务类型、项目，核实是否相应地办理了备案手续，有无未备案擅自适用简易计税办法的情况。

3. 审核简易计税办法变更情况。税务师应根据纳税人应纳税额核算和增值税发票开具情况，审核纳税人的特定应税行为计税办法是否变更，若发生变更的，有无满足选择简易办法后超过 36 个月的条件。

## （四）审核销项税额

销项税额是增值税纳税审核的重要内容和环节。税务师审核销项税额，当以销售额的确认和税率或征收率的适用为主要内容。

1. 审核销售额的确认。税务师审核纳税人的销售额，应将是否应在当期确认及确认金额是否完整作为主要内容。

（1）审核销售收入的结算方式，是否存在结算期内的应税销售额未申报纳税的情况。

①审核赊销、分期收款结算方式销售货物。税务师应重点审核企业产品赊销业务是否属实；合同规定的货款结算到期日的账务处理是否正确，有无购销双方没有签订购销合同或合同中没有约定付款日期，在货物发出时没有按规定缴纳增值税的情况等，有无将收到的货款长期挂入"其他应付款""预收账款""待处理财产损溢"等账户的问题。

②审核预收货款结算方式销售货物。税务师应重点审核企业发出货物的账务处理是否正确，对于采取预收款方式生产销售大型机械设备、船舶、飞机等生产工期超过 12 个月的，是否在收到预收款或者书面合同约定的收款日期当天按规定缴纳增值税；对于采取预收款方式提供建筑服务、租赁服务，是否在收到预收款时按规定缴纳增值税，有无将取得预收款只作预收账款账务处理，未相应计提销项税额。税务师通过审查"预收账款"或"应收账款"明细账，核实有无滞后实现收入、不如期纳税的问题。

③审核托收承付或委托收款方式销售货物。税务师应重点审核企业有无货物已发出，并向银行办妥了货物托收手续后仍不作销货处理的情况。审查时可重点以季末或年末发出商品备查簿为中心，查核商品发运记录资料，审查企业提供的购销合同，结合银行结算凭证回单联及发票开具日期，对照产品销售收入明细账等，查明是否有不及时结转销售收入而延误收入入账时间的情况。

（2）审核纳税人在申报时对应税销售额的金额是否准确。

①审核发生应税行为收取价外费用是否并入应税销售额。税务师应注意审核纳税人的"其他应付款""其他业务收入""营业外收入"等科目的明细账，如有属于销售货物或应税劳务服务而从购买方收取的价外收费，应对照"应交税费——应交增值税（销项税额）"科目进行审查，如没有反映这些价外收费销项税额内容的，就表明纳税人对价外收入隐瞒申报纳税。此外，还应注意审查纳税人的"管理费用""制造费用""营业费用"等科目的明细账，如有贷方发生额或借方红字发生额，应对照记账凭证，逐笔进行审查，看有无隐瞒价外收费、少计销项税额的问题。

②审核销售残次品（废品）、半残品、副产品和下脚料、边角料等取得的收入是否并入应税销售额。税务师对生产经营中涉及残次品（废品）、半残品、副产品、下脚料、边角料外销业务的企业进行审核时，应注意账务处理是否正确，常见错误做法是将取得的收入直接冲减"生产成本""库存商品""制造费用""管理费用"，或记入"营业外收入"等账户，因此税务师应注意重点审核上述账户的借方红字发生额或贷方发生额的具体内容，并结合"主营业务收入""其他业务收入"等明细账和纳税申报表等，查明企业是否存在少计应税销售额的问题。

③审核采取以旧换新方式销售货物，确认计算缴纳增值税的应税销售额是否准确。销售金银首饰以外的货物，应重点审核计算缴纳增值税的销售价格，防止企业按实际收取的价款计提销项税额。具体方法是审查纳税人的产品（商品）销售收入明细账，看有没有哪一种产品（商品）的销售价格明显低于正常时期的销售价格。如是以旧换新让价销售造成的，应予以调增应税销售额。销售金银首饰，应重点审核计算销售价格，一方面要审核是否是按实际售价收取的价款，防止以金银首饰全部销售价格计算缴纳增值税而多计提销项税额；另一方面要审核换取的旧货折算价格是否真实、合理，防止出现多扣除换入旧货的价格，而少计提销项税额。

④审核采取还本销售方式销售货物，是否从应税销售额中减除了还本支出，造成少计应税销售额。税务师审查时，首先应了解纳税人有无还本销售业务。若有，应重点检查"营业费用"明细账的摘要记录，看该账户有无还本支出核算业务，列账是否正确。如果没有还本支出核算，一般就是扣除还本支出后的余额计销售，应要求纳税人按照还本支出凭证的汇总数补计销售收入，补缴增值税。

⑤审核采取折扣方式销售货物，将折扣额另开发票的，是否从应税销售额中减除了折扣额，造成少计应税销售额。税务师对采取折扣方式销售货物的，主要审核当期销售额的扣减

数，具体可从以下几方面进行：一是将本期增值税申报表中的销售额与企业本期"主营业务收入"账户的总额核对，看其金额是否一致，如不一致，其差额可能存在着折扣的销售方式；二是将增值税申报表与"主营业务收入"账户的差额和企业销售货物中的折扣额进行核对，看是否一致；三是重点审核企业销售货物中的折扣额是否在同一发票上注明，查"主营业务收入"账，看有无红字冲销，若有，应调出记账凭证，核实其所附的发票，看折扣额的处理是否符合规定，如另开发票，则应将其折扣额并入销售额中计税；四是审查企业实行折扣方式销售货物的合同（协议）等书面规定的资料，看是否与执行的折扣标准相符；五是纳税人采取折扣方式销售货物，审查发票的金额栏是否将销售额和折扣额分别注明，是否存在不在同一张发票"金额"栏注明折扣额，而仅在发票的"备注"栏注明折扣额，却将折扣额从销售额中减除的现象。

⑥审核为销售货物而出租、出借包装物收取押金，因逾期而不再退还的，是否已并入应税销售额并按所包装货物适用税率计算纳税。税务师审核时关注：一是对销售除酒类产品（除啤酒、黄酒以外）的货物，审核销售货物而出租、出借包装物有关合同、协议，掌握各种包装物的回收期限，对超过约定回收期限未退还的包装物押金或者收取的包装物押金超过一年仍挂在"其他应付款"账户上的，对逾期的包装物押金按照包装货物的税率计算缴纳增值税。二是审核"其他应付款"明细账借方发生额的对应账户，看有无异常的对应关系。如发现有与"应付福利费""盈余公积"等账户相对应的情况，一般就是将应没收的包装物押金挪作了他用。经审核后，应按税法规定计算补缴增值税。三是对销售酒类产品（除啤酒、黄酒以外）收取的包装物押金是否按税法规定在当期计提增值税，有无滞后计提税金的问题。

⑦审核将自产或委托加工的货物用于集体福利、个人消费的，是否视同销售将其金额并入应税销售额。税务师具体审核要点为：一是审核"库存商品""委托加工物资"账户贷方发生额的对应账户关系是否正常。可追查出库产品的去向和用途，从中发现问题。二是通过集体福利、个人消费核算科目"应付福利费""管理费用——业务招待费"等科目逆向反查。三是核对税费计算是否正确，调阅"应交税费——应交增值税（销项税额）"贷方发生额与职工福利或个人消费借方发生额同类相同凭证号，核对领用数量，在核实正确的基础上将金额除以数量等于结转单价，再与日常销售价比较。四是注意自用商品领用时间，看有无人为延期做账，只要核对发货单记载时间与记账凭证号时间是否一致即可。

⑧审核将自产、委托加工或购买的货物对外投资，分配给股东、投资者，无偿赠送他人，是否按规定视同销售将其金额并入应税销售额。税务师审核此类业务的要点为：一是查看"长期投资"账户借方的对应关系。如果发现借记"长期投资"，贷记"库存商品""原材料""自制半成品""固定资产"等异常会计分录，说明企业用存货对外投资未申报增值税。可要求企业提供联营投资的合同、协议，审阅其条款和对外投资实物的价款，与企业日常同类产品售价相核对，分别作出补缴增值税的处理。二是审核纳税人"库存商品""自制半成品"等账户贷方发生额，如发生额大于当期所结转的"主营业务成本"账户借方发生

额，说明纳税人可能将自制或委托加工货物用于无偿赠送或分配给股东、投资者，应对照纳税人的"营业外支出""应付利润"等账户进行审核。

⑨审核将货物交付他人代销是否按规定视同销售将其金额并入应税销售额。税务师审核要点主要有：一是通过"库存商品——委托代销产品""库存商品——委托代销商品"贷方发生额核查对应科目是否异常，有无漏做销售，特别是将代销手续费从销售额中扣除减少收入的现象；二是通过"代销合同"订立的结算时间核查实际商品销售实现的时间，是否有延期销售的现象。

⑩审核销售代销货物是否按规定视同销售将其金额并入应税销售额。税务师审核要点主要有：一是了解被审单位是否有代销业务，并了解其账务处理方法核算过程；二是关注"应付账款""其他应付款"的动向。特别要关注往来发生而又无实际业务的转来转去的款项，必要时可发协询函或直接至对方单位调查。

⑪审核移送货物用于销售是否按规定视同销售将其金额并入应税销售额。设有两个以上机构实行统一核算的纳税人，将货物从一个机构移送其他机构用于销售，视同销售货物，但相关机构设在同一县（市）的除外。据此，税务师审核的要点为：一是了解被查企业经营机构设立情况，通过查看工商登记、分支机构设立情况可以查明；二是审核异地分支机构互供商品是否实现销售。主要通过"产成品""库存商品"账户和货币资金结算往来账户两个方面入手审核。

⑫审核企业对外提供有偿加工货物的应税劳务，是否按规定将收入并入应税销售额。税务师审核的主要内容：一是审核"主营业务收入""其他业务收入"等账户贷方发生额，查看原始凭证，看有无加工、修理修配收入未计销项税额的行为；二是审核"原材料"账户的贷方发生额，以及委托方货款的结算方式，查看有无将自产品加工或代垫辅助材料未作收入实现的行为。

⑬审核以物易物或用应税货物抵偿债务，是否并入应税销售额。税务师的审核要点有：一是审查"库存商品"等账户的贷方发生额。如其对应科目为"原材料""库存商品""低值易耗品""在建工程""固定资产""应付账款"借方，同时借记"应交税费——应交增值税（进项税额）"，属于异常会计分录，说明企业以物易物未通过销售，未实现增值税的销项税额。二是核准交换价格，作出正确处理。在审核时，根据产成品发货单记录的数量、"产成品"账户贷方发生额记录发出的金额，除以发出数量，等于发出兑换商品单价，再与该产品正常售价比较，判断兑换商品的单价，分别作出正确处理。

2. 审核应税销售额扣除。税务师在应税销售扣除额审核时，应根据纳税人所发生的应税行为，根据纳税申报资料和会计核算，发现是否存在应税销售扣除情况；若有扣除情况，进一步审核是否符合条件、有无有效凭证、申报扣除金额是否准确和发票开具是否符合规定等问题。不同的应税销售扣除项目，审核关注的侧重点有：

（1）审核金融商品转让。重点审核金融商品的买入价，有无将买入或销售过程中的税费计入买卖价中。对于转让金融商品出现正负差时，有无在年度内结转下期抵减；有无出现跨年结转正负差相抵情况；有无将金融商品转让开具增值税专用发票。

（2）审核经纪代理服务。审核扣减的销售额是否是代委托方收取并支付的政策性基金或者行政事业性收费；有无取得规定的抵扣票据；有无将未取得规定进项税额扣除凭证的支付也作为扣除项目扣除了销售额；向委托方收取的政府性基金或者行政事业性收费，有无开具增值税专用发票。

（3）审核金融商品转让。审核从事融资租赁和融资性售后回租业务的纳税人是否具备资质，是否经规定的部门批准取得批文或者经营许可证书；扣除项目是否与营改增试点进程吻合，特别注意安装费和保险费等营改增业务支出的扣除时点；扣除的利息支出计算是否准确。对于 2016 年 4 月 30 日前签订的有形动产融资性售后回租合同，在未执行到期之前，应关注纳税人选择的计税方法，是否按政策规定进行相应销售额确定和扣除；对于选择原有扣除办法的，应审核其扣除的本金及利息计算是否准确，向承租方收取的有形动产价款本金，有无开具增值税专用发票。

（4）审核旅游服务。审核扣除的为服务对象支付的住宿费、餐饮费、交通费、签证费、门票费和支付给其他接团旅游企业的旅游费用，发生的金额和扣除项目是否真实；有无取得有效扣除凭证；发生上述支出是否出现取得增值税专用发票情况。

（5）审核房地产开发企业的房地产开发项目。对于房地产开发项目扣除土地款，应重点审核该开发项目是否适用一般计税方法；扣除的土地款是否属于向政府、土地管理部门或受政府委托收取土地价款的单位直接支付的土地价款；是否取得省级以上（含省级）财政监（印）制的财政票据；有无将取得土地过程发生的其他支出或税费也作为扣除项目；按可供销售建筑面积为依据计算的当期扣除项目金额是否准确。

3. 审核适用税率或征收率。

（1）审核增值税税率或征收率运用是否正确，是否扩大了低税率或征收率货物、应税劳务或应税服务的适用范围。审核时，应深入企业了解情况，从投入产出和产品（商品）的性能、用途、生产工艺等方面，严格对照税法规定的征税范围及注释，准确审核确定纳税人适用的货物适用税率是否正确；从应税劳务或应税服务签订的合同、服务条款及劳务或服务提供的程序、过程和结果等方面，严格对照税法规定的征税范围及注释，准确审核确定纳税人适用的应税劳务或服务适用税率是否准确；对照纳税人从事行业或业务的实际情况，对照税法一般纳税人简单计税法政策规定，以及申请按简单办法计税手续，准确审核确定纳税人适用的征收率是否正确。

（2）审核增值税税率或征收率已发生变动的销售货物、应税劳务或应税服务，是否按税率或征收率变动的规定执行日期计算缴纳增值税。

（3）审核兼营不同税率或征收率的销售货物、应税劳务或应税服务，未分别核算销售额是否从高适用增值税税率或征收率计算缴纳增值税。

## （五）审核进项税额

在一般计税办法下，进项税额是决定纳税人应纳增值税额的另一个重要因素。税务师在审核纳税人进项税额时，应从购进的项目是否能抵扣、有无合法有效扣税凭证、有无用于允许抵扣的销项税额以及是否在规定的时间抵扣等四个方面进行。

1. 审核购进项目。

（1）审核进项税额不允许抵扣的项目。按现行增值税政策规定，纳税人购进的旅客运输服务、贷款服务、餐饮服务、居民日常服务和娱乐服务的进项税额不得从销项税额中抵扣。税务师应根据纳税人支出情况和财务核算，结合取得的凭证，审核有无将上述购进项目的进项税额申报抵扣，特别要注意以其他名义而实为上述项目，如与贷款相关的顾问费、咨询费、与住宿相关的餐饮费等，当作允许抵扣的项目处理。

（2）审核不动产进项税额的抵扣。税务师对不动产的进项税额应结合"应交税费"科目下设"待抵扣进项税额"明细科目，着重从以下几方面审核。

首先，审核纳税人取得的不动产及不动产在建项目，是否发生于 2016 年 5 月 1 日之后。有无之前的项目故意延迟开具增值税专用发票而实现抵扣，可以根据纳税人签订不动产购建合同、贷款结算及其他资料进行审核，准确把握不动产购建时间。

其次，审核有无将应分期抵扣的不动产一次性抵扣。税务师还应关注融资租入的不动产以及在施工现场修建的临时建筑物、构筑物，改建、扩建、修缮、装饰不动产未达到增加不动产原值超过 50% 的一次性进项税额抵扣，是否符合政策规定；有无将构成不动产实体的材料和设备、应记入不动产的设计服务和建筑服务，未与不动产一起分期抵扣。税务师可以根据纳税人购置不动产的会计核算及施工合同等资料，审核纳税人不动产抵扣是否准确。

再次，审核待抵扣进项税额的转入进项税额时间是否准确。审核纳税人是否按政策规定从购建取得发票之日起第 13 个月将未抵扣的进项税额转入进项税额抵扣，税务师可以根据纳税人的会计记录和《增值税纳税申报表附列资料（五）》，结合相应的扣税凭证，发现纳税人这部分进项税额抵扣有无提前或推迟。同时，也应关注不同的不动产项目之间的待抵扣进项税额核算是否混淆，导致抵扣时间和金额的错误。

最后，审核不动产购建项目领用已抵扣进项税额的货物处理是否准确。不动产购建项目领用已全额抵扣进项税额的货物时，应先将其中 40% 的进项税额转出，到第 13 个月再转入进项税额抵扣，税务师应结合纳税人不动产在建工程和会计核算，审核有无领用已全额抵扣过的货物及其会计处理和纳税申报是否准确。

（3）审核货物运输服务的抵扣。货物运输服务以货物为运输对象，进而决定运输服务的进项税额能否抵扣问题。税务师审核运输服务时，应重点关注运输服务的运输对象，有无将用于简易计税方法、免征增值税项目、集体福利或者个人消费的货物提供运输服务的进项税额抵扣的情况。

2. 审核进项税额的抵扣凭证。

（1）审核增值税专用发票。重点关注购进货物、接受应税劳务或应税服务是否按规定取得增值税扣税凭证，取得的增值税专用发票抵扣联是否合法有效。税务师审核要点包括：

①审核纳税人购进货物、接受应税劳务或应税服务取得增值税专用发票注明的进项税

额。首先审查取得的增值税专用发票的真伪，然后审查票面开具的内容是否填写齐全正确，税务登记号是否准确，取得增值税专用发票的实际金额与增值税专用发票版面是否相符。

②审核纳税人购进货物是否与购货方的生产、经营相关。一是核对生产经营范围；二是核对"原材料""库存商品"明细账，防止虚开、代开增值税专用发票。

（2）审核海关进口增值税专用缴款书。重点关注按规定在进口环节缴纳增值税，取得完税凭证，并按规定抵扣。税务师审核要点：

①审核海关代征进口货物增值税时的增值税专用缴款书票据的真实性。专用缴款书上若标明有两个单位名称，既有代理进口单位名称，又有委托进口单位名称的，只准予其中取得专用缴款书原件的单位抵扣税款。

②审核专用缴款书所注明的进口货物入库单。重点追踪进口货物的流向，若无库存，是否已做销售申报纳税。

③审核纳税人是否按规定期限和要求向主管税务机关报送《海关完税凭证抵扣清单》（电子数据），申请稽核比对。

④审核纳税人海关进口增值税专用缴款书注明的税额申报抵扣时，是否已经从税务机关取得稽核系统比对相符和税务协查后允许抵扣的信息，份数、金额和税额是否一致；已经稽核比对结果相符的海关进口增值税专用缴款书，是否在取得稽核比对结果的当月纳税申报期内申报抵扣，有无逾期未申报抵扣情况。

（3）审核农产品扣税凭证。审核时，应重点关注农产品扣税凭证是否符合规定，有无超范围计算进项税额抵扣的问题。税务师审核要点：

①审核企业的收购凭证。将税务部门出售的收购凭证领购簿与使用的收购凭证对照检查，审核其使用的收购凭证是否合法。

②审核企业收购凭证的汇总数和收购实物数。审核购进的货物是否属于免税农业产品，是否向规定的对象收购，是否按规定的价格依据计算抵扣税额。

③审核企业计算免税农业产品进项税额的凭证与有关资金和往来账户。若只有开具的凭证而无相应的资金运动或负债产生，以及虽有资金运动或负债产生但内容不一致、数额不相符的，则重点查实抵扣的真实性。

④审核企业购进农产品取得销售方开具的销售发票是否符合规定，计算进项税额的农产品买价和计算的进项税额是否准确。

⑤审核企业购进农产品取得增值税专用发票或者海关进口增值税专用缴款书，是否按注明税额申报作为抵扣的进项税额，有无仍以买价和扣除率计算进项税额抵扣。

（4）审核境外纳税人完税凭证。接受境外单位或个人提供的应税行为，通常纳税人应扣缴境外纳税人的增值税，同时这部分扣缴的增值税完税凭证又是其进项税额抵扣的扣税凭证。税务师应重点关注纳税人是否取得境外纳税人的完税凭证，以及相关资料证明完税凭证记载的增值税由纳税人支付或负担。

3. 审核购进项目的使用。税务师对购进项目的使用应结合"应交税费"科目下设"待认证进项税额"明细科目，注意如下两个方面：

（1）审核用于其他方面。纳税人购进用于简易计税方法计税项目、免征增值税项目、集体福利或者个人消费的购进货物、加工修理修配劳务、服务、无形资产和不动产，进项税额不得从销项税额中抵扣。在具体审核中，应将固定资产、无形资产和不动产与其他货物或服务区别对待。

①审核固定资产、无形资产、不动产的使用。固定资产、无形资产、不动产的进项税额不能抵扣是指专用于简易计税方法计税项目、免征增值税项目、集体福利或者个人消费，而不能区分用于应税行为或简易计税方法计税项目、免征增值税项目、集体福利或者个人消费，其进项税额允许全额抵扣。税务师可以根据固定资产等的种类、使用常规和纳税人会计核算、固定资产卡片等资料进行审核，确定是否专用，能否抵扣。

②审核其他项目使用。其他项目的使用，可以根据纳税人的领料单、成本计算、会计核算等资料，审核确认是否属于允许进项税额扣除。对于职工福利和个人消费（包括交际应酬消费），应根据会计核算及实际使用情况，判定进项税额能否扣除。对于有些项目在使用中无法划分清楚是否为应税项目或者不得抵扣项目，税务师审核纳税人是否根据一定依据（通常按销售额，房地产企业按建设规模）进行计算不得抵扣的进项税额；计算分摊结果是否准确；有无根据年度数据进行清算。

（2）审核非正常损失。

①非正常损失仅指因管理不善造成的被盗、丢失、霉烂变质和因违反法律法规而被依法没收、销毁、拆除的情形，其他原因造成的损失不属于进项税额不能抵扣的情形。税务师根据纳税人发生损失原因，准确把握相关购进项目的进项税额能否抵扣。

②发生非正常损失时，进项税额不能抵扣的项目范围包括货物及相关服务，即货物、在产品或产成品的损失，不仅包括购进货物或耗用的购进货物的进项税额，也包括相关的加工修理修配劳务和交通运输服务的进项税额；不动产不仅包括购进不动产或者不动产所耗用的购进货物的进项税额，也包括相关的设计服务和建筑服务的进项税额。税务审核时，应准确把握不能抵扣的进项税额范围，避免非正常损失不允许抵扣的进项税额范围和金额出现差错。

（3）审核进项税额转出。首先，判断是否属于进项税额转出的情形。进项税额转出的条件是"前已抵扣""后变为不能抵扣"，税务师应根据货物、劳务、服务的使用或损失情况，审核是否改变用途或者属于非正常损失而导致不能抵扣的情形；对于不能抵扣的情形，还应追究原来是否已经实际抵扣，既要防止纳税人进项税额应转出而未转出的情形，也要纠正纳税人进项税额不应转出而多转出的现象。

其次，审核进项税额转出的金额是否准确。能确认原已抵扣过的税额的，按原数转出；对不能确认原已抵扣的税额的，只能通过法定的计算技术来解决。固定资产、无形资产或者不动产主要按照其净值来计算进项税额转出金额；其他货物、劳务、服务是以当期实际成本为依据计算进项税额转出金额。税务师在审核纳税人的进项税额转出金额时，应注意确认是否能够确认原已抵扣应转出进项税额；对于需要计算确认的，根据应进项税额转出项目，审核其运用的方法和计算的结果是否正确。特别需要注意的是，在产品、产成品或不动产在建发生应进项税额转出时，作为计算依据的不是在其实际成本或净值，而是耗用的实际成本。

（4）审核进项税额转入。纳税人专用进项税额不得抵扣项目的固定资产、无形资产和不动产的，发生用途改变，用于允许抵扣进项税额的应税项目，可以在改变用途后，按固定资产、无形资产、不动产的净值计算可以抵扣的进项税额。税务师审核时，应把握这种情形只适用于固定资产、无形资产和不动产是可持续使用的，同时注意这种转回抵扣要以原已取得合法有效的扣税凭证为前提，还要注意转回的进项税额计算是否准确。

4. 审核进项税额抵扣时限。

（1）审核认证期限。审核纳税人取得的增值税专用发票（包括机动车销售统一发票），是否按规定在增值税发票查询平台查询、选择或扫描认证增值税发票用于申报抵扣或出口退税，认证的期限是否在增值税专用发票开具之日起 360 日内；通过扫描认证的纳税人丢失增值税专用发票的发票联和抵扣联，是否在取得销售方主管税务机关出具的《丢失增值税专用发票已报税证明单》后，再按规定在认证期内进行认证。

（2）审核申报稽核比对期限。审核纳税人进口货物取得的属于增税扣税范围的海关进口增值税专用缴款书是否自开具之日起 360 天内向主管税务机关报送《海关完税凭证抵扣清单》（电子数据），申请稽核比对；稽核比对结果为不符、缺联的海关进口增值税专用缴款书是否在产生稽核结果的 360 日内，持海关进口增值税专用缴款书原件向主管税务机关申请数据修改或者核对。

（3）审核申报抵扣期限。审核海关进口增值税专用缴款书是否在税务机关提供稽核比对结果或税务协查后允许抵扣的当月纳税申报期内申报抵扣；非辅导期管理的纳税人认证相符的增值税专用发票，是否在认证当月申报抵扣进项税额；辅导期管理的纳税人增值税专用发票和货物运输结算单据是否在税务机关提供稽核比对结果或税务协查后允许抵扣的当月纳税申报期内申报抵扣。

（4）审核逾期增值税扣税凭证抵扣。审核增值税专用发票、海关进口增值税专用缴款书和公路内河货物运输业统一发票逾期认证或申请稽核比对的，造成的原因是否客观，能否提供证明客观原因的相关资料；是否通过主管税务机关审核、逐级上报，由国家税务总局认证、稽核比对，认证、稽核比对是否相符。

（5）审核未按期申报抵扣增值税扣税凭证。审核纳税人已认证相符的增值税专用发票、已稽核比对相符或税务协查后允许抵扣海关进口增值税专用缴款书或增值税专用发票未在当月纳税申报期内申报抵扣的，造成的原因是否客观，能否提供证明客观原因的相关资料；是否经主管税务机关审核允许纳税人继续申报抵扣。

## （六）审核预缴税款

1. 审核预缴税额。纳税人发生应预缴增值税情形，税务师应注意其是否按规定预缴、计算是否准确，预缴时向税务机关报送资料是否齐全。

（1）审核跨县（市）建筑服务预缴。应重点审核纳税人在纳税义务发生时，是否及时向施工地国税机关履行预缴税申报和预缴税款的义务；预缴时是否提供分包的合同及发票并按规定扣除后计算预缴税款；在预缴税时的销售额计算和预征率适用是否准确。

（2）审核异地租赁不动产预缴。应重点审核纳税人在纳税义务发生时，特别是在预收方式收取租金时，是否及时向不动产所在地国税机关履行预缴税申报和预缴税款的义务；在预缴税时的销售额计算和预征率适用是否准确。

（3）审核异地转让不动产。应重点审核纳税人在异地销售不动产时，是否按规定及时向不动产所在地税务机关履行预缴税申报和预缴税款的义务；在转让非自建不动产时，是否可以提供按规定可以扣除纳税的有效凭证；预缴税计算是否准确。

（4）审核房地产开发项目预收款的预缴。应重点审核纳税人是否在收到预收款时按规定预缴税款；预缴增值税的预收款范围是否准确；在预缴税时的销售额计算和预征率适用是否准确；有无出现留抵税额抵减预缴增值税的情形。

2. 审核预缴税款抵减。预缴税款抵减应纳增值税时，税务师重点审核如下两个方面：

（1）跨县（市）建筑服务、异地租赁不动产和不动产预收款等预缴增值税，是否按规定分项目填报《增值税预缴税款表》，填报税额、缴纳税额是否与完税凭证一致。

（2）纳税人预缴税款抵减当期应纳税额时，是否按规定填报《增值税纳税申报表附列资料（四）》并且各栏目数据准确；有无出现当期应抵减未抵减或重复抵减；当期不足抵减情况下，结转下期抵减的数据以及下期抵减金额是否准确；对于一般计税方法的跨县（市）建筑项目、异地转让和销售不动产项目，应特别注意应纳税额小于已预缴税额，且差额较大的情况，若存在应提醒纳税人向主管税务机关报告，以便由国税总局通知在一定时期内暂停预缴增值税。

## （七）审核增值税应纳税额

增值税应纳税额是否正确，重点是当期销项税额和当期进项税额两个部分的审核，同时要对增值税"应交税费"明细账和纳税申报表进行审查。

1. 增值税"应交税费"明细账审核要点。"应交税费——应交增值税"明细账，是为了全面核算和反映增值税的应缴、已缴情况而设置的。对纳税人"应交税费——应交增值税"明细账的审核，应主要注重以下几个方面：

（1）"应交税费——应交增值税"明细账中各项核算内容及财务处理方法，是否符合相关增值税会计处理的规定。

（2）增值税是否做到按月计算应纳税额，"月税月清"，有无将本月欠税用下期进项税抵顶、滞纳税款的问题。

（3）有无多记"进项税额"，少记"销项税额""进项税额转出"，造成当期应缴税金未缴的问题。

（4）生产销售的货物按简易办法计算缴纳增值税的企业，其不得抵扣进项税额计算是否正确；出口企业按出口货物离岸价与征、退税率之差计算的不予抵扣的税额是否在当期从"进项税额转出"科目转增产品销售成本等。

（5）增值税税控系统专用设备和技术服务费抵减增值税税款是否计入"应交税费——应交增值税（减免税款）"账户；记入金额是否与专用设备和技术服务费规定的收费标准相符；抵扣增值税税额的设备是否是增值税税控系统的专用设备，有无将通用设备支付费用混入抵扣增值税税额；抵扣的专用设备是否初次购买；全额抵扣增值税税额后的专用设备和技术服务费支付费用取得的增值税专用发票注明的增值税额是否又作为进项税额抵扣。

2. 增值税一般纳税人申报表审核要点。

（1）本期销项税额。应根据"主营业务收入（出口销售收入）""其他业务收入""应交费——应交增值税（销项税额）""待转销项税额""转让金融商品应交增值税"等账户，检查内销货物和应税劳务、服务的应税销售额和销项税额，出口货物的免税销售额。对于视同销售行为，应根据"在建工程""营业外支出"等账户核算内容，计算其销项税额。

（2）本期进项税额。应根据"原材料""应付账款""管理费用""固定资产""应交税费——应交增值税（进项税额）""待抵扣进项税额""待认证进项税额"等账户，计算确认纳税人的本期进项税额、不允许抵扣的进项税额、本期应抵扣进项税额。对认证不相符和逾期不能抵扣的进项税额不能填列到申报表中。

（3）税款计算。应按《增值税纳税申报表（一般纳税人适用）》上的逻辑关系正确计算各项税额，确认本期应纳税额和留抵税额。

【同步案例 6 – 6】

某企业系增值税一般纳税人。税务师 2017 年 2 月受托对该企业 1 月增值税纳税情况进行审核，发现该企业有关 1 月增值税会计业务处理资料如下（假定该企业当期无增值税留抵税额，其他业务处理都正确）：

1. 1 月 4 日 6 号凭证：购进原材料，部分途中被盗，取得单位赔偿。企业账务处理为：

（1）借：原材料              200 000

    应交税费——应交增值税（进项税额）   34 000

     贷：应付账款          234 000

（2）借：银行存款            11 700

     贷：原材料           11 700

后附原始凭证：

①增值税专用发票 1 份，材料重量 10 吨，注明价款 200 000 元，税额 34 000 元；

②材料被盗情况说明，被盗材料 0.5 吨，价税合计 11 700，运输单位承担全部责任，全额赔偿；

③银行解款单 1 份，收到运输单位赔偿 11 700 元；

④材料入库单1份，入库数量9.5吨。

2. 1月8日18号凭证：支付劳务派遣费。企业账务处理为：

借：生产成本 630 000

　　应交税费——应交增值税（进项税额） 37 800

　　贷：银行存款 667 800

后附原始凭证：

①增值税专用发票1份，注明金额30 000元，税额1 800元；

②增值税普通发票1份，注明金额636 000元；

③网上银行付款凭证1份，注明金额667 800元。

3. 1月12日30号凭证：收到货款及延期付款利息。企业账务处理为：

借：银行存款 589 680

　　贷：应收账款 585 000

　　　　营业外收入 4 680

后附原始凭证：

①银行进账单1份，注明金额589 680元；

②开具自制收款凭证1份，收到延期付款利息4 680元。

4. 1月16日50号凭证：发出产品，收款90%，扣10%质保金。企业账务处理为：

借：银行存款 900 000

　　贷：主营业务收入 900 000

　　　　应交税费——应交增值税（销项税额） 153 000

后附原始凭证：

①开具增值税专用发票1份，注明金额1 000 000元，税额170 000元；

②银行进账单1份，注明金额1 053 000元；

③产品出库单1份。

5. 1月20日78号凭证：销售折让。企业账务处理为：

借：银行存款 70 200

　　贷：主营业务收入 60 000

　　　　应交税费——应交增值税（销项税额） 10 200

后附原始凭证：

①因产品质量问题与购货方签订折让销售协议1份，返还款项70 200元；

②《开具红字增值税专用发票信息表》1份，注明金额60 000元，税额10 200元；

③银行汇款回执1份，注明金额70 200元。

6. 1月22日86号凭证：支付建造新车间的建筑安装费。企业账务处理为：

借：在建工程 600 000

　　　应交税费——应交增值税（进项税额）　　　　　　　　　　66 000

　　　　　贷：银行存款　　　　　　　　　　　　　　　　　　　666 000

后附原始凭证：

①增值税专用发票 1 份，注明金额 60 000 元，税额 66 000 元；

②银行转账支票存根 1 份，注明金额 666 000 元。

7. 1 月 28 日 95 号凭证：新建车间工程领用材料。企业账务处理为：

　　借：在建工程　　　　　　　　　　　　　　　　　　　　　300 000

　　　　贷：存货　　　　　　　　　　　　　　　　　　　　　300 000

8. 1 月 30 日 102 号凭证：车队报销通行费。企业账务处理为：

　　借：管理费用　　　　　　　　　　　　　　　　　　　　　1 874

　　　　贷：银行存款　　　　　　　　　　　　　　　　　　　1 874

后附原始凭证：

①高速公路通行费 10 份，合计金额 824 元；

②一级公路通行费 60 份，合计金额 1 050 元。

9. 1 月 31 日 108 号凭证：出售固定资产。企业账务处理为：

　　借：银行存款　　　　　　　　　　　　　　　　　　　　　120 510

　　　　贷：固定资产清理　　　　　　　　　　　　　　　　　118 170

　　　　　应交税费——未交增值税　　　　　　　　　　　　　2 340

后附原始凭证：

①增值税普通发票 1 份，注明金额 120 510 元；

②银行进账单 1 份，注明金额 120 510 元。

　　经查固定资产卡片，发现该固定资产为 2011 年 9 月购进，原值 800 000 元，进项税额
136 000 元，进项税额已于当年次月申报抵扣。

　　根据上述资料，要求税务师：

　　（1）指出企业会计处理及计税方面存在的问题，并作出相应的调账处理。

　　（2）计算审核应补（退）增值税额。

【解答】

1. 税务师指出企业会计处理存在问题并作账务调整如下：

　　（1）1 月 4 日 6 号凭证：购进原材料被盗，属于非正常损失，进项税不得抵扣。

当期多抵扣进项税额 = 11 700 ÷ (1 + 17%) × 17% = 1 700 (元)

当期调账分录：

　　借：原材料　　　　　　　　　　　　　　　　　　　　　　1 700

　　　　贷：应交税费——应交增值税（进项税额转出）　　　　1 700

　　（2）1 月 8 日 18 号凭证：支付劳务派遣费取得普通发票部分，为未取得合法有效的扣
税凭证，不能通过计算抵扣进项税额，多抵扣进项税额 36 000 元。

当期调账分录：

借：生产成本（等科目）　　　　　　　　　　　　　　　　　　　　　　　36 000

　　贷：应交税费——应交增值税（进项税额转出）　　　　　　　　　　　36 000

（3）1月12日30号凭证：收到货款及延期付款利息，属于销售货物的价外费用，应按规定计算销项税额。少计销项税额 $= 4\,680 \div (1 + 17\%) \times 17\% = 680$（元）

当期调账分录：

借：营业外收入　　　　　　　　　　　　　　　　　　　　　　　　　　4 680

　　贷：主营业务收入　　　　　　　　　　　　　　　　　　　　　　　　4 000

　　　　应交税费——应交增值税（销项税额）　　　　　　　　　　　　　680

（4）1月16日50号凭证：收到销售的货物已经发出并开具了增值税专用发票，应全额确认销售额，计算销项税额，对于暂未收到的质保金属于应收款项。

少计销项税额 $= 100\,000 \times 17\% = 17\,000$（元）

当期调账分录：

借：应收账款　　　　　　　　　　　　　　　　　　　　　　　　　　117 000

　　贷：主营业务收入　　　　　　　　　　　　　　　　　　　　　　　100 000

　　　　应交税费——应交增值税（销项税额）　　　　　　　　　　　　17 000

（5）1月20日78号凭证：销售折让处理正确。

（6）1月22日86号凭证：不动产在建项目支付建筑服务，未分2年抵扣进项税额。

当期多抵扣进项税额 $= 66\,000 \times 40\% = 26\,400$（元）

当期调账分录：

借：应交税费——待抵扣进项税额　　　　　　　　　　　　　　　　　26 400

　　贷：应交税费——应交增值税（进项税额转出）　　　　　　　　　　26 400

（7）1月28日95号凭证：不动产在建领用已全额抵扣进项税额的材料，进项税额应分2年抵扣，40%部分的税额应转为待抵扣进项税额。

当期转入待抵扣进项税额 $= 300\,000 \times 17\% \times 40\% = 20\,400$（元）

当期调账分录：

借：应交税费　　　　　　　　　　　　　　　　　　　　　　　　　　20 400

　　贷：应交税费——应交增值税（进项税额转出）　　　　　　　　　　20 400

（8）1月30日102号凭证：车队报销的通行费未计算扣除进项税额。

当期少抵扣进项税额 $= 824 \div (1 + 3\%) \times 3\% + 1\,050 \div (1 + 5\%) \times 5\% = 74$（元）

当期调账分录：

借：应交税费——应交增值税（进项税额）　　　　　　　　　　　　　74

　　贷：管理费用　　　　　　　　　　　　　　　　　　　　　　　　　　74

（9）1月31日108号凭证：销售已抵扣进项税额的固定资产应按适用税率计算销项税额，不能用简易计税办法3%减按2%计算缴纳增值税。

应补缴增值税 $= 120\ 510 \div (1 + 17\%) \times 17\% - 2\ 340 = 15\ 170$ （元）

当期调账分录：

借：应交税费——未交增值税　　　　　　　　　　　　　　　　　　2 340

　　贷：固定资产清理　　　　　　　　　　　　　　　　　　　　　15 170

　　　　应交税费——应交增值税（销项税额）　　　　　　　　　　17 510

2. 税务师经审核计算的 1 月份应补缴增值税：

应补缴增值税 $= 1\ 700 + 36\ 000 + 680 + 17\ 000 + 26\ 400 + 20\ 400 - 74 + 17\ 510 = 119\ 616$ （元）

## 二、增值税小规模纳税人的纳税审核

增值税小规模纳税人实行简易征收办法计算应纳税额，相对简单。但是由于小规模纳税人通常会计核算资料不健全，销售收入不入账、少入账或账外经营的问题比较普遍，所以代理增值税小规模纳税人的纳税审查，要根据小规模纳税人计税资料和会计核算的特点，确定审核内容和方法。

### （一）审核应税销售额

对于增值税小规模纳税人的审核，主要应针对销售收入不入账或者少计收入，隐瞒应税销售额的问题，采取"成本倒挤""销售毛利率"等方法加以核查。

1. 审核纳税人期初存货、本期进货和期末存货的情况，根据纳税人货物的购、销、存情况，查找隐瞒应税销售额的问题。

2. 审核纳税人经营资金的运转情况，重点审查纳税人的银行存款日记账和现金日记账，从纳税人的货币资金收、支情况中发现问题。

3. 通过侧面调查的方法，从纳税人主要供货渠道中了解纳税人的进货情况，再结合纳税人销售渠道的市场营销情况，核实会计期间内纳税人的销售收入。

### （二）审核应纳税额的扣除

通常情况下，小规模纳税人发生应税行为以取得的全部价款和价外费用为依据计算应纳增值税额。但营改增试点政策规定，部分特定应税行为的应税销售额按规定扣除项目后的余额计算应纳增值税额。对这部分扣除项目的审核，是税务师审核小规模纳税人业务中特别关注的方面。

1. 审核建筑服务分包支出。审核建筑服务分包支出是否属实；是否属于收入对应项目所发生的支出；收到建筑服务分包支出的发票是否有效，开具是否规范。

2. 审核不动产购置原值。审核所销售不动产原值或取得时的作价是否正确，有无把购置或取得时的税费也计入其中；所扣除的购置原值或取得的作价是否有合法有效的扣除凭证；扣除凭证记载金额与扣除金额是否一致。

3. 审核金融商品买入价。审核金融商品买入价金额是否准确，是否按规定的加权平均办法计算；买入价中有无将购买或销售过程中的税费也记入其中；金融商品转让的正负差相抵、结转是否符合政策规定。

## （三）审核应纳税额

1. 审核小规模纳税人将含税的销售额换算成不含税销售额的计算是否正确。将本期含税的销售额换算成不含税的销售额，与纳税人申报表中的销售额进行对比，审核是否一致。

2. 审核小规模纳税人计算应纳税额适用的征收率是否正确。小规模纳税人的征收率为3%或5%，其中销售或出租不动产、选择差额纳税的劳务派遣服务适用的征收率为5%，其余均为3%。税务师应根据纳税人实际发生的业务，审核其适用的征收率是否正确。

3. 审核小规模纳税人是否按规定预缴税款。小规模纳税人跨县（市）提供建筑服务、异地销售或出租不动产房地产开发企业预收款方式销售开发项目，应按规定预缴增值税。

【同步案例6-7】

某工业企业系小规模纳税人，主要生产加湿器。2016年6月试生产，2016年9月取得第一笔产品销售收入，并于10月到主管税务机关按月申报缴纳增值税。12月某国税局接到群众举报，反映该企业不开发票账外销售产品。税务机关委托××税务师事务所审核该企业的纳税情况，并指导该企业正确核算经营情况，如实申报纳税。量账外销售的问题如下：

（1）产成品不入库，不开发票，账外销售产品15台，销售收入532 451.61元分别存入张某个人账户。

（2）销售零配件开收据，不作收入，账外销售收入18 129.03元，账务处理如下：

借：银行存款　　　　　　　　　　　　　　　　　　　　18 129.03

　　贷：其他应付款　　　　　　　　　　　　　　　　　　18 129.03

通过上述审核，查实企业少计含税收入为532 451.61 + 18 129.03 = 550 580.64（元），少缴增值税 = 550 580.64 ÷ (1 + 3%) × 3% = 16 036.33（元）。

作相关账务调整如下：

（1）产品销售账外收入：

借：其他应收款——张某　　　　　　　　　　　　　　　532 451.61

　　贷：主营业务收入　　　　　　　　　　　　　　　　　516 943.31

　　　　应交税费——应交增值税　　　　　　　　　　　　 15 508.30

（2）零配件账外销售收入：

借：其他应付款 18 129.03

　　贷：其他业务收入 17 601.00

　　　　应交税费——应交增值税 528.03

（3）计算补缴增值税：

借：应交税费——应交增值税 16 036.33

　　贷：银行存款 16 036.33

# 第三节　消费税纳税申报代理

## 一、消费税纳税申报

消费税纳税申报是指纳税人按照有关法律、法规要求，计算当期应纳消费税额，填制消费税纳税申报表，在规定的纳税申报期内向主管税务机关报送纳税申报资料，履行消费税纳税申报义务。

根据《中华人民共和国消费税暂行条例》规定，消费税的纳税期限分别为 1 日、3 日、5 日、10 日、15 日、1 个月或者 1 个季度。纳税人的具体纳税期限，由主管税务机关根据纳税人应纳税额的大小分别核定；不能按照固定期限纳税的，可以按次纳税。纳税人以 1 个月或者 1 个季度为 1 个纳税期的，自期满之日起 15 日内申报纳税；以 1 日、3 日、5 日、10 日或者 15 日为 1 个纳税期的，自期满之日起 5 日内预缴税款，于次月 1 日起 15 日内申报纳税并结清上月应纳税款。

## 二、消费税应纳税额计算

### （一）消费税计算方法

消费税对不同的应税消费品，分别实行从量定额、从价定率，或者复合计税等三种方法计算应纳税额。

1. 从量定额计税方法。应税消费品中黄酒、啤酒和所有应税成品油，实行从量定额计税方法计算应纳消费税额，应纳税额计算公式：

$$应纳税额 = 销售数量 \times 定额税率$$

2. 从价定率计税方法。应税消费品中高档化妆品、贵重首饰及珠宝玉石、小汽车、高档手表等，实行从价定率计税方法计算应纳消费税额，应纳税额计算公式：

$$应纳税额 = 销售额 \times 比例税率$$

3. 复合计税方法。应税消费品中卷烟（包括批发环节）、白酒，实行从价定率和从量定额复合计税方法计算应纳消费税额，应纳税额计算公式：

$$应纳税额 = 销售额 × 比例税率 + 销售数量 × 定额税率$$

【想一想】举例说明复合计税方法如何运用？

## （二）应纳消费税计算相关要素的确定

1. 应税消费品的销售额。销售额为纳税人销售应税消费品向购买方收取的全部价款和价外费用。"价外费用"，是指价外收取的基金、集资费、返还利润、补贴、违约金（延期付款利息）和手续费、包装费、储备费、运输装卸费、代收款项、代垫款项以及其他各种性质的价外收费。但下列款项不包括在内：

（1）承运部门的运费发票开具给购货方的；

（2）纳税人将该项发票转交给购货方的。

2. 应税消费品的课税数量或销售额。

（1）纳税人销售的应税消费品，属从量定额征税的，为应税消费品的销售数量；属从价定率征税的，为销售应税消费品的销售额。

（2）纳税人通过自设非独立门市部销售的自产应税消费品，属从量定额征税的，为门市部对外销售应税消费品的销售数量；属从价定率征税或复合计税办法的，为门市部销售应税消费品的销售额。

（3）自产自用的应税消费品（除用于连续生产应税消费品外），属从量定额征税的，为应税消费品的移送使用数量；属从价定率征税或复合计税办法的，为一定顺序确定的同类消费品的销售价格或组成计税价格。

（4）委托加工的应税消费品，属从量定额征税的，为纳税人收回的应税消费品数量；从价定率征税或复合计税办法的，为一定顺序确定的受托方的同类消费品的销售价格或组成计税价格。

（5）进口的应税消费品，属从量定额征税的，为海关核定的应税消费品进口征税数量；属从价定率征税或复合计税办法的，为组成计税价格。

3. 用外购或委托加工收回已税消费品生产应税消费品。下列用外购或委托加工收回已税消费品连续生产的应税消费品，在计税时按当期生产领用数量计算准予扣除外购或委托加工收回的应税消费品已纳的消费税税款：

（1）用外购或委托加工收回已税烟丝生产的卷烟；

（2）用外购或委托加工收回已税高档化妆品生产的高档化妆品；

（3）用外购或委托加工收回已税珠宝玉石生产的贵重首饰及珠宝玉石；

（4）用外购或委托加工收回已税鞭炮、焰火生产的鞭炮、焰火；

（5）用外购或委托加工收回已税汽油、柴油、石脑油、燃料油、润滑油用于连续生产

应税成品油;

 （6）用外购或委托加工收回已税摩托车连续生产应税摩托车;

 （7）用外购或委托加工收回已税杆头、杆身的握把生产的高尔夫球杆;

 （8）用外购或委托加工收回已税木制一次性筷子生产的一次性筷子;

 （9）用外购或委托加工收回已税实木地板生产的实木地板。

【相关链接】

《财政部 国家税务总局关于调整化妆品消费税政策的通知》

http：//hd. chinatax. gov. cn/guoshui/action/GetArticleView1. do？ id＝4311385&flag＝1

上述当期准予扣除外购应税消费品已纳消费税税款的计算公式为：

①实行从价定率办法计算应纳税额的：

$$当期准予扣除外购应税消费品已纳税款＝当期准予扣除外购应税消费品买价×外购应税消费品适用税率$$

$$当期准予扣除外购应税消费品买价＝期初库存外购应税消费品买价＋当期购进的外购应税消费品买价－期末库存的外购应税消费品买价$$

②实行从量定额办法计算应纳税额的：

$$当期准予扣除的外购应税消费品已纳税款＝当期准予扣除外购应税消费品数量×外购应税消费品单位税额$$

$$当期准予扣除外购应税消费品数量＝期初库存外购应税消费品数量＋当期购进外购应税消费品数量－期末库存外购应税消费品数量$$

上述当期准予扣除委托加工应税消费品已纳消费税税款的计算公式为：

$$当期准予扣除的委托加工应税消费品已纳税款＝期初库存的委托加工应税消费品已纳税款＋当期收回的委托加工应税消费品已纳税款－期末库存的委托加工应税消费品已纳税款$$

4. 自产自用应税消费品。

（1）用于连续生产应税消费品的不纳税。

（2）用于其他方面的，应于移送使用时纳税。

纳税人自产自用的应税消费品，应按照纳税人生产的同类消费品的销售价格计算纳税；没有同类消费品销售价格的，按照组成计税价格计算纳税。

$$组成计税价格＝（成本＋利润）÷（1－消费税税率）$$

或：
$$组成计税价格＝（成本＋利润＋从量计征消费税额）÷（1－消费税税率）$$

5. 委托加工应税消费品。委托加工的应税消费品，按照受托方的同类消费品的销售价格计算纳税，没有同类消费品销售价格的，按照组成计税价格计算纳税。

$$组成计税价格 = （材料成本 + 加工费）÷（1 - 消费税税率）$$

委托方收回委托加工的已税消费品后，将收回的应税消费品，以不高于受托方的计税价格出售的，不再缴纳消费税；委托方以高于受托方的计税价格出售的，需按照规定申报缴纳消费税，在计税时准予扣除受托方已代收代缴的消费税。

6. 兼营不同税率应税消费品。纳税人兼营不同税率的应税消费品，应当分别核算不同税率应税消费品的销售额、销售数量。未分别核算销售额、销售数量，或者将不同税率的应税消费品组成成套消费品销售的，从高适用税率。

【同步案例 6-8】

某企业 2016 年 1 月销售自产的"高尔夫球及球具"的销售额为 1 000 000 元，适用的消费税税率是 10%，本期准予扣除外购货物的消费税相关数据为：期初库存消费品买价为 500 000 元，本期购入可抵扣消费品买价为 200 000 元，期末库存消费品买价 400 000 元；本期按政策减免税额为 8 000 元，期初未缴税额 9 000 元（本月缴纳 6 000 元），本月预缴消费税 7 000 元。

根据上述条件，计算该厂当月应纳消费税税额如下：

（1）本期应纳税额 = 1 000 000 × 10% = 100 000 （元）

（2）可抵扣消费税 = （500 000 + 200 000 - 400 000）× 10% = 30 000 （元）

（3）减免税 = 8 000 （元）

（4）本期应补（退）税额 = 100 000 - 30 000 - 8 000 - 7 000 = 55 000 （元）

（5）期末未缴税额 = 9 000 + 55 000 - 6 000 = 58 000 （元）

## 三、代理消费税纳税申报操作规范

根据现行消费税政策法规，进口的应税消费品，于报关进口时申报纳税；金银首饰消费税在零售环节申报缴纳；卷烟在批发环节申报纳税。除此之外，消费税纳税申报主要包括销售自产应税消费品的纳税申报，委托加工应税消费品代收代缴申报。

1. 自产应税消费品于销售环节纳税，自产自用的于移送使用时纳税。代理自产应税消费品纳税申报应首先确定应税消费品适用的税目税率，核实计税依据，在规定的期限内向主管税务机关报送消费税纳税申报表。

2. 委托加工应税消费品，由受托方办理代收代缴消费税申报。税务师首先应确定双方是否为委托加工业务，核查组成计税价格的计算，如为受托方代理申报应向主管税务机关报送代收代缴申报表；如为委托方代理申报，应向主管税务机关提供已由受托方代收代缴税款的完税证明。

## 四、代理填制《消费税纳税申报表》的方法

从 2014 年 12 月 1 日起，取消 250 毫升（不含）以下小排量摩托车、汽车轮胎、酒精等税目消费税，国家税务总局制定了《关于调整消费税纳税申报表有关问题的公告》（2014），对消费税纳税申报作出规定：《酒类应税消费品消费税纳税申报表》《其他应税消费品消费税纳税申报表》。自 2015 年 7 月 1 日起，根据《国家税务总局关于调整消费税纳税申报有关事项的公告》（2015）的规定，消费税纳税申报启用新的申报表，在成品油、电池、涂料、小汽车、烟类、酒类、其他应税消费品申报其他资料中增加《本期减（免）税额明细表》，由享受消费税减免税优惠政策的纳税人在办理消费税纳税申报时填报。

【同步案例 6 - 9】

税务师填制消费税纳税申报表及附表，如表 6 - 12 和表 6 - 13 所示。

表 6 - 12　　　　　　　　其他应税消费品消费税纳税申报表

税款所属期：2016 年 1 月 1 日至 2016 年 1 月 31 日

纳税人名称（公章）：　　　纳税人识别号：

填表日期：2016 年 2 月 10 日　　　　　　　　　　　　金额单位：元（列至角分）

| 应税消费品名称 | 适用税率 | 销售数量 | 销售额 | 应纳税额 |
|---|---|---|---|---|
| 高尔夫球及球具 | 10% | | 1 000 000 | 100 000 |
| 合计 | — | — | — | 100 000 |

| | 声明 |
|---|---|
| 本期准予抵减税额：30 000 | 此纳税申报表是根据国家税收法律的规定填报的，我确定它是真实的、可靠的、完整的。 |
| 本期减（免）税额：8 000 | 经办人（签章）：×××<br>财务负责人（签章）：××× |
| 期初未缴税额：9 000 | 联系电话：010 - ××××× |
| 本期缴纳前期应纳税额：6 000 | |
| 本期预缴税额：7 000 | （如果你已委托代理人申报，请填写）授权声明为代理一切税务事宜，现授权 |
| 本期应补（退）税额：<br>55 000 = 100 000 - 30 000 - 8 000 - 7 000 | （地址）　为本纳税人的代理申报人，任何与本申报表有关的往来文件，都可寄予此人。 |
| 期末未缴税额：<br>58 000 = 9 000 + 55 000 - 6 000 | 授权人签章： |

表 6－13 　　　　　　　　本期准予扣除税额计算表

税款所属期：2016 年 1 月 1 日至 2016 年 1 月 31 日

纳税人名称（公章）：　　　纳税人识别号：☐☐☐☐☐☐☐☐☐☐☐☐☐☐☐☐☐☐☐☐

填表日期：2016 年 2 月 10 日　　　　　　　　　　　　　金额单位：元（列至角分）

| 项目 | 应税消费品名称 | 高尔夫球及球具 | 合计 |
|---|---|---|---|
| 当期准予扣除的外购应税消费品已纳税款计算 | 期初库存外购应税消费品买价 | 500 000 | — |
| | 当期购进应税消费品买价 | 200 000 | — |
| | 期末库存外购应税消费品买价 | 400 000 | — |
| | 外购应税消费品适用税率 | 10% | — |
| | 当期准予扣除外购应税消费品已纳税款 | 30 000 | 30 000 |
| 本期准予扣除税款合计 | | 30 000 | 30 000 |

# 第四节　消费税纳税审核

对于生产加工应税消费品的企业，税务师代理审核消费税的纳税情况可以与增值税同步进行，尤其采用从价定率计征办法的应税消费品，因为两者的计税依据是相同的，都是含消费税而不含增值税的销售额。但是，消费税又是一个特定的独立税种，在征税范围、计税依据、税率（税额）、纳税环节、税额扣除等方面有特殊规定。因而税务师代理消费税的纳税审核应注重其特点，有针对性地核查纳税人的相关资料。

## 一、计税依据的审核

### （一）销售自产应税消费品的审核

1. 审核销售额。实行从价定率征税办法的应税消费品，其计税依据为纳税人销售应税消费品向购买方收取的全部价款和价外费用，但不包括应向购买方收取的增值税税款。应重点审核的内容包括以下几点：

（1）对价外费用的审核要点。

①审核纳税人"其他业务收入""营业外收入"等明细账，核对有关会计凭证，查看销售应税消费品从购货方收取的价外费用，是否按规定依照应税消费品的适用税率计算消费税，并与"应交税费——应交消费税"账户相核对。

②审核纳税人"销售费用""管理费用""财务费用""其他业务成本"等明细账，如有方红字发生额或贷方发生额，应对照有关会计凭证逐笔进行核对，审核纳税人是否有销售应税消费品收取的价外费用冲减费用成本，是否按规定计算消费税，并与"应交税费——

应交消费税"账户相核对。

③审核纳税人的"应收账款""应付账款""其他应收款""其他应付款"等往来账户，审查纳税人销售应税消费品收取的价外费用是否直接通过往来账户核算而不并入销售额计算消费税。

④审核纳税人已开具的普通发票存根联时，如发现有运输费、仓储费等收费项目的，注意审查是否属于价外费用。

⑤审核纳税人与购买方的销售结算清单，仔细审查销售清单反映的收费项目是否有应征消费税、增值税的价外费用。

（2）对包装物计税的审核要点。

①随同应税消费品销售的包装物是否按所包装的产品适用的税率缴纳了消费税。税务师审核的要点有：一是审核纳税人生产、销售环节领用的不单独计价的包装物。将"包装物"明细账的贷方发生额与"生产成本""营业费用"等账户的借方发生额对照审核，审核纳税人会计处理是否正确以及结转领用包装物的成本是否真实，有无直接冲减产品销售收入。二是审核纳税人随同应税消费品出售单独计价的包装物。将"包装物"明细账的贷方发生额与"其他业务支出"账户的借方发生额相核对，审查纳税人随同应税消费品出售单独作价的包装物的销售收入额是否记入"其他业务收入"账户计算缴纳消费税。三是审核纳税人购进包装物的财务核算是否正确。审核纳税人购进包装物是否不通过"包装物"账户而通过应收应付往来账户核算，发出后再以产品的销售收入冲账。

②销售除酒类产品（除啤酒、黄酒以外）以外从价计税的应税消费品，逾期不再退还包装物押金及已收取1年以上的包装物押金，是否按规定缴纳了消费税。税务师主要通过审核纳税人的"其他应付款"明细账，审核纳税人按规定逾期未收回的包装物不再退还的押金，已收取1年以上的押金是否及时申报缴纳消费税。

③从1995年6月1日起，对销售酒类消费品（除啤酒、黄酒外）收取的包装物押金是否按规定及时缴纳了消费税。对于酒类产品包装物的审核，主要通过"包装物""其他应付款"等明细账，审核企业是否有出售包装物收入和收取包装物押金，应缴纳消费税的包装物收入和收取的包装物押金，是否缴纳了消费税。

（3）关联企业转让定价审核要点。我国目前除进口应税消费品在进口环节纳税、金银首饰在零售环节纳税、卷烟在批发环节加征一道消费税外，其他应税消费品都在生产环节纳税，并且单一环节一次课征。近年来，一些消费税纳税人，特别是生产高税率产品的企业，如烟厂、酒厂、汽车厂等大中型企业，划小核算单位，成立独立核算的销售公司，降低产品出厂价格，通过商业返还费用方式侵蚀税基，利用企业集团的内部协作关系，采取总公司低价生产供应零配件给生产企业，将应税消费品低价销售给公司的方式避税等。因此对生产应税消费品成立独立核算的销售公司或组建成企业集团的纳税人，应通过审查其"主营业务收入""生产成本""管理费用"等账户，对各关联企业之间收取的价款、支付的费用进行核实，如价格明显偏低又无正当理由的，按税法规定予以调整。具体方法为：

①按独立企业之间进行相同或类似业务活动的价格；

②按照销售给无关联关系的第三者的价格所应取得的收入和利润水平；

③按成本加合理的费用和利润；

④按照其他合理的方法。

（4）对残次应税消费品的审核要点。

①纳税人销售残次应税消费品是否按规定缴纳消费税。税务师可以审核纳税人的"生产成本""制造费用"等成本费用类账户，留意纳税人的红字冲销额。看有无将残次应税消费品销售收入直接冲减有关成本费用不纳税；审核"应付福利费"账户，从贷方查看职工福利费的来源，看有无将残次品销售收入计入职工福利基金不纳税的情形。

②纳税人销售残次应税消费品，向购买方收取的价差收入是否缴纳了消费税。如某购货方与纳税人有比较稳定的协作关系且购买的产品价格长期偏低，可去该购货方调查，通过了解其"应付账款""其他应付款"明细账，查清是否有返还销货方的价差收入。

（5）对纳税人不计、少计销售额的审核要点。

①纳税人是否按照税法规定的纳税义务发生的时间纳税。特别是货已发出、已开票但因货款不能回笼而不及时申报纳税的情况。税务师可以通过对财务部门的"库存商品"账与仓库的实物进行核对，看两者是否相符。如果财务部门的"库存商品"大于仓库的实物账，就很有可能存在货已发出而未纳税的情况，可进一步抽查纳税人已开具发票加以证实，即将纳税人一定时期内已开具发票的销售合计与消费税纳税申报核对，看两者是否相符。

②纳税人是否将不符合税法规定的销售折扣、折让擅自冲减销售额。税务师应仔细审核纳税人"主营业务收入"明细账的贷方发生额是否存在红字冲销的情况，如有，应查明原因。如是销售折扣、折让，则要进一步核实是否符合税法规定的条件，即是销售折扣的，要与应税消费品开在同一张发票上；是销售折让的，要凭有效证明开具红字发票才能冲减应税消费品的销售额。

（6）对应税消费品以物易物、以货抵债、投资入股的审核要点。

①纳税人将自产的应税消费品用于换取生产资料、消费资料、投资入股、抵偿债务的是否纳税。税务师应仔细审查"库存商品"明细账的贷方发生额，认真查看贷方摘要栏记录，发现可疑，再查阅记账凭证和原始凭证。通常情况下，"库存商品"账户贷方的对应账户为"主营业务成本"，如发现"库存商品"账户贷方对应关系异常，如为借记"长期股权投资""原材料""应付账款"等，则有可能是纳税人以物易物、以货抵债、投资入股。审核纳税人是否按规定的计税依据计算缴纳消费税，并与"应交税费——应交消费税"账户核对。

②计税价格是如何确定的，是否按纳税人同类消费品的最高销售价格作为计税依据计算缴纳消费税。

2. 审核销售数量。实行从量定额征税办法的应税消费品，其计税依据为应税消费品的销售数量。应审核"主营业务收入""税金及附加""库存商品""应交税费——应交消费税"等明细账,对照销货发票等原始凭证,看计量单位折算标准的使用及销售数量的确认是否正确,有无多计或少计销售数量的问题。审核纳税人的"营业费用""长期投资""营业外支出""管理费用""生产成本"等账户,审核纳税人是否有将自产的应税消费品用于其他方面而未在移送使用时申报缴纳消费税的情况。

**【同步案例 6－10】**

税务师在代理审核某高档化妆品厂 2016 年 12 月应纳消费税情况时发现,该企业采用预收货款方式销售高档化妆品 50 箱,取得含税销售额 117 000 元,商品已发出。企业会计处理为:

借:银行存款　　　　　　　　　　　　　　　　　　　　　　　117 000
　　贷:预收账款　　　　　　　　　　　　　　　　　　　　　　117 000

要求:计算本月应纳消费税并调账。

(1) 对采取预收货款方式销售的化妆品,应于收到货款后、发出商品时缴纳消费税,并同时缴纳增值税。因此,该企业本月应纳消费税为:

117 000 ÷ (1 + 17%) × 15% = 15 000 (元)

(2) 调账:

①企业在商品发出时应将预收的销售款从"预收账款"账户转作产品销售收入,应作如下账务处理:

借:预收账款　　　　　　　　　　　　　　　　　　　　　　　117 000
　　贷:主营业务收入　　　　　　　　　　　　　　　　　　　　100 000
　　　　应交税费——应交增值税(销项税额)　　　　　　　　　　17 000

②将应缴纳的消费税款作如下账务处理:

借:税金及附加　　　　　　　　　　　　　　　　　　　　　　15 000
　　贷:应交税费——应交消费税　　　　　　　　　　　　　　　15 000
借:应交税费——应交消费税　　　　　　　　　　　　　　　　15 000
　　贷:银行存款　　　　　　　　　　　　　　　　　　　　　　15 000

## (二) 委托加工应税消费品审核要点

由于消费税政策法规的差异,委托加工应税消费品审核受托方和委托方的内容和方法均不同。

1. 审核受托方。受托方受托加工应税消费品,重点审核受托加工的是否为应税消费品;是否属于税法规定的委托加工应税消费品;是否应属于自制应税消费品;受托加工的应税消费品是否按规定代扣代缴了消费税;扣缴的消费税计税数量或计税价格是否准确,有无少扣缴消费税。税务师应重点审核:

(1) 审核"主营业务收入"或"其他业务收入"中加工费明细账,结合受托加工的合同审核确定受托加工的货物是否属于应税消费品，是否应代扣代缴消费税。

（2）对于应代扣代缴消费税的受托加工业务，应审核委托加工合同记录的加工数量、供材料数量或金额、收到委托加工材料的备查账等资料，对照"应交税费——代扣消费税"明细账，审核确定代扣代缴的消费税是否正确，有无减少应扣税的应税消费品数量；对于从价计税的应税消费品，是否按照同类消费品的销售价格或准确组成计税价格计算代扣的消费税。

（3）审核受托加工领用原材料等存货情况，看受托加工业务所需要的材料是否由受托方提供及受托加工垫付辅助材料的数额，审核确定是否属于受托加工业务。对应税消费品材料由受托方提供或采购的，应按自制消费品销售计算缴纳消费税，对于原已代扣的消费税及其税额，应予调整处理。

2. 审核委托方。委托方委托加工应税消费品，重点审核收回委托加工应税消费品时受托方是否扣缴了消费税；受托方扣缴的消费税是否正确；委托加工收回直接对外销售的应税消费品销售价格是否高于受托方扣缴消费税的计税价格；高于受托方计税价格出售的委托加工收回的应税消费品是否按规定缴纳消费税；委托加工收回的应税消费品连续生产应税消费品是否按规定扣除已纳消费税税款。税务师应重点审核：

（1）应审核"委托加工物资""应交税费——应交消费税"等明细账，对照委托加工合同等原始凭证，看纳税人委托加工的应税消费品是否按照受托方的同类消费品的销售价格计算纳税；没有同类消费品销售价格的，是否按照组成计税价格计算纳税，受托方代收代缴的消费税税额计算是否正确。

（2）应审核"委托加工物资""生产成本""应交税费——应交消费税"等明细账，看纳税人用外购或委托加工收回的已税烟丝等应税消费品连续生产应税消费品，在计税时准予扣除外购或收回的应税消费品的已纳消费税税款，是否按当期生产领用数量计算，计算是否正确。

（3）应审核"主营业务收入"或"其他业务收入"中有关销售委托加工收回应税消费明细账，结合销售开具的发票等原始凭证和"委托加工物资"扣缴消费税的明细账进行审核，看委托加工收回应税消费品是否超过受托方扣缴消费税计税价格出售；若超过计税价格出售的，是否按规定补缴消费税。

（4）应审核"委托加工物资"明细账，看是否有代扣消费税核算内容。若无扣缴消费的核算内容，应审核确认是否属于非应税消费品；若为应税消费品属于受托方为个体工商户不履行扣缴消费税义务，或者受托方未按规定履行扣缴消费税义务的，看委托方是否按规定自行计算缴纳消费税或补缴消费税，缴纳的消费税是否正确。

## （三）视同销售应税消费品的审核要点

1. 审核"库存商品""原材料""应付账款"等明细账，看有无用应税消费品换取生产资料和消费资料、投资入股和抵偿债务等情况。如有，是否以纳税人同类应税消费品的最高销售价格作为计税依据计征消费税。

2. 纳税人用于生产非应税消费品、在建工程、管理部门、非生产机构、提供劳务，以及用于馈赠、赞助、集资、广告、职工福利、奖励等方面的应税消费品，应于移送使用时视同销售缴纳消费税。税务师应审核"库存商品""原材料""应付账款""应付福利费""管理费用"等明细账，看有无这种情况。如有，是否于移送使用时缴纳了消费税。

### （四）金银首饰的审核要点

1. 金银首饰范围的审核。税务师审核时，应注意正确掌握金银首饰的消费税的征收范围，不能简单地以商品名称确定其是否属于应税金银首饰的范围。

2. 金银首饰计税依据的审核要点。

（1）以旧换新、翻新改制的审核。主要审核要点：一是审核纳税人"主营业务收入""库存商品""其他业务收入"等明细账，并与金银首饰零售发票核对，审核纳税人是否按规定申报缴纳消费税。二是审核纳税人"其他应付款""营业费用"等明细账的贷方发生额或借方红字发生额，审核纳税人是否将收取的加工费挂往来账或直接冲减费用未申报缴纳消费税。

（2）带料加工业务的审核。主要审核要点：一是审核纳税人带料加工业务是否真实。"原材料""生产成本""其他业务收入"等明细账与有关会计凭证相互对照检查，审核其是否符合带料加工业务的条件。二是审核纳税人带料加工业务的计税依据是否正确。对纳税人当期或最近时期的同类金银首饰销售价格的有关资料或"主营业务收入——加工收入"明细账和委托加工合同进行检查，审核纳税人使用的计税价格或计算的组成计税价格是否正确。

（3）用于馈赠、赞助、集资、广告、样品、职工福利、奖励等方面的审核。主要审核：一是审核纳税人的"库存商品"等明细账户的贷方发生额，并与"应付职工薪酬""营业外支出""应付福利费""管理费用""营业费用"等明细账核对，审核纳税人用于馈赠、赞助、职工福利等方面的金银首饰是否按规定申报缴纳消费税。二是审核纳税人当期或最近时期的同类金银价格的有关资料或"生产成本"明细账，审核纳税人使用的计税价格或计算的组成计税价格是否正确。

（4）成套销售的审核。主要审核要点：一是询问企业有关人员有无成套金银首饰业务，并深入到金银首饰专柜查看和了解有无成套销售金银首饰的样品及情况。二是审核纳税人"主营业务收入"明细账及有关会计凭证，并与金银首饰销售发票核对，审核纳税人若有成套销售金银首饰业务的，是否按规定申报缴纳消费税，有无分解销售收入少申报缴纳消费税的情况。

## 二、适用税目、税率、纳税环节的审核

### （一）适用税目、税率的审核要点

由于消费税并不是对所有的产品征税，其征税范围具有选择性，而且实行多档税率，不

同产品税负不同，因此税务师应掌握消费税的征税范围，审核纳税人生产的产品是否应征收消费税，税目、税率是否按现行税法规定执行。

1. 审核纳税人生产消费税税率已发生变化的应税消费品其应纳消费税是否按税法规定的时间执行。从 2014 年 12 月 1 日起，取消 250 毫升（不含）以下小排量摩托车、汽车轮胎、酒精征收消费税；从 2016 年 10 月 1 日起，取消对普通美容、修饰类化妆品征收消费税，并将"化妆品"税目名称更名为"高档化妆品"，税率调整为 15%。

2. 审核纳税人兼营不同税率的应税消费品是否分别核算不同税率应税消费品的销售额、销售数量，未分别核算销售额、销售数量，或者将不同税率应税消费品组成成套消费品销售的，是否从高适用税率。税务师的审核要点：一是了解纳税人生产等基本情况，掌握纳税人生产、销售的应税消费品的品种、牌号，准确划分各征税对象及适用的消费税税率；二是了解纳税人销售的基本情况，掌握纳税人有无将不同税率的应税消费品组成成套消费品销售的经济业务；三是审核纳税人的"主营业务收入"明细账，并与有关的会计凭证核对，审核纳税人是否将组成成套消费品销售的不同税率的应税消费品分别核算，分别适用税率计算纳税或者从低适用税率计算纳税。

## （二）纳税环节审核要点

1. 审核"税金及附加""应交税费——应交消费税""生产成本""库存商品"等明细账，确认纳税人生产的应税消费品是否于销售时纳税。对于自产自用的应税消费品，用于连续生产应税消费品的，不纳税；用于其他方面的，是否已于移送使用时纳税。

2. 审核"委托加工物资""应交税费——应交消费税"等明细账，确认委托加工收回的应税消费品，是否已由受托方在向委托方交货时代收代缴税款。

3. 将纳税人"应付账款""预收账款""库存商品""分期收款发出商品"等明细账与有关会计凭证和产品销售合同相核对，审核有无已实现的销售收入不记入"主营业务收入"账户的情况。

【学习思考】

1. 增值税纳税申报的方式有哪些？如何办理？

2. 增值税一般纳税人纳税申报报什么资料？

3. 何谓增值税专用发票认证？有哪些认证方式？如何变革？

4. 增值税扣税凭证有哪些？是如何规定的？

5. 税务师怎样审核营改增试点中的预缴税款？

【能力训练】

2016 年 11 月，税务师受托对乙卷烟厂纳税情况进行审核，发现当期甲卷烟厂交给乙卷烟厂烟叶 10 吨（每吨成本 600 元）委托加工成烟丝，乙卷烟厂在加工过程中代垫辅助材料实际成本为 1 000 元，加工费为 3 500 元，双方协议中规定不考虑代垫辅料的费用。因乙卷烟厂无同类烟丝销售价格（不考虑从量计税因素），代收代缴消费税时作如下处理：

组成计税价格 = （材料成本 + 加工费）÷ （1 - 消费税税率）

$$= （600 \times 10 + 3\,500）÷ （1 - 30\%） = 13\,571.43 （元）$$

应代收代缴消费税 = $13\,571.43 \times 30\% = 4\,071.43$ （元）

乙卷烟厂在甲卷烟厂提取烟丝时，收取加工费、增值税的同时代收代缴消费税，账务处理如下：

借：银行存款 9 166.43

　　贷：主营业务收入 3 500

　　　　应交税费——应交增值税（销项税额） 595

　　　　　　——应交消费税（代收代缴） 4 071.43

　　　　原材料——辅助材料 1 000

要求：

（1）分别指出上述处理对企业相关增值税、消费税的影响。

（2）作出相应的涉税调账分录。

# 第七章

# 所得税申报代理与审核

【本章导读】

所得税是对自然人和法人取得的净收入征税。税务师代理企业所得税纳税申报与审核，重点在于依据税法的标准确认和调整委托人的收入、成本、费用、损失和税金；代理个人所得税纳税申报与审核，重点在于依据税法标准区分委托人的不同类别所得进行分项或汇总，并核定应纳税额的准确性。通过本章的学习，要求学生熟悉代理企业所得税、个人所得税纳税申报与审核的操作规范和具体内容，掌握代理填制企业所得税、个人所得税纳税申报表的方法。

## 第一节　企业所得税申报代理

企业所得税适用面广，税前扣除项目的计算和报表填报内容繁杂。税务师必须在指导企业正确核算会计所得的前提下，按照《企业所得税法》和税收征收管理的有关规定，将其会计所得调整为应税所得后，再计算填报企业所得税申报表及其附表。

### 一、企业所得税的计算方法

企业所得税基本计算公式为：

应纳所得税额 = 应纳税所得额 × 税率 - 减免税额 - 抵免税额

应纳税所得额 = 收入总额 - 不征税收入 - 免税收入 - 各项扣除 - 允许弥补的以前年度亏损

### （一）应纳税所得额的计算

1. 企业以货币形式和非货币形式从各种来源取得的收入，为收入总额。包括：销售货物收入；提供劳务收入；转让财产收入；股息、红利等权益性投资收益；利息收入；租金收入；特许权使用费收入；接受捐赠收入；其他收入。

2. 收入总额中的不征税收入包括：财政拨款；依法收取并纳入财政管理的行政事业性

收费、政府性基金；国务院规定的其他不征税收入。

3. 企业的免税收入包括：国债利息收入；符合条件的居民企业之间的股息、红利等权益性投资收益；在中国境内设立机构、场所的非居民企业从居民企业取得与该机构、场所有实际联系的股息、红利等权益性投资收益；符合条件的非营利组织的收入。

4. 各项扣除，企业实际发生的与取得收入有关的、合理的支出，包括成本、费用、税金、损失和其他支出，准予在计算应纳税所得额时扣除。

（1）成本，是指企业在生产经营活动中发生的销售成本、销货成本、业务支出以及其他耗费。

（2）费用，是指企业在生产经营活动中发生的销售费用、管理费用和财务费用。

（3）税金，是指企业实际发生的除企业所得税、允许抵扣的增值税和雇主为雇员负担不符合规定的个人所得税以外的各项税金及附加。

（4）损失，是指企业在生产经营活动中发生的固定资产和存货的盘亏、毁损、报废损失，转让财产损失，呆账损失，坏账损失，自然灾害等不可抗力因素造成的损失以及其他损失。

（5）其他支出，是指除成本、费用、税金、损失外，企业在生产经营活动中发生的与生产经营活动有关的、合理的支出。

5. 亏损，是指企业依照《企业所得税法》及其实施条例的规定将每一纳税年度的收入总额减除不征税收入、免税收入和各项扣除后小于零的数额。

## （二）境外所得抵免税额的计算

居民企业来源于中国境外的应税所得，非居民企业在中国境内设立机构、场所，取得发生在中国境外但与该机构、场所有实际联系的应税所得，已在境外缴纳的所得税税额，可以从其当期应纳税额中抵免。抵免限额为该项所得依照《企业所得税法》规定计算的应纳税额；超过抵免限额的部分，可以在以后5个年度内，用每年度抵免限额抵免当年应抵税额后的余额进行抵补。

居民企业从其直接或者间接控制的外国企业分得的来源于中国境外的股息、红利等权益性投资收益，外国企业在境外实际缴纳的所得税税额中属于该项所得负担的部分，可以作为该居民企业的可抵免境外所得税税额，在企业所得税法规定的抵免限额内抵免。

## 【同步案例7-1】

某工业企业2016年损益类有关账户数据如下：主营业务收入500万元，主营业务成本400万元，其他业务收入20万元，其他业务成本6万元，营业税金及附加1.2万元，销售费用17万元，其中广告费、业务宣传费用15万元（2016年未抵扣完的广告费、业务宣传费25万元）。管理费用30万元，其中业务招待费2万元，新产品研究开发费10万元。财务费用2.2万元（其中利息收入3万元，向银行借款100万元，支付利息5万元，手续费支出

2 000元），营业外收入——处置固定资产净收益5万元，营业外支出10万元，其中通过市民政局向地震灾区捐赠现金5万元。投资收益——国债利息收入5万元。

准予扣除的成本费用中包括全年的工资费用200万元，企业全年平均从业人数30人；实际发生职工福利费支出30万元，职工教育经费支出5.5万元；工会经费4万元（已取得工会组织开具的工会经费拨缴款专用收据）；折旧费20万元（其中2016年以前购置的设备按5%保留残值，并按税法规定的年限计提各类固定资产的折旧；2016年6月购置汽车1辆，原值20万元，计算机5台，原值2.5万元，均按5%保留残值，折旧年限3年计算）。

请计算该企业2016年度应缴企业所得税。

根据企业所得税申报表要求，企业应按会计核算要求填列申报表的第一部分，利润总额为 $500 + 20 - (400 + 6) - 1.2 - 17 - 30 - 2.2 + 5 - 10 + 5 = 63.6$ 万元。

纳税调整增加额包括如下内容：

1. 收入类调整项目。国债利息收入属于免税收入，应调减应纳税所得额5万元。

2. 扣除类调整项目。

（1）职工福利费账面发生额30万元，允许税前扣除的金额为 $200 \times 0.14 = 28$ 万元，超过允许税前扣除的金额为2万元，应调增应纳税所得额2万元。

（2）职工教育经费账载金额5.5万元，允许税前扣除的金额为 $200 \times 0.025 = 5$ 万元，应调增应纳税所得额0.5万元。

（3）工会经费账载金额4万元，未超过允许税前扣除的金额 $200 \times 0.02 = 4$ 万元。

（4）业务招待费账载金额2万元，发生额的60%为1.2万元，销售营业收入的5‰为 $(500 + 20) \times 0.005 = 2.6$ 万元，允许税前扣除的金额应为1.2万元，调增应纳税所得额0.8万元。

（5）广告费和业务宣传费支出，允许在当年企业所得税前扣除的限额为 $(500 + 20) \times 0.15 = 78$ 万元，2013年未抵扣完的广告费、业务宣传费25万元可以抵扣，调减应纳税所得额25万元。

（6）公益性捐赠支出，5万元现金支出未超过 $63.6 \times 12\% = 7.632$ 万元的扣除限额，故允许在税前全额扣除。

（7）利息支出，企业向金融机构借款的利息支出，准予税前全额扣除。

（8）加计扣除，新产品研发费用允许加计扣除为 $10 \times 0.5 = 5$ 万元。

3. 资产类调整项目。对于固定资产折旧，该企业2013年购置汽车的折旧年限与税法不一致，应调增应税所得额为 $[20 \times (1 - 5\%)/36 \times 6] - [20 \times (1 - 5\%)/48 \times 6] = 0.7917$ 万元。

纳税调整增加额 $= 2 + 0.5 + 0.8 + 0.7917 = 4.0917$（万元）

纳税调整减少额 $= 5 + 25 + 5 = 35$（万元）

2016年应纳税所得额 $= 63.6 + 4.0917 - 35 = 32.6917$（万元）

2016年应纳企业所得税额 $= 326\ 917 \times 0.25 = 81\ 729.25$（元）

## 二、代理企业所得税季度纳税申报操作规范

根据税法规定，税务师应替纳税人在月份或者季度终了后15日内报送申报表及月份或者季度财务报表，履行月份或者季度纳税申报手续。自2015年7月1日起，国家税务总局修订的《中华人民共和国企业所得税月（季）度预缴纳税申报表（A类，2015年版）》（表7-1）、《中华人民共和国企业所得税月（季）度和年度纳税申报表（B类，2015年版）》（表7-2）、《中华人民共和国企业所得税汇总纳税分支机构所得税分配表（2015年版）》开始施行，具体规定为：

《中华人民共和国企业所得税月（季）度预缴纳税申报表（A类，2015年版）》适用于实行查账征收企业所得税的居民企业；《中华人民共和国企业所得税月（季）度和年度纳税申报表（B类，2015年版）》适用于实行核定征收企业所得税的居民企业。

跨地区经营汇总纳税企业的分支机构，使用《中华人民共和国企业所得税月（季）度预缴纳税申报表（A类，2015年版）》进行年度企业所得税汇算清缴申报。

【相关链接】

关于发布《中华人民共和国企业所得税月（季）度预缴纳税申报表（2015年版）等报表》的公告

http：//www.chinatax.gov.cn/n810341/n810755/c1607341/content.html

**表7-1 中华人民共和国企业所得税月（季）度预缴纳税申报表**
**（A类，2015年版）**

税款所属期间： 年 月 日至 年 月 日
纳税人识别号：□□□□□□□□□□□□□□□
纳税人名称： 金额单位：人民币元（列至角分）

| 行次 | 项 目 | 本期金额 | 累计金额 |
|---|---|---|---|
| 1 | 一、按照实际利润额预缴 | | |
| 2 | 营业收入 | | |
| 3 | 营业成本 | | |
| 4 | 利润总额 | | |
| 5 | 加：特定业务计算的应纳税所得额 | | |
| 6 | 减：不征税收入和税基减免应纳税所得额（请填附表1） | | |
| 7 | 固定资产加速折旧（扣除）调减额（请填附表2） | | |
| 8 | 弥补以前年度亏损 | | |
| 9 | 实际利润额（4行+5行-6行-7行-8行） | | |
| 10 | 税率（25%） | | |

| 行次 | 项 目 | 本期金额 | 累计金额 |
|---|---|---|---|
| 11 | 应纳所得税额（9行×10行） | | |
| 12 | 减：减免所得税额（请填附表3） | | |
| 13 | 实际已预缴所得税额 | — | |
| 14 | 特定业务预缴（征）所得税额 | | |
| 15 | 应补（退）所得税额（11行−12行−13行−14行） | — | |
| 16 | 减：以前年度多缴在本期抵缴所得税额 | | |
| 17 | 本月（季）实际应补（退）所得税额 | — | |
| 18 | 二、按照上一纳税年度应纳税所得额平均额预缴 | | |
| 19 | 上一纳税年度应纳税所得额 | — | |
| 20 | 本月（季）应纳税所得额（19行×1/4或1/12） | | |
| 21 | 税率（25%） | | |
| 22 | 本月（季）应纳所得税额（20行×21行） | | |
| 23 | 减：减免所得税额（请填附表3） | | |
| 24 | 本月（季）实际应纳所得税额（22行−23行） | | |
| 25 | 三、按照税务机关确定的其他方法预缴 | | |
| 26 | 本月（季）税务机关确定的预缴所得税额 | | |
| 27 | 总分机构纳税人 | | |
| 28 | 总机构 总机构分摊所得税额（15行或24行或26行×总机构分摊预缴比例） | | |
| 29 | 财政集中分配所得税额 | | |
| 30 | 分支机构分摊所得税额（15行或24行或26行×分支机构分摊比例） | | |
| 31 | 其中：总机构独立生产经营部门应分摊所得税额 | | |
| 32 | 分支机构 分配比例 | | |
| 33 | 分配所得税额 | | |
| 是否属于小型微利企业 | 是 □ | | 否 □ |

谨声明：此纳税申报表是根据《中华人民共和国企业所得税法》《中华人民共和国企业所得税法实施条例》和国家有关税收规定填报的，是真实的、可靠的、完整的。

法定代表人（签字）： 年 月 日

| 纳税人公章：<br>会计主管：<br><br>填表日期： 年 月 日 | 代理申报中介机构公章：<br>经办人：<br>经办人执业证件号码：<br>代理申报日期： 年 月 日 | 主管税务机关受理专用章：<br>受理人：<br><br>受理日期： 年 月 日 |
|---|---|---|

填报说明详见链接材料。

表7-2　　　中华人民共和国企业所得税月（季）度和年度纳税申报表
（B类，2015年版）

税款所属期间：　　　年　月　日至　　年　月　日
纳税人识别号：☐☐☐☐☐☐☐☐☐☐☐☐☐☐☐☐☐☐
纳税人名称：　　　　　　　　　　　　　　　　金额单位：人民币元（列至角分）

| 项　目 | | | 行次 | 累计金额 |
|---|---|---|---|---|
| 一、以下由按应税所得率计算应纳所得税额的企业填报 | | | | |
| 应纳税所得额的计算 | 按收入总额核定应纳税所得额 | 收入总额 | 1 | |
| | | 减：不征税收入 | 2 | |
| | | 　　免税收入 | 3 | |
| | | 其中：国债利息收入 | 4 | |
| | | 　　地方政府债券利息收入 | 5 | |
| | | 　　符合条件居民企业之间股息红利等权益性收益 | 6 | |
| | | 　　符合条件的非营利组织收入 | 7 | |
| | | 　　其他免税收入： | 8 | |
| | | 应税收入额（1行-2行-3行） | 9 | |
| | | 税务机关核定的应税所得率（％） | 10 | |
| | | 应纳税所得额（9行×10行） | 11 | |
| | 按成本费用核定应纳税所得额 | 成本费用总额 | 12 | |
| | | 税务机关核定的应税所得率（％） | 13 | |
| | | 应纳税所得额[12行÷（100%-13行）×13行] | 14 | |
| 应纳所得税额的计算 | | 税率（25%） | 15 | |
| | | 应纳所得税额（11行×15行或14行×15行） | 16 | |
| 应补（退）所得税额的计算 | | 减：符合条件的小型微利企业减免所得税额 | 17 | |
| | | 其中：减半征税 | 18 | |
| | | 已预缴所得税额 | 19 | |
| | | 应补（退）所得税额（16行-17行-19行） | 20 | |
| 二、以下由税务机关核定应纳所得税额的企业填报 | | | | |
| 税务机关核定应纳所得税额 | | | 21 | |
| 预缴申报时填报 | 是否属于小型微利企业：　　　　　是☐　　　　　否☐ | | | |
| 年度申报时填报 | 所属行业： | 从业人数： | | |
| | 资产总额： | 国家限制和禁止行业：　是☐　　否☐ | | |

续表

| | | |
|---|---|---|
| 谨声明：此纳税申报表是根据《中华人民共和国企业所得税法》《中华人民共和国企业所得税法实施条例》和国家有关税收规定填报的，是真实的、可靠的、完整的。 | | |
| 法定代表人（签字）： 年 月 日 | | |
| 纳税人公章：<br>会计主管：<br>填表日期： 年 月 日 | 代理申报中介机构公章：<br>经办人：<br>经办人执业证件号码：<br>代理申报日期： 年 月 日 | 主管税务机关受理专用章：<br>受理人：<br>受理日期： 年 月 日 |

填报说明详见链接材料。　　　　　　　　　　　　　　　　　国家税务总局监制

## 【延伸阅读】

为什么要修订企业所得税月（季）度预缴纳税申报表

关于《国家税务总局关于发布〈中华人民共和国企业所得税月（季）度预缴纳税申报表（2015年版）〉等报表的公告》的解读

http://www.chinatax.gov.cn/n810341/n810760/c1607376/content.html

## 三、代理企业年度申报表操作规范

年度终了后5个月内向其所在地主管税务机关报送《企业所得税年度纳税申报表》和税务机关要求报送的其他有关资料，办理结清税款手续。

1. 核查收入核算账户和主要的原始凭证，计算当期生产经营收入、财产转让收入、股息收入等各项应税收入。

2. 核查成本核算账户和主要的原始凭证，根据行业会计核算制度，确定当期产品销售成本或营业成本。

3. 核查主要的期间费用账户和原始凭证，确定当期实际支出的销售费用、管理费用和财务费用。

4. 核查税金核算账户，确定税前应扣除的税金总额。

5. 核查损失核算账户，计算资产损失、投资损失和其他损失。

6. 核查营业外收支账户及主要原始凭证，计算营业外收支净额。

7. 经过上述六个步骤的操作，税务师可据此计算出企业当期收入总额、不征税收入和免税收入额，再按税法规定核查允许的各项扣除及允许弥补的以前年度亏损，计算当期应税所得额。

8. 根据企业适用的所得税税率，计算应纳所得税额。

## 【相关链接】

关于发布《中华人民共和国企业所得税年度纳税申报表（A类，2014年版)》的公告

http：//www. chinatax. gov. cn/n810341/n810765/n812141/n812227/c1486179/content. html；

关于修改企业所得税年度纳税申报表（A 类，2014 年版）部分申报表的公告

http：//www. chinatax. gov. cn/n810341/n810755/c1998929/content. html

企业所得税年度纳税申报鉴证业务规则（试行）

http：//www. cctaa. cn/zczd/zygz/ssjzl/2017 - 02 - 07/CCON17900000016027. html

企业所得税年度纳税申报准备咨询业务规则（试行）

http：//www. cctaa. cn/zczd/zygz/ssfwl/2017 - 02 - 07/CCON17900000016034. html

【延伸阅读】

修订企业所得税年度纳税申报表的背景及修订后申报表的主要特点

关于发布《企业所得税年度纳税申报表》公告的解读

http：//www. chinatax. gov. cn/n810341/n810760/c1311746/content. html；

关于修改企业所得税年度纳税申报表（A 类，2014 年版）部分申报表公告的政策解读

http：//www. chinatax. gov. cn/n810341/n810760/c1998961/content. html

# 第二节　企业所得税纳税审核

## 一、年度收入总额的审核

企业收入总额包括：主营业务收入、其他业务收入、投资收益和营业外收入。

### （一）主营业务收入的审核

1. 审核主营业务收入的入账时间。对主营业务收入确认的审核，主要采用抽查法、核对法和验算法，通常可按下列步骤实施。

（1）抽查部分收入业务的原始凭证，与主营业务收入明细账相核对，核实已实现的收入，并检查是否已经如数入账。

（2）查阅各种收入明细账，从中抽出一部分与相关的记账凭证、原始凭证互相核对，以证实所记录的收入是否均已实现并确属本期。

（3）检查企业的销售发票是否完整无缺、连续编号，核实有无涂改或"大头小尾"现象，抽取部分发票与库存商品明细账、分期收款发出商品明细账以及主营业务收入明细账相核对，检查其发出数与销售数是否一致。

（4）对于已确认并已记录入账的收入，进一步与现金日记账、应收账款明细账、预收账款明细账以及库存商品明细账相核对，以进一步确定销售数量、金额和时间是否相符。

2. 审核主营业务收入的入账金额。主营业务收入的入账金额准确与否，直接影响应纳税所得额的正确性，因此应注意审核收入金额是否真实，有无故意隐匿收入和虚增虚减销售

收入的现象。

3. 审核主营业务收入的会计处理是否正确。审核中应特别注意审核库存商品明细账的发出栏记录，检查其对应账户的正确性。对应账户为"营业费用""管理费用"等，应注意是否将产品作为馈赠礼物；对应账户为"银行存款""库存现金""应收账款"，应注意其价格是否正常，有无低估收入等情况；对应账户为"原材料"等存货类账户，应注意是否存在以物易物，互不开具销售发票，从而少计收入的情况。

4. 审核应税收入与不征税收入和免税收入的划分是否正确。根据税法规定，收入总额中的下列收入为不征税收入：①财政拨款；②依法收取并纳入财政管理的行政事业性收费、政府性基金；③国务院规定的其他不征税收入。

企业的下列收入为免税收入：①国债利息收入；②符合条件的居民企业之间的股息、红利等权益性投资收益；③在中国境内设立机构、场所的非居民企业从居民企业取得与该机构、场所有实际联系的股息、红利等权益性投资收益；④符合条件的非营利组织的收入。

审核人员要注意企业有无错将应税收入当作不征税收入或免税收入从收入总额中予以扣除，减少应纳税所得额的问题。

【相关链接】

2014 年 5 月 23 日，国家税务总局下发了《关于企业所得税应纳税所得额若干问题的公告》，对征税收入与不征税收入的情形作了进一步具体明确。

http：//www.chinatax.gov.cn/2013/n1586/n1593/n535441/n535482/c757048/content.html

## （二）其他业务收入的审核

审核其他业务收入的入账时间和入账金额是否正确，是否有漏计其他业务收入的情况，或者通过往来账少计其他业务收入。审核时，应着重审核材料销售发票和其他业务的凭证，核实其他销售收入数额，并与"其他业务收入"账户发生额进行核对，查明企业的其他销售收入是否全部入账，有无问题；审核有无将其他收入转入"其他应收款""应付职工薪酬——应付福利费""盈余公积"账户的；审核有无将其他收入隐匿或私分的。

审核其他业务收入的账务处理是否正确，是否存在将不属于其他业务收入的业务收入记入本账户的情况。审核时，可根据"其他业务收入"明细账借方或贷方发生额，调阅会计凭证核实。

## （三）投资收益的审核

投资收益是企业在对外进行股票、债券或其他投资活动中取得的收益。主要包括企业在对外投资中分得的利润、股利和债券利息，投资到期收回或者中途转让取得款项高于账面价值的差额，以及按照权益法核算的股票投资在被投资单位增加的净资产中所拥有的数额。

1. 股票投资收益的审核。股票投资，一般采用成本法和权益法进行会计处理。具体采用哪种方法，要按股票投资比例和对被投资公司的影响力而定。当公司股票投资拥有的股权能对被投资公司形成控制或不对被投资公司的经营决策有重大影响时，应采用成本法。当公司股票投资对被投资公司的经营能施加重大影响或达到共同控制时，应采用权益法。

采用"成本法"核算的企业，其审核要点包括：公司在未收回投资前，有无对"长期股权投资"账户的账面价值进行了调整；公司有无将收到的股利，不作当期投资收益处理。

采用"权益法"核算的企业，其审核要点包括：核实投资公司的投资额；通过会计师事务所或发行公司所在地税务机关，查核发售股票公司的盈利或亏损数额，对其盈利或亏损数额应取得审定单位的法定证明；审核企业是否按投资比例计算所拥有权益的增加。在审核过程中，必须对投资双方的有关资料进行核对，看是否一致。

2. 债券投资收益的审核。对债券投资收益的审核，首先，审核应计利息是否正确。在具体核算时，是否将按债券的票面利率计算的利息记入"应收利息"科目；将按债券的实际利率计算的利息记入"收资收益"科目；二者的差额记入"持有至到期投资（或可供出售金融资产）——利息调整（应计利息）"科目。有无漏记、少记或转作他用的情况。其次，审核溢价或折价摊销额的计算是否正确。再次，审核债券的转让收入与原账面金额的差额是否记入"投资收益"账户。最后，注意审查"投资收益"账户的期末余额是否转入"本年利润"账户，有无长期挂账不作本年收益处理的情况。

此外，对其他投资的审核，应注意收回其他投资时，其收回的投资与投出资金的差额，是否作了增减投资收益处理。

3. 投资收益是否及时、足额按规定记入"投资收益"科目的审核。企业在对外投资时，与被投资单位签订合同或协议规定对外投资的回报率。但是在实际中，企业出于种种原因，不按签订合同或协议的规定，未及时足额取得投资收益，未及时足额地将投资收益记入"投资收益"账户，有的将不足部分挂账在"其他应付款"账户，隐瞒收入。因此，审核时首先应通过审阅检查合同或协议及其他有关资料文件，了解被查单位某项投资所应收取收入的金额及具体时间。然后，通过向有关人员了解应收未收投资收益的原因，审阅"投资收益"及有关账户中的明细账记录内容，并将其与对应的会计凭证进行核对，确定该项投资实际收取的收益金额及收取时间，在此基础上，通过核对和进一步调查分析来查证问题。

4. 联营投资收益的审核。联营投资包括固定资产、流动资产和无形资产等投资，其收益产生于投出资产与收回资产的差额，或联营投资的分利收入。

查明企业对外投资的财产和资金，是否在国家规定的范围之内，是否按国家规定对投出资产进行了评估作价，其评估作价的真实性、正确性如何；审核联营协议所规定的利润分配办法是否符合国家规定；结合"投资收益"科目查明对外投资取得的收入是否及时入账，特别是利润分配的执行情况，有无已分配的利润不收回，长期挂在被投资单位账上，或有部分收回，部分不收回的现象；还要注意有无列入其他科目不如实反映投资收益的情况。应注意在收回投资时，其收回的投资与投出资金数额的差额，是否按规定计入了投资收益。对上述问题可以审阅"长期股权投资""投资收益"有关明细账及"银行存款"日记账记录，对照有关会计凭证、投资协议，必要时向被投资企业调查以发现问题的线索。

5. 对外投资收回或转让收益的审核。企业对外投资到期收回或中途转让对外投资的实收款项与投出时的账面净值之间的差额，应计入投资收益；按规定应缴纳增值税的股票买卖等投资的收益，在纳税后并入投资收益；如果以分享产品抵作投资分利，应按分享产品的同类商品市价或其销售收入计入投资收益。

在实际中存在着未按上述规定和要求进行投资收益处理的问题，主要表现为：企业将中途转让对外投资的实收款项与投出时的账面净值之间的差额，计入了营业外收入或营业外支出；按规定应缴纳营业税的股票买卖等投资的收益未纳税或未将纳税后的收益计入投资收益；以分享产品抵作投资分利的，所确定产品的价格过低或过高，造成多计或少计投资收益，从而调节当期盈利水平的高低。

对上述问题，审核人员通过审阅"投资收益"账户下有关明细账，并与有关会计凭证记录内容相核对可以发现线索或疑点，然后通过进一步审核有关会计资料，调查询问有关单位或个人，分析研究有关情况来查证落实问题。

另外，有些有价证券的转让、出售，其市价收入可能与原购入成本不一致，从而产生证券出售损益。审核人员可核查投资账户的购入成本资料和经纪人出售通知单，确定证券出售损益计算是否正确，是否按有关会计原则处理，有无漏记情况。审核人员可以通过查阅"长期股权投资""投资收益"等明细账，核对有关会计凭证并对有关结果进行复核，了解被查企业是否存在上述问题。

6. 企业取得的债券利息以及股利的审核。应注意审核是否按规定及时入账，企业认购溢价发行在一年以内不得变现或不准备变现的债券，是否按规定于每期结账时，按规定数额列入投资收益，企业认购折价发行的债券，是否也按规定处理；债券到期时，是否按规定数额计入投资收益。审核时，应重点审阅"投资收益""长期股权投资""其他应收款""银行存款"等账户，必要时可追踪查阅会计凭证以揭示其存在的问题。

## （四）营业外收入的审核

营业外收入是指企业发生与生产经营没有直接联系的收入。作为营业外收入，不属于经营性收入，不缴纳营业税金，直接构成利润总额的组成部分。营业外收入包括固定资产盘盈、处理固定资产净收益、罚款收入、确实无法支付而应转作营业外收入的应付款项、教育费附加返还款等。对营业外收入审核的主要内容和方法：审核应属于营业外收入的项目，有无不及时转账，长期挂"其他应付款""应付账款"账户的。有些企业将应反映在营业外收入中的各种收入通过各种方式反映在"应付账款""应付职工薪酬""其他应付款"等账户中或作为账外"小金库"。

对上述问题的审核应从以下两个方面入手：（1）检查"银行存款"日记账及"现金"日记账的记录，从摘要记录及对方科目中发现线索；（2）有重点地检查"应付账款""应付职工薪酬""其他应付款"等明细账记录，必要时检查有关的记账凭证和原始凭证，了解其会计处理是否符合实际业务情况。

审核有无将营业外收入直接转入企业税后利润，甚至做账外处理或直接抵付非法支出的情况。在审核时应注意从账户的对应关系中，审核有无异常的转账凭证。从生产费用各账户贷方检查企业是否把营业外收入直接冲减费用额；从"盈余公积"贷方发生额检查有无将营业外收入列入税后利润；从"待处理财产损溢——待处理固定资产损溢"账户借方，审核固定资产盘盈是否转入"营业外收入"账户；从"固定资产清理"账户审核出售固定资产净收益是否作为"营业外收入"入账，若发现问题，应认真查阅有关会计凭证，进而追查，弄清问题真相，凡属于营业外收入，均应调增应纳税所得额（按新《企业会计准则》规定，固定资产盘盈作前期差错处理，直接记入"以前年度损益调整"账户）。

## 二、税前准予扣除项目和标准的审核

### （一）主营业务成本的审核

主营业务成本是企业在一定时期内（如一个纳税年度）已实现销售的产品制造成本，它是用已销产品数量乘以单位制造成本计算出来的。

由于单位制造成本是依据库存商品成本确定，而库存商品来源是生产车间转来的完工产品，其成本与生产过程所发生的各项费用（材料、人工和制造费用）密切相关。因此，对主营业务成本的审核应包括：材料费用的审核；工资及三项费用的审核；制造费用的审核；产品制造成本的审核；主营业务成本的审核。

1. 材料费用的审核。

（1）直接材料费用的审核。审核材料收发领退的各种原始凭证是否完整、内容是否真实齐全，材料收入的计价是否正确，是否符合财务会计制度规定，有无没有原始凭证估计耗料，或平时不开领料单，月末一次估计耗料数量，增加生产成本的；企业有无将购进材料直接记入生产费用账户，多计材料消耗的；有无以领代耗，对生产已领未用材料月末不办理退料或假退料手续，加大当月生产成本的；有无将生产经营过程中回收的有利用价值的各种边角余料、下脚料不作价入账，长期留在账外，不冲减生产成本的；有无不按规定的方法计算发出材料单价（按实际成本时）、材料成本差异率和发出材料应负担差异额（按计划成本时），随意多计材料成本或多（少）转材料成本差异的；有无把非生产部门领用的材料计入生产成本等。

直接材料成本的审核一般应从审阅材料和生产成本明细账入手，抽查有关的费用凭证，验证企业产品直接耗用材料的数量，计价和材料费用分配是否真实合理。

（2）低值易耗品的审核。核查企业有无将属于固定资产的生产资料按照低值易耗品处理，增加当期成本的问题：低值易耗品摊销采用"一次摊销法"的，应注意有无以购代耗的问题；对采用"分期摊销法"的，应核查有无缩短摊销期限、提高摊销额、加速摊销的问题；采用"五五摊销法"的，应注意有无将未用的低值易耗品摊入当期成本的问题。

低值易耗品残值收入的审核应根据领用部门填写的"低值易耗品报废单"核查使用期限、残值估价是否合理，报废的低值易耗品收回残料作价是否冲销已摊销价值，有无留在账外不入账或挂往来账的问题。

（3）包装物的审核。包装物出租收入的核查。根据"周转材料——包装物——出租包装物"明细账借方发生额，查明包装物出租的时间和租金收入，与其他业务收入贷方发生额相核对，审核企业有无将租金收入长期挂往来账的情况。

逾期包装物押金收入的核查。根据"周转材料——包装物——出租包装物"和"周转材料——包装物——出借包装物"明细账的借方发生额，查明包装物出租、出借时间和期限，通过审核"其他应付款——存入保证金""营业外收入"账户，收取包装物押金时开具的收款发票存根联等，审核有无逾期押金长期未清理，隐瞒租金收入的问题。

（4）材料盘盈、盘亏的审核。审核"待处理财产损溢——待处理流动资产损溢"明细账，与材料盘点表相核对，核实申报的材料盘盈、盘亏数量是否相符，审查有无擅自将盘亏转账处理、盘盈长时间挂账不作处理的问题。

2. 工资及"三项费用"的审核。工资是企业根据职工的劳动数量和质量以货币形式支付给职工个人的劳动报酬。"三项费用"是指按工资总额一定比例提取的职工福利费、职工工会经费和职工教育经费。工资及"三项费用"数量的多少，直接影响到产品成本的大小和企业经营成果，从而最终影响企业纳税额，所以对工资及"三项费用"的审核十分必要。

（1）审核纳税人实际支出的工资总额是否符合税法规定，有无将非工资性的支出列入工资总额。对这部分内容的审核，应以"工资结算单"和有关的记账凭证为依据，逐笔对工资结算凭证上的项目进行核算，不属于工资总额的内容核对一下记账凭证的会计分录，看是否将不属于工资总额的内容记入"应付职工薪酬"科目，从而计入成本费用中。例如，纳税人有无将应由"管理费用"列支的离退休职工工资及6个月以上病假人员工资计入生产成本；有无将在建工程、固定资产安装、清理等发生的工资计入生产成本；有无接受外部劳务派遣用工混淆费用支出问题，将不属于工资性的劳务费误作为工资薪金支出，扩大"三项费用"计算基数；有无将不属于本企业人员的工资列入本企业的工资支出的；有无弄虚作假、重复列支工资，扩大成本、费用等情形。

对上述内容的审核，应将"应付职工薪酬"账户的每月借方发生额在月份间相互对照，看各月是否均衡，对突然偏高的月份应与本月或下月的工资结算单进行比较，找出偏高原因，必要时可结合审核"工资卡""职工花名册"或向劳动工资部门查询有关资料，从而查明是否有不属于本企业人员的工资和重复列支工资问题。

（2）工资的列支是否符合税法规定的准予税前扣除的标准和条件。《企业所得税法实施条例》第 34 条规定，企业发生的合理的工资、薪金支出，准予扣除。所称工资、薪金，是指企业每一纳税年度支付给在本企业任职或者受雇的员工的所有现金或者非现金形式的劳动报酬，包括基本工资、奖金、津贴、补贴、年终加薪、加班工资，以及与员工任职或者受雇有关的其他支出。不包括企业的职工福利费、职工教育经费、工会经费以及养老保险费、医疗保险费、失业保险费、工伤保险费、生育保险费等社会保险费和住房公积金。

属于国有性质的企业，其工资、薪金，不得超过政府有关部门给予的限定数额；超过部分，不得计入企业工资、薪金总额，也不得在计算企业应纳税所得额时扣除。

关于工资"合理性"的判断，主要包括两个方面。一是存在向"任职或雇用关系"的雇员实际提供了服务，因任职或雇用关系支付的劳动报酬应与所付出的劳动相关，这是判断工资、薪金支出合理性的主要依据。所谓任职或雇用关系，一般是指所有连续性的服务关系，提供服务的任职者或雇员的主要收入或很大部分收入来自于任职的企业，并且这种收入基本上代表了提供服务人员的劳动。二是报酬总额在数量上是合理的。任职或雇用有关的全部支出，包括现金或非现金形式的报酬。

**【延伸阅读】**

《关于企业工资薪金及职工福利费扣除问题的通知》（2009）进一步明确了合理工资、薪金认定的五项原则，具体内容包括：企业制定了较为规范的员工工资、薪金制度；企业所制定的工资、薪金制度符合行业及地区水平；企业在一定时期所发放的工资、薪金是相对固定的，工资、薪金的调整是有序进行的；企业对实际发放的工资、薪金，已依法履行了代扣代缴个人所得税的义务；有关工资、薪金的安排，不以减少或逃避税款为目的。

以上五项指导性原则，具体操作由各地税务机关根据当地的社会与经济发展水平和不同企业的情况区别把握、合理裁量。

企业实际支付的工资、薪金总额也是计算税法规定的职工福利费、职工教育经费、工会经费以及其他相关指标税前扣除限额的基本依据。企业应当通过"应付工资"或者"应付职工薪酬——工资"科目对工资、薪金总额进行单独核算。不合理的工资、薪金即使实际发放也不得扣除。超标准列支的工资、薪金本身不得在税前扣除，也不能将其作为计算职工福利费、职工教育经费、工会经费等税前扣除限额的依据。

（3）"三项费用"的审核。《企业所得税法实施条例》第 40 条规定，企业发生的职工福利费支出，不超过工资、薪金总额 14% 的部分，准予扣除。企业发生的职工福利费，应该单独设置账册，进行准确核算。没有单独设置账册准确核算的，税务机关应责令企业在规定的期限内进行改正。逾期仍未改正的，税务机关可对企业发生的职工福利费进行合理的核定。

企业实际发生的职工工会经费支出，在职工工资、薪金总额 2%（含）内的，准予税前扣除。

除国务院另有规定外，企业实际发生的职工教育经费支出，在职工工资总额 2.5%

（含）以内的，准予据实扣除①。软件生产企业和集成电路设计企业发生的职工教育经费中的职工培训费用，可以全额在企业所得税前扣除；文化创意和设计服务企业发生的职工教育经费支出，不超过工资薪金总额8%的部分，准予在计算应纳税所得额时扣除；自2014年1月1日起至2018年12月31日止，在北京、天津、上海、重庆、大连、深圳、广州、武汉、哈尔滨、成都、南京、西安、济南、杭州、合肥、南昌、长沙、大庆、苏州、无锡、厦门等21个中国服务外包示范城市经认定的技术先进型服务企业，发生的职工教育经费支出，不超过工资薪金总额8%的部分，准予在计算应纳税所得额时扣除；超过的部分，准予在以后纳税年度结转扣除。

企业在计算企业所得税时，应按税法规定如实列支工资及"三项费用"，看是否有超过标准列支"三项费用"的问题，若有，应作为纳税调整项目，不允许税前扣除。

【延伸阅读】

## 企业职工福利费的列支范围

《关于企业工资薪金及职工福利费扣除问题的通知》明确企业职工福利费应包括以下内容：（1）尚未实行分离办社会职能的企业，其内设福利部门所发生的设备、设施和人员费用，包括职工食堂、职工浴室、理发室、医务所、托儿所、疗养院等集体福利部门的设备、设施及维修保养费用和福利部门工作人员的工资、薪金、社会保险费、住房公积金、劳务费等；（2）为职工卫生保健、生活、住房、交通等所发放的各项补贴和非货币性福利，包括企业向职工发放的因公外地就医费用、未实行医疗统筹企业职工医疗费用、职工供养直系亲属医疗补贴、供暖费补贴、职工防暑降温费、职工困难补贴、救济费、职工食堂经费补贴、职工交通补贴等；（3）按照其他规定发生的其他职工福利费，包括丧葬补助费、抚恤费、安家费、探亲假路费等。

下列费用不属于职工福利费的开支范围：退休职工的费用；被辞退职工的补偿金；职工劳动保护费；职工在病假、生育假、探亲假期间领取到的补助；职工的学习费；职工的伙食补助费（包括职工在企业的午餐补助和出差期间的伙食补助）等。

需要注意的是，《关于企业加强职工福利费财务管理的通知》和《关于企业工资薪金及职工福利费扣除问题的通知》对职工福利费的规定有差异，按税法规定，企业会计核算可以按会计制度规定进行，但纳税申报时，必须按税法规定进行纳税调整。审核时注意企业是否将两者差异进行反映。

【相关链接】

《关于企业加强职工福利费财务管理的通知》（2009）

http://zcgls. mof. gov. cn/zhengwuxinxi/zhengcefabu/200911/t20091124_235827. html

---

① 根据2018年4月25日国务院常务会议决定，将一般企业的职工教育经费税前扣除限额与高新技术企业的限额统一，从2.5%提高至8%。

3. 制造费用的审核。制造费用是指企业为生产产品（或提供劳务）而发生的各项间接费用，应该计入产品制造成本。

（1）审核制造费用列支范围是否正确。有无将不属于制造费用的支出列作制造费用，如将在建工程的人工费，在工资费用分配时计入制造费用核算，利用这种办法，达到加大产品成本，减少当期或近期的利润，从而减少缴纳所得税的目的；有无将属于期间费用的支出列作制造费用，如车间工人外出学习的培训费，错列入制造费用；有无将不属于当月列支的费用列入当月制造费用等。

（2）审核是否有任意提高费用开支标准，加大成本的制造费用项目。如用缩短固定资产使用年限或扩大提取折旧的固定资产的范围、提高折旧率等方法，增大计入制造费用的折旧率，加大产品成本，少计利润，减缓企业应缴纳的所得税。

4. 产品制造成本的审核。产品制造成本是工业企业生产某个种类和一定数量产品所发生的各项生产费用的总和，它反映生产费用的最终归宿，是正确计算利润的基础。产品制造成本是通过对生产过程中的生产费用归集分配，并采用一定的成本计算方法计算出来的，因此对产品制造成本的真实性、正确性审核应包括生产费用归集、分配的审核和产品制造成本计算的审核。

（1）生产费用分配的审核。

①审核企业对各项费用的分配采用的分配标准是否适当，有无利用变换分配标准，人为调整各产品间应承担的费用；分配的标准与实际发生的统计数有无不相符的。对上述内容进行审核：一是收集资料，掌握企业历年来各种间接费用采用分配标准的情况，对照本年采用的分配标准是否适当；二是查清分配标准如何确定及其取得的来源；三是核实车间原始记录、统计报表数字等，审核各种费用分配表上的分配标准，是否有弄虚作假的现象。

②审核"费用分配表"的分配费用总额与该项费用账户的发生额是否相符，有无将应由下期成本承担的费用提前在本期分配的；有无将不应由产品成本负担的非生产项目的费用，计入分配额的；有无将直接费用错作间接费用分配的；有无将免税产品的费用计入分配额转嫁给应税产品的。审核时，应根据"费用分配表"与有关费用明细账及会计凭证核对，特别注意待摊费用和预提费用的摊销和预提是否符合制度规定，从费用归属项目、归属期限以及数字计算等方面加以核实，如发现不实应重新计算并编制"费用分配表"，然后同原"费用分配表"比较，其差额从生产成本中剔除，转入有关项目。

③审核生产费用分配率的计算是否正确，分配给各产品的费用与应负担的生产费用是否相符。

（2）产品成本计算的审核。对产品成本的计算主要是核实完工产品的成本是否正确、真实，重点是检查本期发生的成本分配是否合理。工业企业完工产品的成本按下列公式计算：

完工产品总成本 = 期初在产品成本 + 本期发生的生产费用 − 期末在产品成本

可见，期末在产品成本计算是否正确，直接影响完工产品成本计算的正确性。

（3）在产品成本计算的审核。在产品成本核算是成本计算工作中既重要又复杂的工作，包括在产品数量的核算和在产品成本的计算。

①在产品数量的审核。首先，审核企业是否正确组织在产品的数量核算，取得在产品收、发和结存的数量资料。在产品数量的核算，应同时具备账面核算资料和实际盘点资料，可以从账面上随时掌握在产品的动态，清查在产品的实存数量，要求按车间和产品的品种及在产品的名称（如零部件的名称）设置"在产品收发结存账"。其次，根据在产品数量核算资料，注意有无估盘、漏盘的现象，多工序分步计算产品成本的企业，有无只按最后一道工序计算在产品的问题。最后，在审核时，一是认真核对"期末在产品盘存表"，将该表与"产品成本计算单"有关数字对照；二是深入车间、班组了解企业对在产品是否经过认真盘点，有无漏项。如发现盘点不实，可选择价值较大的作重点抽查或全面复查核实。

②在产品成本的审核。所谓在产品成本计算，就是采用一定的方法将全部生产费用于在产品和完工产品之间进行分配，从而确定在产品成本。企业根据在产品数量的多少，各月在产品数量变化的大小，各项费用比重的大小，以及定额管理基础的好坏等具体条件，选择既合理又较简便的分配方法将生产费用在完工产品和在产品之间进行分配。目前，常用的几种分配方法是：不计算在产品成本法；按年初数固定计算在产品成本法；在产品按所耗原材料费用计价法；约当产量比例法；在产品成本按完工产品成本计算法；在产品按定额成本计价法和定额比例法。无论选用哪种方法，都必须适合企业的生产特点和管理对成本资料的要求。

采用"原材料成本法"计算在产品的审核。由于在产品成本中原材料费用所占比重较大，在产品成本只计算原材料费用，工资及其他费用都由完工产品负担，所以，在审核时，应着重核实月初和月末在产品的原材料费用计算是否正确。

采用"约当产量法"计算在产品成本的审核。由于在产品完工程度折算是否正确，对在产品成本计算影响很大，应首先审核约当系数计算是否正确；其次根据"产品成本计算单"及"在产品盘存表"核实在产品是否包括了全部材料成本。要注意是否按成本项目分别按不同的约当系数计算在产品成本，因为原材料一般是一次性投入，各阶段的每一产品都含有相等的原材料成本，所以，不能把原材料与工资及其他费用按同一比例折合，否则就会少计在产品的原材料成本。

采用"定额成本法"计算在产品成本的审核。除了根据各工序"在产品盘存表"核实在产品数量，以及是否按定额成本资料计算外，还要注意企业各月之间在产品数量的变化差异，如果变化大，就不宜采用该法计算，因为月末在产品按定额成本计算，其实际成本脱离定额成本的差异，全部由完工产品负担。

采用"定额比例法"计算在产品成本的审核。应核实在产品分配的生产费用计算是否正确，是否存在通过调整定额人为地调节在产品、产成品成本的现象。

（4）本期产成品总成本计算的审核。本期产成品总成本是由"产品成本计算单"中期初余额加本期借方发生额减期末在产品成本构成的，由于本期期初余额也就是上期在产品期末余额。因此，审核在产品成本之后，对产品总成本的审核，只需对本期借方发生额作一般的审核核对即可。重点是审核期末剩料退库和有价值的边角余料的回收，是否冲减了当期产品的生产成本。

5. 主营业务成本的审核。主营业务成本是企业已销产品的实际制造成本，由产品销售数量乘以单位制造成本构成。对其审核的主要内容和方法是：

由于产品销售成本是由销售数量和单位制造成本构成的，所以应主要审核有无不按销售产品的数量计算和结转销售成本，造成产品销售成本不实的；有无不按加权平均法（或先进先出法、移动平均法等）计算和结转销售成本，造成多转或少转销售成本的；有无将销货退回只冲减销售收入，不冲减销售数量，不作销售退回处理的；有无不按月计算和结转销售成本应分担的产品成本差异的；有无将在建工程领用产成品，自制半成品计在产品销售成本中，而又不作销售收入的；有无不按当月实际发生额计算工业性劳务收入和结转工业性劳务成本，造成多转或少转成本的。

具体检查方法：

用"主营业务收入"明细账销售数量栏的本月销售合计，同"主营业务成本"明细账结转销售成本的数量相对照，看二者的数量是否一致，看"产品销售计算表"中计算的产品成本是否正确。

对采用"加权平均法"和"移动平均法"计价的企业，要注意审核"库存商品"明细账，看其结余栏各期库存产成品单位成本是否平衡，有无忽高忽低现象，如有较大波动，在各月生产成本比较均衡的情况下，说明在计算结转销售成本时有金额计算错误；若出现赤字现象，可能存在多转销售成本问题。

对采用计划成本进行成本核算的企业，应审核"产品成本差异"明细账，看在计算结转销售成本时，是否同时计算并结转产品成本差异，有无未按照产品的用途结转差异的问题。

此外，注意审核"主营业务收入"明细账上的销售退回是怎样计算的，对照"主营业务成本"明细账，是否相应地作冲减销售成本的处理。

## （二）期间费用及支出的审核

期间费用是指企业行政管理部门为组织和管理生产经营活动，筹集资金、组织产品销售而发生的各项费用，包括企业的管理费用、财务费用以及为销售产品和提供劳务而发生的销售费用。支出包括其他业务支出和营业外支出。

1. 管理费用的审核。

（1）固定资产折旧费的审核。

①审核内容。有无将未使用、不需用、已提足折旧、报废或经营租赁方式租入的固定资产计提折旧的；有无将当月购进和使用的固定资产当月计提折旧的。

企业固定资产会计折旧年限如果短于税法规定的最低折旧年限，其按会计折旧年限计提的折旧高于按税法规定的最低折旧年限计提的折旧部分，是否按规定作调增当期应纳税所得额处理；企业固定资产会计折旧年限已期满且已提足折旧，但税法规定的最低折旧年限尚未到期，其未足额扣除的折旧准予在剩余的税收折旧年限继续按规定扣除。

企业按会计规定提取的固定资产减值准备按规定不得税前扣除，其折旧仍按税法确定的固定资产计税基础计算扣除。

有无任意改变折旧方法或不按规定加速折旧的情况。根据《企业所得税法》第32条及《企业所得税法实施条例》第98条的规定，企业拥有并用于生产经营的主要或关键的固定资产，由于以下原因确需加速折旧的，可以缩短折旧年限或者采取加速折旧的方法：由于技术进步，产品更新换代较快的；常年处于强震动、高腐蚀状态的。企业按税法规定实行加速折旧的，其按加速折旧办法计算的折旧额可全额在税前扣除。

自2014年1月1日起，对生物药品制造业，专用设备制造业，铁路、船舶、航空航天和其他运输设备制造业，计算机、通信和其他电子设备制造业，仪器仪表制造业，信息传输、软件和信息技术服务业等六大行业的企业2014年1月1日后新购进的固定资产（包括自行建造），允许按不低于企业所得税法规定折旧年限的60%缩短折旧年限，或选择采取双倍余额递减法或年数总和法进行加速折旧。六大行业企业是指以上述行业业务为主营业务，其固定资产投入使用当年主营业务收入占企业收入总额50%（不含）以上的企业。所称收入总额，是指《企业所得税法》第6条规定的收入总额。

对上述六大行业的小型微利企业2014年1月1日后新购进的研发和生产经营共用的仪器、设备，单位价值不超过100万元的，允许一次性计入当期成本费用在计算应纳税所得额时扣除，不再分年度计算折旧；单位价值超过100万元的，允许按不低于企业所得税法规定折旧年限的60%缩短折旧年限，或选择采取双倍余额递减法或年数总和法进行加速折旧。

对所有行业企业2014年1月1日后新购进的专门用于研发的仪器、设备，单位价值不超过500万元的，允许一次性计入当期成本费用在计算应纳税所得额时扣除，不再分年度计算折旧；单位价值超过100万元的，允许按不低于企业所得税法规定折旧年限的60%缩短折旧年限，或选择采取双倍余额递减法或年数总和法进行加速折旧。

对所有行业企业持有的单位价值不超过5 000元的固定资产，允许一次性计入当期成本费用在税前扣除，不再分年度计算折旧。企业在2013年12月31日前持有的单位价值不超过5 000元的固定资产，其折余部分，2014年1月1日以后可以一次性在计算应纳税所得额时扣除。

对轻工、纺织、机械、汽车等四个领域重点行业的小型微利企业2015年1月1日后新购进的研发和生产经营共用的仪器设备，单位价值不超过100万元的，允许一次性计入当期成本费用在计算应纳所得额时扣除，不再分年度计算折旧；单位价值超过100万元的，可由企业选择缩短折旧年限或采取加速折旧的方法。

对轻工、纺织、机械、汽车等四个领域重点行业企业按规定缩短折旧年限的，最低折旧年限不得低于《企业所得税法实施条例》第60条规定折旧年限的60%；采取加速折旧方法的，可采取双倍余额递减法或者年数总和法。

②审核方法。首先，从"累计折旧"账户贷方看各月提取的折旧金额是否均衡，如发现有的月份折旧额突然增加和减少，应作进一步审核，看是否有多提和少提折旧的问题。其

次，通过"固定资产登记簿"和"固定资产折旧表"，对照审核固定资产残值和折旧年限的确定是否符合规定，折旧额计算是否正确，有无擅自改变折旧方法的。最后，审核"固定资产登记簿"和"固定资产卡片"，核实未使用、不需用、报废、已提足折旧的情况，从而审定计提折旧的范围。

（2）固定资产修理费的审核。

①审核内容。修理费用的支出是否真实，有无人为扩大修理费用，造成制造费用、管理费用不实的；采用预提办法的，有无实际发生的修理支出不冲减"预提费用"，或实际发生数小于预提数而不将差额冲减有关费用的；固定资产修理费用的列支是否合理，有无将应列入期间费用的修理费用列入了制造费用或辅助生产成本，或将应列入制造费用或辅助生产成本的修理费用列入了期间费用

②审核方法。可根据"制造费用""管理费用"账户修理费用项目的发生额与"预提费用""待摊费用""递延资产"明细账对照，结合原始凭证审核各项支出的内容是否真实，有无将应构成固定资产原值的支出作为修理费用入账，各项支出的单据是否合法有效，并归属于本期应摊销的费用；有无违反规定计提大修理基金的；年终预提修理费结余数是否抵减有关费用，跨年度修理费用有无提前摊销的。

（3）无形资产摊销的审核。

①审核内容。外购无形资产入账的价值、付款的期限与合同协议是否一致，有无虚列冒报；已作为技术转让费在费用中列支的使用非专利技术的支出，有无错按无形资产入账重复摊销；无形资产的摊销年限有无低于10年（按规定不得低于10年）。作为接受或者受让的无形资产，有关法律规定或者合同约定了使用年限的，可以按照规定或者约定的使用年限分期摊销。要审核企业的摊销期和金额是否符合规定，有无缩短摊销期扩大摊销额的。

②审核方法。根据"无形资产"账户借方发生额，结合其原始凭证，审核入账的金额是否真实，然后根据"累计摊销"账户贷方发生额审核其摊销期限和金额是否正确。

（4）开办费摊销的审核。开办费入账金额是否真实，各项费用开支是否有合法的原始凭证，各项费用的开支标准是否超过国家或本企业的有关规定，有无将应计入固定资产和无形资产购建成本的支出列入开办费的；有无将应由投资者负担的费用支出列入开办费的；有无费用计入开办费的；开办费的摊销期限及摊销账务处理是否合理、合规。

审核时，以"长期待摊费用——开办费"账户借方逐项审核其开支内容，结合记账凭证和原始凭证审核开办费的列支是否属实、合理。以"长期待摊费用——开办费"贷方与"管理费用——开办费摊销"核对，看摊销期是否正确，摊销金额是否均衡。

（5）业务招待费的审核。对业务招待费的审核，主要看列入业务招待费的支出是否真实、合理、合法，有无将请客送礼违反财经纪律的支出列入管理费用的；有无将不属于业务经营的费用或不合理的支出列入管理费用的；对超限额列支的业务招待费在计算所得额时是否作调增处理；实行销售大包干的企业是否列支了业务招待费。

审核时，首先，将"管理费用——业务招待费"明细账与有关会计凭证进行核对，审

核其支出是否合理合法；其次，审核"管理费用——其他"项目，看是否有业务招待费在此列支；同时还应查看企业销售费用明细账中是否有业务招待费列支。

【延伸阅读】

根据税法规定，企业实际发生的与经营活动有关的业务招待费，按实际发生额的60%且不超过销售（营业）收入的5‰扣除。因此，要依据企业实际发生业务招待费的40%或超过销售（营业）收入的5‰作纳税调整处理，根据《国家税务总局关于企业所得税执行中若干税务处理问题的通知》，上述销售（营业）收入额还应包括《企业所得税法实施条例》第25条规定的视同销售（营业）收入额。

（6）坏账损失的审核。对坏账损失的审核，主要看以下几点：一是在"管理费用"等科目中是否存在计提税法不予税前列支的准备金，如有，应在计算应纳税所得额时全部进行纳税调增处理；对于符合税法规定条件能够计提准备金税前扣除的，应注意计提标准是否超标。二是企业在当年实际发生的损失，在2008年度前已计提相应准备金，且尚有余额的，应先冲减相应准备金余额，不足部分才能列入当期损益，注意企业有无不冲减准备金余额而直接列支的情形。

【延伸阅读】

根据《企业所得税法实施条例》第55条，除财政部和国家税务总局核准计提的准备金可以税前扣除外，其他行业、企业计提的各项资产减值准备、风险准备等均不得税前扣除。

自2013年1月1日起，根据《财政部、国家税务总局关于保险公司准备金支出企业所得税税前扣除有关政策问题的通知》（2012）有关规定，保险企业未到期责任准备金、寿险责任准备金、长期健康险责任准备金、已发生已报告未决赔款准备金和已发生未报告未决赔款准备金应按财政部下发的企业会计有关规定计算扣除。

保险企业在计算扣除上述各项准备金时，凡未执行财政部有关会计规定仍执行中国保险监督管理委员会有关监管规定的，应将两者之间的差额调整当期应纳税所得额。

（7）技术开发费的审核。根据《国家税务总局关于印发〈企业研究开发费用税前扣除管理办法（试行）〉的通知》（2008）的规定，企业从事《国家重点支持的高新技术领域》和国家发展改革委等部门公布的《当前优先发展的高技术产业化重点领域指南（2007年度）》规定项目的研究开发活动，其在一个纳税年度中实际发生的下列费用支出，允许在计算应纳税所得额时加计扣除：①新产品设计费、新工艺规程制定费以及与研发活动直接相关的技术图书资料费、资料翻译费。②从事研发活动直接消耗的材料、燃料和动力费用。③在职直接从事研发活动人员的工资、薪金、奖金、津贴、补贴。④专门用于研发活动的仪器、设备的折旧费或租赁费。⑤专门用于研发活动的软件、专利权、非专利技术等无形资产的摊销费用。⑥专门用于中间试验和产品试制的模具、工艺装备开发及制造费。⑦勘探开发技术的现场试验费。⑧研发成果的论证、评审、验收费用。

根据《财政部、国家税务总局关于研究开发费用税前加计扣除有关政策问题的通知》

（2013）规定，自2013年1月1日起，企业从事研发活动发生的下列费用支出，可纳入税前加计扣除的研究开发费用范围：①企业依照国务院有关主管部门或者省级人民政府规定的范围和标准为在职直接从事研发活动人员缴纳的基本养老保险费、基本医疗保险费、失业保险费、工伤保险费、生育保险费和住房公积金。②专门用于研发活动的仪器、设备的运行维护、调整、检验、维修等费用。③不构成固定资产的样品、样机及一般测试手段购置费。④新药研制的临床试验费。⑤研发成果的鉴定费用。

对企业共同合作开发的项目，凡符合上述条件的，由合作各方就自身承担的研发费用分别按照规定计算加计扣除；对企业委托给外单位进行开发的研发费用，凡符合上述条件的，由委托方按照规定计算加计扣除，受托方不得再进行加计扣除。对委托开发的项目，受托方应向委托方提供该研发项目的费用支出明细情况，否则，该委托开发项目的费用支出不得实行加计扣除。

企业根据财务会计核算和研发项目的实际情况，对发生的研发费用进行收益化或资本化处理的，可按下述规定计算加计扣除：①研发费用计入当期损益未形成无形资产的，允许再按其当年研发费用实际发生额的50%，直接抵扣当年的应纳税所得额。②研发费用形成无形资产的，按照该无形资产成本的150%在税前摊销。除法律另有规定外，摊销年限不得低于10年。

法律、行政法规和国家税务总局规定不允许企业所得税前扣除的费用和支出项目，均不允许计入研究开发费用。

企业未设立专门的研发机构或企业研发机构同时承担生产经营任务的，应对研发费用和生产经营费用分开进行核算，准确、合理地计算各项研究开发费用支出，对划分不清的，不得实行加计扣除。

因此在审核时，要调阅企业开发新产品、新技术、新工艺的专项批文并证实项目的合法性。另外还应调阅原始凭证、记账凭证，以及管理费用明细账，逐一对照核实。

（8）固定资产租赁费的审核要点。根据税法规定，纳税人因生产经营需要租入固定资产所支付的租赁费可以于税前扣除。所指"租赁费用"是指以经营租赁方式租入固定资产而发生可以列入管理费用账户核算的租赁费。因此，在审核"管理费用"账户时，对其中的固定资产租赁费用明细账，首先要区分是否有将融资性租赁支出列入其中的情况。由于我国《企业会计准则》规定，对以融资租赁形式租入的固定资产应视同承租企业自有的固定资产进行管理，并按规定计提折旧计入成本，所以如果管理费用中的固定资产租赁费中计入了融资性租赁支出，企业必然扩大了当期期间费用，偷逃税款。另外，对该费用的检查，还应审核企业的实际支出是否与合同金额相符，以及记账的原始凭证是否完整。

（9）补充养老保险费、补充医疗保险费的审核。《企业所得税法实施条例》规定，企业为投资者或者职工支付的补充养老保险费、补充医疗保险费，在国务院财政、税务主管部门规定的范围和标准内，准予扣除。《财政部、国家税务总局关于补充养老保险费、补充医疗保险费有关企业所得税政策问题的通知》（2009）规定，自2008年1月1日起，企业根据国家有关政策规定，为在本企业任职或者受雇的全体员工支付的补充养老保险费、补充医疗保险费，分别在不超过职工工资总额 5% 标准内的部分，在计算应纳税所得额时准予扣除；超过的部分，不予扣除。

检查时应注意企业有没有超标准税前列支上述费用，并结合原始凭证，审核费用缴纳的真实性、合法性及合理性。

2. 销售费用的审核。注意其开支是否属于销售费用的范围，有无将应计入材料采购成本的外地运杂费、应向购货方收回的代垫费用、业务应酬费开支以及违反财经纪律的开支列入销售费用的；开支是否属实，有无虚报冒领、营私舞弊的；销售费用在产品之间的分配是否正确；企业支付的手续费及佣金支出是否符合税前扣除的标准及条件等。

审核方法：根据"营业费用"的借方发生额，对照有关凭证，审查开支是否真实、合理；根据贷方发生额审核销售费用在销售产品之间的分配及分配标准是否合理，有无将免税产品应负担的费用分配给应税产品的情形。

【延伸阅读】

根据现行税法规定，企业发生的与生产经营有关的手续费及佣金支出，不超过以下规定计算限额的部分准予扣除；超过部分，不得扣除：

保险企业：财产保险企业按当年全部保费收入扣除退保金等后余额的 15% 计算限额；人身保险企业按当年全部保费收入扣除退保金等后余额的 10% 计算限额。

其他企业：按与具有合法经营资格中介服务机构或个人（不含交易各方及其雇员、代理人和代表人等）所签订服务协议或合同确认的收入金额的 5% 计算限额。

自 2011 年 1 月 1 日起，从事代理服务、主营业务收入为手续费、佣金的企业（如证券、期货、保险代理等企业），其为取得该类收入而实际发生的营业成本（包括手续费及佣金支出），准予在企业所得税前据实扣除。

企业应与具有合法经营资格中介服务企业或个人签订代办协议或合同，并按国家有关规定支付手续费及佣金。除委托个人代理外，企业以现金等非转账方式支付的手续费及佣金不得在税前扣除。企业为发行权益性证券支付给有关证券承销机构的手续费及佣金不得在税前扣除。

企业不得将手续费及佣金支出计入回扣、业务提成、返利、进场费等费用。

企业已计入固定资产、无形资产等相关资产的手续费及佣金支出，应当通过折旧、摊销等方式分期扣除，不得在发生当期直接扣除。

企业支付的手续费及佣金不得直接冲减服务协议或合同金额，并如实入账。

企业应当如实向当地主管税务机关提供当年手续费及佣金计算分配表和其他相关资料，并依法取得合法真实凭证。

注意审核广告费和业务宣传费是否按税法规定标准在税前列支，对部分行业调高比例的，应注意是否符合规定的行业范围。

【延伸阅读】

对化妆品制造与销售、医药制造和饮料制造（不含酒类制造，下同）企业发生的广告费和业务宣传费支出，不超过当年销售（营业）收入30%的部分，准予扣除；超过部分，准予在以后纳税年度结转扣除。

烟草企业的烟草广告费和业务宣传费支出，一律不得在计算应纳税所得额时扣除。

3. 财务费用的审核。

（1）利息净支出的审核。注意企业是否将资产性利息支出作为生产经营期间的利息支出列入财务费用；列入财务费用的利息支出金额是否超出规定的准予列支标准；有无利息收入不抵减利息支出的；长期借款利息有无人为调节利润而不按期限均衡提取的；对于投资者投资未到位而发生的利息支出是否按税法规定计算出不得扣除的金额并在税前予以剔除的。

审核时，应对"财务费用"账户明细账的借方发生额，对照原始凭证逐笔进行审核，看列支的利息支出是否超范围，对集资的利息支出看是否有政府批文，计算一下金额是否正确，对不符合规定的列支金额应剔除，调增利润。通过审核"财务费用"明细账贷方，看看企业的利息收入是否在本账进行了全额反映，以借款合同或有关协议书为依据，核实生产期贷款利息的预提是否正确。

（2）汇兑损益的审核。对汇兑损益，主要审核内容是：汇兑损益的计算方法是否正确，企业是否按规定时间确定汇兑损益；所用汇率是否正确；对于从筹建期间汇兑损益转入的，其摊销方法在前后期是否保持一致，摊销金额是否正确。审核时，应对"财务费用——汇兑损益"明细账逐笔进行核实，翻阅有关原始凭证检查其核算的正确性。

4. 营业外支出的审核。

（1）审核内容。有无扩大营业外支出范围的，如将应记入"在建工程"的基建费用，应从税后利润支出的非公益性捐赠，各项罚款、滞纳金，以及违反财经纪律的支出列入营业外支出，在计税时未作剔除；有无不按规定要求支出的。如有些企业停工损失的界限混淆，将季节性和修理性停工损失列入营业外支出；公益性捐赠超过年度利润总额12%以内的部分，在计税时未作剔除；有无擅自列支固定资产净损失和非常损失的等。

（2）审核方法。

①根据"营业外支出"明细账借方发生额，对摘要栏内容逐笔审核，对金额较大、登记摘要不明的，应重点审核记账凭证和原始凭证所反映的经济内容，鉴别、分析是否应列入营业外支出。

②对一些有列支标准的项目，要审核是否符合规定的标准。

③对于一些规定有审批手续的营业外支出项目，要检查是否有报批手续。如非常损失必须根据损失金额大小，分别报送不同级次的主管税务部门进行审批，并扣除过失人和保险赔款后列入营业外支出；如对固定资产盘亏，要根据"待处理财产损溢——待处理固定资产损溢"账户，结合"固定资产明细账"看核销的盘亏固定资产是否已经查明原因，有批件，盘亏固定资产是原值还是净值，已提折旧是否冲减等；对于报废、毁损及出售的固定资产的净损失，应审核"固定资产清理"账户和固定资产明细账，看转入清理的固定资产的是净值还是原值，已提折旧是否转入，变价的价款是否冲减损失等。此外，还要对照"本年利

润"账户，看期末结转的金额是否一致。

5. 其他业务成本的审核。审核"其他业务成本"是否符合配比原则，有无少计、多计或不计成本费用的现象。

审核其成本结转的计算方法是否正确。对于材料物资出售结转成本，可采用先进先出法、加权平均法等计算其支出成本。

审核"其他业务成本"是否有余额。审核时，应依据"其他业务成本"账户的借方发生额进行，对偏高的月份进行重点审核，并审核"本年利润"账户，看其期末结转是否正确，有无余额。

### （三）税金审核要点

税金包括消费税、城市维护建设税、资源税、土地增值税等。附加是指国家为了筹集教育经费，支持教育事业的发展，按企业实际缴纳的消费税、增值税税额的一定比例计提的教育费附加。税金及附加的审核，主要从税金及附加的预提、缴纳、结算三个方面进行，看有无多提少缴或不缴的情况。

1. 预提税金及附加的审核。对预提税金及附加的审核，应在核实销售收入和适用税率的基础上，认真查阅"应交税费"账户，看贷方发生额与纳税申报表上计提的应交税费及附加是否一致，如果不一致，则要查明原因。防止将耕地占用税、税收罚款等挤入"税金及附加"账户中核算，减少本期利润。

2. 缴纳税金的审核。企业缴纳税金在"应交税费"明细账户借方反映，应审核税款所属期限、实际缴纳期限是否正确，缴纳的税额是否与计提数一致，并要审阅各税完税凭证，分析缴纳税金的情况。有无提而不缴或将错提、多提的税金从"应交税费"账户借方非法转入其他账户的情况。

3. 结算税金的审核。年度终了，企业对缴纳各税的情况应进行汇算清缴，及时办理补退手续。由于年度税务检查一般是在年度决算后的次年进行的，企业应补或应退的产品销售税金及附加，应在"以前年度损益调整"账户结算。而有的企业将查补上年的税款记入本年"税金及附加"账户中，抵减了本年利润，审核时要认真核实有无上述问题。

## 三、适用税率及减免税的审核

### （一）适用税率的审核

审核企业所得税所用税率是否正确，对于小型微利企业，是否符合税法规定的条件，有无用错税率的情况。审核时，应以企业所得税申报表为依据，看其确定的适用税率是否正确。

### （二）减免税的审核

1. 审核符合享受减免税条件的企业是否充分运用了优惠政策。根据税法规定，企业的下列支出，可以在计算应纳税所得额时加计扣除：（1）开发新技术、新产品、新工艺发生的研究开发费用；（2）安置残疾人员及国家鼓励安置的其他就业人员所支付的工资。创业投资企业从国家需要重点扶持和鼓励的创业投资，可以按投资额的一定比例抵扣应纳税所得额。企业的固定资产由于技术进步等原因，确需加速折旧的，可以缩短折旧年限或者采取加速折旧的方法。企业综合利用资源，生产符合国家产业政策规定的产品所取得的收入，可以在计算应纳税所得额时减计收入。企业购置用于环境保护、节能节水、安全生产等专用设备的投资额，可以按一定比例实行税额抵免。审核人员在检查时，应注意企业对于减免税政策的运用是否正确，是否存在应该享受的优惠，由于企业的原因没有足额享受，而不应享受的优惠又超范围超标准享受的情况。

2. 审核企业已享受的优惠政策是否有税务机关的批文。

3. 审核企业享受减免的金额计算是否正确。

审核时，首先，应通过询问，对照税收优惠政策，看看该企业应享受哪些政策；其次，审核所得税申报表，看看企业已享受了哪些优惠政策；再次，对所得税申报表上已享受的减免税项目，应审核税务部门的批文；最后，对所得税申报表上的减免税不符合规定的应予以剔除，对企业应该享受而未享受的减免税，帮助企业尽快享受。

## 四、应纳税所得额的审核

应纳税所得额的审核是在前述收入、扣除项目审核基础上，对会计期间利润总额按照税法的有关规定进行纳税调整，将会计所得调整为应税所得的情况。

### （一）审核超标项目

即超过税法规定标准扣除的各种成本、费用和损失，而应予调增应纳税所得额部分。包括税法中单独作出明确规定的扣除标准，也包括税法虽未单独规定，但财务会计制度已作了规定的部分。

### （二）审核不允许扣除项目

指税法不允许扣除，但企业已作为扣除项目而予以扣除的各项成本、费用和损失，应调增应纳税所得额。具体包括：

1. 资本性支出。通过审核"低值易耗品""管理费用""制造费用""财务费用""长期借款""在建工程""应付债券"等账户，确认企业有无将资本性支出作收益性支出处理，有无将应资本化的利息费用作为期间费用，若有，作相关调账处理，调增应纳税所得额。

2. 无形资产受让开发支出。根据税法规定，无形资产开发支出未形成资产的部分可作为支出准予扣除，已形成的无形资产不得直接扣除，须按直线法摊销。税务师应通过"管理费用""制造费用""无形资产"等账户，结合查询等方法予以确认，判明是否要调增应纳税所得额。

3. 违法经营罚款和被没收财物损失。此项是指纳税人生产、经营违反国家法律、法规和规章，被有关部门处以罚款以及被没收财物的损失，属于计算应纳税所得额时不允许扣除的项目。税务师通过"营业外支出""管理费用""其他业务成本"等账户的审核，将上述支出金额调增应纳税所得额。

4. 税收滞纳金、罚金、罚款项目。现行会计制度允许企业将该项支出在"营业外支出"科目中核算，故税务师应通过"营业外支出""以前年度损益调整"等账户的审核，将该项支出在计算应纳税所得额时予以剔除，以调增应纳税所得额。

5. 灾害事故损失赔偿。根据税法规定，该损失赔偿的部分，在计算应纳税所得额时不得扣除，税务师应通过"固定资产清理""待处理财产损溢""营业外支出"及"银行存款""其他应收款"等账户的审核，以判明企业对应该得到或已得到损失赔偿的部分账务处理是否正确，若不正确，作相关调账处理，进而调增应纳税所得额。

6. 非公益救济性捐赠。根据现行会计制度规定，该项支出也在"营业外支出"科目中核算，故税务师也应通过"营业外支出"等科目的审核，以判明是否存在非公益救济性捐赠支出。若有，在计算应纳税所得额时，全额予以剔除，以调增应纳税所得额。同时税务师要注意正确区分公益救济性捐赠与非公益救济性捐赠的界限，以准确调整应纳税所得额。

7. 各种赞助支出。各种非广告性质的赞助支出不得在税前列支。这里特别要注意通过对赞助支出取得原始单据的审核，以判明企业的赞助支出是否属于广告性质的赞助，若是广告性质的赞助支出，可以在所得税前列支。通过审核"营业外支出""产品销售费用"等账户，调阅相关原始凭证，核实即可予以确认，对于非广告性质的赞助支出全额调增应纳税所得额。

8. 与收入无关的支出。是指与企业生产经营无关的支出部分。企业任何费用支出，必须与应税收入有关。如企业为其他纳税人提供与本身应纳税收入无关的贷款担保，因被担保方还不清贷款由该担保纳税人承担的本息等，不得在担保企业税前扣除。在对"营业外支出""其他业务成本""管理费用""财务费用"等科目的审核过程中，若发现类似与企业收入无关的支出，应调增应纳税所得额。

### （三）审核应税收益项目

应税收益指纳税人根据税法及有关政策规定应计入应纳税所得额的收益，以及由于其他原因少提或未计入应纳税所得额而应补报的收益。税务师主要审核如下项目：

1. 无赔款优待。企业参加财产保险和运输保险，按规定缴纳的保险费用，准予扣除。保险公司给予企业的无赔款优待，须计入应纳税所得额。

2. 其他少计、未计应税收益。是指企业应计而未计或少计应纳税所得额而应补报的收益，对属于计算上的差错或其他特殊原因而多报的收益，可用"－"号表示。

### （四）其他纳税调整项目的审核

主要审核按财务制度规定计入当期会计所得，而根据现行税收规定，应从当期应税所得抵减的项目。

1. 审核弥补亏损。税务师应审核企业以前年度亏损弥补期限及结转的计算是否正确，有无少转或多转亏损的问题。根据企业所得税纳税调整项目表上的弥补亏损金额，对照以前年度税务机关调整后的亏损额，核实本年度可弥补亏损金额，对不符合规定的应加以调整，按调整后的金额弥补亏损。

2. 审核"投资收益""未分配利润"，对于税后利润从应税所得中调减。如联营分回利润、股息收入、境外收益，按税法规定免予征税的所得，企业事业单位进行技术转让 500 万元以下的收益，国库券利息收入等，直接从应税所得中扣除。

税务师应根据所得税申报表及附表有关项目，结合"投资收益"科目进行核查。对于企业来源于中国境外的所得已在境外缴纳的所得税税款，准予在汇总纳税时从其应纳税额中扣除。因此，应重点审核企业境外所得税款扣除限额的计算是否正确，申请抵免的境外所得税额是否有投资国税务机关填发的完税凭证原件等。

**【同步案例 7－2】**

某小汽车生产企业为增值税一般纳税人，2016 年度自行核算的相关数据为：全年取得产品销售收入总额 68 000 万元，应扣除的产品销售成本 45 800 万元，应扣除的营业税金及附加 9 250 万元，应扣除的销售费用 3 600 万元、管理费用 2 900 万元、财务费用 870 万元。另外，取得营业外收入 320 万元以及直接投资其他居民企业分回的股息收入 550 万元，发生营业外支出 1 050 万元，全年实现会计利润 5 400 万元，应缴纳企业所得税 1 350 万元。

2017 年 2 月经聘请的会计师事务所对 2016 年度的经营情况进行审核，发现以下相关问题：

（1）12 月 20 日收到代销公司代销 5 辆小汽车的代销清单及货款 163.8 万元（小汽车每辆成本价 20 万元，与代销公司不含税结算价 28 万元）。企业会计处理为：

借：银行存款——代销汽车款　　　　　　　　　　　　　　　1 638 000

　　贷：预收账款——代销汽车款　　　　　　　　　　　　　　　　1 638 000

（2）管理费用中含有业务招待费 280 万元、新技术研究开发费用 120 万元。

（3）营业外支出中含该企业通过省教育厅向某山区中小学捐款 800 万元。

（4）成本费用中含 2010 年度实际发生的工资费用 3 000 万元、职工福利费 480 万元、职工工会经费 90 万元、职工教育经费 70 万元。

（5）12 月 10 日购入一台符合有关目录要求的安全生产专用设备，投资额为 234 万元。

说明：该企业生产的小汽车适用消费税税率为 9%、城市维护建设税税率为 7%、教育费附加征收率为 3%；12 月末"应交税费——应交增值税"账户借方无余额；假定购入并投入使用的安全生产专用设备使用期限为 10 年，不考虑残值。

要求：

（1）填列给出的《企业所得税计算表》（表 7－3）中带 * 号项目的金额。

（2）针对《企业所得税计算表》第 13～17 行所列项目需作纳税调整增加的情况，并逐一说明调整增加的理由。

表 7 - 3　　　　　　　　　企业所得税计算表

| 类别 | 行次 | 项目 | 金额 |
|---|---|---|---|
| 利润总额的计算 | 1 | 一、营业收入 | * |
| | 2 | 减：营业成本 | * |
| | 3 | 营业税金及附加 | * |
| | 4 | 销售费用 | 3 600 |
| | 5 | 管理费用 | 2 900 |
| | 6 | 财务费用 | 870 |
| | 7 | 加：投资收益 | 550 |
| | 8 | 二、营业利润 | * |
| | 9 | 加：营业外收入 | 320 |
| | 10 | 减：营业外支出 | 1 050 |
| | 11 | 三、利润总额 | * |
| 应纳税所得额计算 | 12 | 加：纳税调整增加额 | * |
| | 13 | 业务招待费支出 | * |
| | 14 | 公益性捐赠支出 | * |
| | 15 | 职工福利支出 | * |
| | 16 | 职工工会经费支出 | * |
| | 17 | 其他调增项目 | * |
| | 18 | 减：纳税调整减少额 | * |
| | 19 | 加计扣除 | * |
| | 20 | 免税收入 | * |
| | 21 | 四、应纳税所得额 | * |
| 税额计算 | 22 | 税率 | 25% |
| | 23 | 应纳所得税额 | * |
| | 24 | 抵免所得税额 | * |
| | 25 | 五、实际应纳税额 | * |

【解答】

第 1 行：营业收入 = 68 000 + 28 × 5 = 68 140（万元）

第 2 行：营业成本 = 45 800 + 20 × 5 = 45 900（万元）

第 3 行：营业税金及附加 = 9 250 + (5 × 28 × 17% + 5 × 28 × 9%) × (7% + 3%) + 5 × 28 × 9%

　　　　　　= 9 266.24（万元）

第 8 行：营业利润 $=68\,140-45\,900-9\,266.24-3\,600-2\,900-870+550=6\,153.76$（万元）

第 11 行：利润总额 $=6\,153.76+320-1\,050=5\,423.76$（万元）

第 12 行：纳税调增加额 $=112+149.15+60+30=351.15$（万元）

第 13 行：业务招待费发生额的 $60\%=280\times60\%=168$（万元）$<68\,140\times5‰$

　　　　　纳税调增金额 $=280-168=112$（万元）

第 14 行：公益性捐赠限额 $=5\,423.76\times12\%=650.85$（万元）

　　　　　纳税调增金额 $=800-650.85=149.15$（万元）

第 15 行：福利费开支限额 $=3\,000\times14\%=420$（万元）

　　　　　纳税调整金额 $=480-420=60$（万元）

第 16 行：工会经费开支限额 $=3\,000\times2\%=60$（万元）

　　　　　纳税调整金额 $=90-60=30$（万元）

第 18 行：纳税调整减少额 $=60+550=610$（万元）

第 19 行：加计扣除 $=120\times50\%=60$（万元）

第 20 行：免税收入 $=550$（万元）

第 21 行：应纳税所得额 $=5\,423.76+351.15-610=5\,164.91$（万元）

第 23 行：应纳所得税额 $=5\,164.91\times25\%=1\,291.23$（万元）

第 24 行：抵免所得税额 $=234\times10\%=23.40$（万元）

第 25 行：实际应纳税额 $=1\,291.23-23.40=1\,267.83$（万元）

## （五）清算所得的审核

企业的全部资产可变现价值或交易价格，减除资产的计税基础、清算费用、相关税费、加上债务清偿损益等后的余额，为清算所得。

企业应将整个清算期作为一个独立的纳税年度计算清算所得。

企业全部资产的可变现价值或交易价格减除清算费用、职工的工资、社会保险费用和法定补偿金，结清清算所得税、以前年度欠税等税款，清偿企业债务，按规定计算可以向所有者分配的剩余资产。

被清算企业的股东分得的剩余资产的金额，其中相当于被清算企业累计未分配利润和累计盈余公积中按该股东所占股份比例计算的部分，应确认为股息所得；剩余资产减除股息所得后的余额，超过或低于股东投资成本的部分，应确认为股东的投资转让所得或损失。

被清算企业的股东从被清算企业分得的资产应按可变现价值或实际交易价格确定计税基础。审核时注意被清算企业的股东分得的剩余资产的金额，超过其投资成本的部分，是否确认投资转让所得，依法计算缴纳企业所得税。

## 五、应缴入库所得税额的审核

根据企业纳税申报表应纳税额的计算，在进行减免税额或应补税额调整的基础上，确定企业实际应缴的所得税税额，年终汇算清缴应补退所得税税额。

### （一）减免税额的审核要点

根据企业申报的减免税额，核对适用的减免税政策与计算方法，确认政策依据、审批手续是否符合减免税规定，有无擅自减免或多计减免税的问题。特别是校办企业、福利企业、安置待业人员就业的劳服企业更应重点审核其减免税条件是否具备，有无虚假申报骗取减免的问题。

### （二）应补税额的审核要点

企业所得税的纳税方法是按期预缴，年终汇算清缴。税务师应审核"应交税费——应交所得税"明细账借方发生额，与已缴税款原始凭证和纳税申报表相核对确定实缴税款，再将全年应缴入库的所得税额与已纳税额相核对，确定企业年终应补退所得税额。

【相关链接】

企业所得税汇算清缴纳税申报鉴证业务准则（试行）

http：//www. cctaa. cn/zczd/zygz/jbzz/2017 – 02 –07/CCON17900000016024. html

《企业所得税汇算清缴纳税申报鉴证业务准则（试行)》指南

http：//www. cctaa. cn/zczd/hyzd/2016 – 03 – 14/13806. html

# 第三节　个人所得税申报代理

我国个人所得税是以个人为纳税主体，按分类所得设置税率，实行自行申报和代扣代缴两种征税方法。随着社会各阶层个人收入的提高，个人所得税的税源增长显著，在沿海开放地区，个人所得税在税收中已占据相当大的比重。作为税务师在个人所得税申报代理过程中首先应了解不同应税所得项目的税款计算方法。

## 一、部分应税所得项目个人所得税计算方法

1. 工资、薪金所得应纳所得税额的计算。工资、薪金所得应缴纳的个人所得税可以由纳税人直接缴纳，也可以由扣缴义务人扣缴。从 2011 年 9 月 1 日起，它以纳税人每月取得的工资、薪金收入扣除费用 3 500 元（或 4 800 元）后的余额为应税所得，根据七级超额累

进税率，计算其应纳所得税额。

【例1】某外商投资企业的中方财务经理 2017 年 3 月取得月薪收入 5 000 元，并取得 2016 年度一次性奖金 30 000 元。该经理 3 月份应缴纳的个人所得税计算如下：

（1）3 月份工资收入应纳个人所得税为：

（5 000 − 3 500）×3% = 45（元）

（2）3 月份取得的 2016 年年终奖应纳个人所得税为：

30 000 ÷ 12 = 2 500（元），先确定适用税率为 10%，速算扣除数为 105。

30 000 × 10% − 105 = 2 895（元）

（3）3 月份应缴个人所得税合计：45 + 2 895 = 2 940（元）

2. 劳务报酬所得应纳所得税的计算。劳务报酬所得个人所得税应纳税额的计算公式为：

（1）每次收入不足 4 000 元的：

$$应纳税额 = 应纳税所得额 × 适用税率 = （每次收入额 − 800）× 20\%$$

（2）每次收入在 4 000 元以上的：

$$应纳税额 = 应纳税所得额 × 适用税率 = 每次收入额 × （1 − 20\%）× 20\%$$

（3）每次收入超过 20 000 元的：

$$应纳税额 = 应纳税所得额 × 适用税率 − 速算扣除数$$
$$= 每次收入额 × （1 − 20\%）× 适用税率 − 速算扣除数$$

值得注意的是，对劳务报酬所得一次收入畸高，即个人一次取得的应纳税所得额超过 20 000 ~ 50 000 元部分，依税法规定计算应纳税额后再按照应纳税额加征五成，超过 50 000 元的部分，加征十成。

【例2】2016 年 8 月歌星刘某应邀参加 C 公司庆典活动的演出。按照协议刘某演出四场，每场出场费为 15 000 元。刘某演出收入应纳个人所得税为：

应税所得额 = 15 000 × 4 × （1 − 20%）= 48 000（元）

应纳税额 = 48 000 × 30% − 2 000 = 12 400（元）

3. 个人独资企业和合伙企业投资者个人所得税的计算。自 2000 年 1 月 1 日起，个人独资企业和合伙企业（以下简称"企业"）每一纳税年度的收入总额减除成本、费用以及损失后的余额，作为投资者个人的生产经营所得，比照《个人所得税法》的"个体工商户的生产、经营所得"应税项目，适用 5% ~ 35% 的五级超额累进税率，计算征收个人所得税。

个人独资企业的投资者以全部生产经营所得为纳税所得额；合伙企业的投资者按照合伙企业的全部生产经营所得和合伙协议约定的分配比例确定应纳税所得额，合伙协议没有约定分配比例的，以全部生产经营所得和合伙人数量平均计算每个投资者的应纳税所得额。

凡实行查账征税办法的，生产经营所得比照《个体工商户个人所得税计税办法》的规定确定。

（1）个体工商户实际支付给从业人员的合理的工资薪金支出，准予扣除。个体工商户业主的费用扣除标准，自2011年9月1日起，为42 000元/年（3 500元/月）。个体工商户业主的工资薪金支出不得税前扣除。

（2）个体工商户按照国务院有关主管部门或者省级人民政府规定的范围和标准为其业主和从业人员缴纳的基本养老保险费、基本医疗保险费、失业保险费、生育保险费、工伤保险费和住房公积金，准予扣除。

个体工商户为从业人员缴纳的补充养老保险费、补充医疗保险费，分别在不超过从业人员工资总额5%标准内的部分据实扣除；超过部分，不得扣除。

个体工商户业主本人缴纳的补充养老保险费、补充医疗保险费，以当地（地级市）上年度社会平均工资的3倍为计算基数，分别在不超过该计算基数5%标准内的部分据实扣除；超过部分，不得扣除。

（3）除个体工商户依照国家有关规定为特殊工种从业人员支付的人身安全保险费和财政部、国家税务总局规定可以扣除的其他商业保险费外，个体工商户业主本人或者为从业人员支付的商业保险费，不得扣除。

（4）个体工商户在生产经营活动中发生的合理的不需要资本化的借款费用，准予扣除。个体工商户为购置、建造固定资产、无形资产和经过12个月以上的建造才能达到预定可销售状态的存货发生借款的，在有关资产购置、建造期间发生的合理的借款费用，应当作为资本性支出计入有关资产的成本，并依照本办法的规定扣除。

（5）个体工商户在生产经营活动中发生的下列利息支出，准予扣除：向金融企业借款的利息支出；向非金融企业和个人借款的利息支出，不超过按照金融企业同期同类贷款利率计算的数额的部分。

（6）个体工商户在货币交易中，以及纳税年度终了时将人民币以外的货币性资产、负债按照期末即期人民币汇率中间价折算为人民币时产生的汇兑损失，除已经计入有关资产成本部分外，准予扣除。

（7）个体工商户向当地工会组织拨缴的工会经费、实际发生的职工福利费支出、职工教育经费支出分别在工资薪金总额的2%、14%、2.5%的标准内据实扣除。

工资薪金总额是指允许在当期税前扣除的工资薪金支出数额。

职工教育经费的实际发生数额超出规定比例当期不能扣除的数额，准予在以后纳税年度结转扣除。

个体工商户业主本人向当地工会组织缴纳的工会经费、实际发生的职工福利费支出、职工教育经费支出，以当地（地级市）上年度社会平均工资的3倍为计算基数，在本条第一款规定比例内据实扣除。

（8）个体工商户发生的与生产经营活动有关的业务招待费，按照实际发生额的60%扣除，但最高不得超过当年销售（营业）收入的5‰。

业主自申请营业执照之日起至开始生产经营之日止所发生的业务招待费，按照实际发生额的 60% 计入个体工商户的开办费。

（9）个体工商户每一纳税年度发生的与其生产经营活动直接相关的广告费和业务宣传费不超过当年销售（营业）收入 15% 的部分，可以据实扣除；超过部分，准予在以后纳税年度结转扣除。

（10）个体工商户代其从业人员或者他人负担的税款，不得税前扣除。

（11）个体工商户按照规定缴纳的摊位费、行政性收费、协会会费等，按实际发生数额扣除。

（12）个体工商户根据生产经营活动的需要租入固定资产支付的租赁费，按照以下方法扣除：以经营租赁方式租入固定资产发生的租赁费支出，按照租赁期限均匀扣除；以融资租赁方式租入固定资产发生的租赁费支出，按照规定构成融资租入固定资产价值的部分应当提取折旧费用，分期扣除。

（13）个体工商户参加财产保险，按照规定缴纳的保险费，准予扣除。

（14）个体工商户发生的合理的劳动保护支出，准予扣除。

（15）个体工商户自申请营业执照之日起至开始生产经营之日止所发生符合本办法规定的费用，除为取得固定资产、无形资产的支出，以及应计入资产价值的汇兑损益、利息支出外，作为开办费，个体工商户可以选择在开始生产经营的当年一次性扣除，也可自生产经营月份起在不短于 3 年期限内摊销扣除，但一经选定，不得改变。

开始生产经营之日为个体工商户取得第一笔销售（营业）收入的日期。

（16）个体工商户通过公益性社会团体或者县级以上人民政府及其部门，用于《中华人民共和国公益事业捐赠法》规定的公益事业的捐赠，捐赠额不超过其应纳税所得额 30% 的部分可以据实扣除。

财政部、国家税务总局规定可以全额在税前扣除的捐赠支出项目，按有关规定执行。个体工商户直接对受益人的捐赠不得扣除。

公益性社会团体的认定，按照财政部、国家税务总局、民政部有关规定执行。

（17）个体工商户研究开发新产品、新技术、新工艺所发生的开发费用，以及研究开发新产品、新技术而购置单台价值在 10 万元以下的测试仪器和试验性装置的购置费准予直接扣除；单台价值在 10 万元以上（含 10 万元）的测试仪器和试验性装置，按固定资产管理，不得在当期直接扣除。

4. 境外所得已纳税款的扣除。

根据《个人所得税法》规定，纳税义务人从中国境外取得的所得，准予其在应纳税额中扣除已在境外缴纳的个人所得税税款。但扣除额不得超过该纳税义务人境外所得依照我国税法规定计算的应纳税额。

【例 3】王某 2016 年 1～12 月从中国境内取得工资、薪金收入 66 000 元，从 A 国取得特许权使用费收入 8 000 元，已按 A 国税法规定缴纳了个人所得税 1 400 元，则王某 2016 年应申报缴纳个人所得税额为：

（1）月工薪收入 = 66 000 = 12 = 5 500（元）

（2）月应纳税额 =（5 500 - 3 500）× 10% - 105 = 95（元）

（3）A 国收入按我国税法规定计算的应纳税额（抵扣限额）= 8 000 ×（1 - 20%）× 20% = 1 280（元）

该纳税人在 A 国实际缴纳的税款超出了抵扣限额，只能在抵扣限额内抵扣 1 280 元。剩余部分可在以后 5 个纳税年度的 A 国扣除限额的余额中补扣。

（4）应纳所得税额合计 = 95 × 12 = 1 140（元）

5. 核定征税方法。有下列情形之一的，则采取核定征收方式征收个人所得税：

（1）企业依照国家有关规定应当设置但未设置账簿的；

（2）企业虽设置账簿，但账目混乱或者成本资料、收入凭证、费用凭证残缺不全，难以查账的；

（3）纳税人发生纳税义务，未按照规定期限办理纳税申报，经税务机关责令限期申报，逾期仍不申报的。

实行核定应税所得率征收方式的，应纳所得税额的计算公式如下：

$$应纳所得税额 = 应纳税所得额 × 适用税率$$
$$应纳税所得额 = 收入总额 × 应税所得率$$
$$= 成本费用支出额 ÷（1 - 应税所得率）× 应税所得率$$

应税所得率应按表 7 - 4 规定的标准执行：

表 7 - 4 应税所得率表

| 行 业 | 应税所得率（%） |
|---|---|
| 农、林、牧、渔业 | 3 ~ 10 |
| 制造业 | 5 ~ 15 |
| 批发和零售贸易业 | 4 ~ 15 |
| 交通运输业 | 7 ~ 15 |
| 建筑业 | 8 ~ 20 |
| 饮食业 | 8 ~ 25 |
| 娱乐业 | 15 ~ 30 |
| 其他行业 | 10 ~ 30 |

## 二、个人所得税代理纳税申报操作规范

代理个人所得税纳税申报的关键问题，是能否全面、真实地反映纳税义务人的应税所得。由于个人收入结算与支付具有一定的隐蔽性，会给代理申报带来一定的困难和风险。为

确保办税质量，在界定纳税义务人性质的前提下，税务师应严格按规范程序操作。

## （一）居民纳税义务人代理申报

居民纳税义务人是指在中国境内有住所，或者无住所而在境内居住满 1 年的个人，应负有无限纳税义务。本节主要介绍我国境内的企业、外国企业常驻代表机构中的中方和外籍人员工薪所得，劳务报酬所得，利息、股息、红利所得代理申报的操作规范，除此之外的所得项目因很少涉及代理，故不作专门阐述。

1. 核查有关工薪所得、劳务报酬所得和利息、股息、红利所得结算账户，审核支付单位工薪支付明细表，奖金和补贴性收入发放明细表，劳务报酬支付明细表，福利性现金或实物支出，集资债券利息、股息、红利支出，确定应税项目和计税收入。

2. 根据税法有关税前扣除项目的具体规定，确定免予征税的所得，计算应税所得。

3. 核查外籍个人来源于中国境内由境外公司支付的收入，来源于中国境外由境内、境外公司支付的所得，根据有无住所或实际居住时间，以及在中国境内企业任职的实际情况，确认纳税义务。

4. 核查税款负担方式和适用的税率，计算应纳税额，并于每月 15 日前向主管税务机关办理代扣代缴所得税申报手续。

## （二）非居民纳税义务人代理申报

非居民纳税义务人是指在中国境内无住所又不居住，或无住所而在境内居住不满 1 年但有从中国境内取得所得的个人。非居民纳税义务人只负有限纳税义务。对非居民纳税义务人来源于中国境内的工薪所得，根据在境内实际居住的时间、支付方式和税收协定的有关规定来确定是否征税。劳务报酬所得主要根据税收协定有关独立劳务和非独立劳务的判定来确定具体的计税方法。由于利息、股息、红利所得情况各异，征免界定均有具体规定。因此，代理非居民纳税义务人个人所得税的纳税申报，其计税资料的取得与核实是比较复杂的。

1. 核查外籍个人因任职、受雇、履约等出入境的实际日期，确定与其派遣公司或雇主的关系，通过出入境签证、职业证件、劳务合同等来判定其所得适用的税目和发生纳税义务的时间。

2. 核查纳税义务人来源于中国境内分别由境内、境外支付的工薪所得明细表，根据税款负担方式和雇主为其负担税款情况，将不含税收入换算成含税收入。

3. 核查纳税义务人从中国境内企业取得的各种补贴、津贴及福利费支出明细，除税法规定免予征税的项目外，将其并入工薪所得计算纳税。

4. 核查纳税义务人劳务报酬所得支付明细表，通过审核外籍个人来华提供劳务服务与派遣公司的关系，判定其属于非独立劳务或独立劳务，前者应按工薪所得计税，后者则适用劳务报酬的计税方法。

5. 核查纳税义务人来源于中国境内的利息、股息、红利所得的计税资料，根据其投资的具体内容来判定征免。

6. 核查担任境内企业或外企商社高级职务的外籍个人来源于中国境内的工薪所得和实际履行职务的期间，据以计算应税所得。

7. 在对非居民纳税义务人工薪所得、劳务报酬所得、利息、股息、红利所得等全部计税资料进行核查后，分类计算应税所得，按一定的税款负担方式计算出支付单位应代扣代缴的个人所得税税额。

### 三、代理填制个人所得税纳税申报表的方法

为进一步优化纳税服务，加强税收征管，国家税务总局根据《中华人民共和国个人所得税法》及其实施条例和有关规定，2013 年，将个人所得税申报表及其填表说明进行了全面修订并予以发布，自 2013 年 8 月 1 日起执行。税务师在代理填制个人所得税纳税申报表时应以此为准。限于篇幅，本章仅提供附件表格及填报说明的链接信息供读者自行学习。

【相关链接】

http：//www. chinatax. gov. cn/n810341/n810765/n812146/n812343/c1081554/content. html

附件：1. 个人所得税基础信息表（A 表）

　　　2. 个人所得税基础信息表（B 表）

　　　3. 扣缴个人所得税报告表

　　　4. 特定行业个人所得税年度申报表

　　　5. 个人所得税自行纳税申报表（A 表）

　　　6. 个人所得税自行纳税申报表（B 表）

　　　7. 生产、经营所得个人所得税纳税申报表（A 表）

　　　8. 生产、经营所得个人所得税纳税申报表（B 表）

　　　9. 生产、经营所得投资者个人所得税汇总申报表

【延伸阅读】

关于《发布个人所得税申报表的公告》的解读

http：//www. chinatax. gov. cn/n810341/n810760/c1151623/content. htm

## 第四节　个人所得税纳税审核

我国个人所得税对不同应税所得项目采取差别化的计税方法。所以，对个人所得税的审核也应按不同项目分别展开。在日常代理业务中，涉及业务比较普遍的是工资、薪金所得，劳务报酬所得，利息、股息、红利所得。本节以此为重点加以解读。

## 一、工资、薪金所得项目的审核

工资、薪金所得是通过任职和受雇形式取得的个人收入。判定某项所得是属于工资、薪金所得还是属于劳务报酬所得，可从纳税人与任职单位所存在的雇用或非雇用关系方面，判定是否属于非独立劳务，如存在雇用关系就属于非独立劳务，应按"工资、薪金所得"税目征税，否则应按"劳务报酬所得"税目征税。

### （一）工资、薪金收入的审核

1. 本国公民工资、薪金收入的审核要点。

（1）代缴义务人代扣的税款是否及时申报缴纳。现行会计制度没有具体规定代扣税款在什么科目核算，但一般在以下两个科目核算：通过"应交税费"科目核算；通过"其他应付款"科目核算。在这两个科目下设置"应代扣个人所得税"明细科目。审核时，查这两个科目的明细账户，看有无应代扣个人所得税账户，看其贷方有无余额，是否已按规定期限解缴税款。

（2）对没有履行税法规定代扣代缴个人所得税的审核。企事业单位应付给职工的工资总额，包括各种工资、奖金、津贴等均在"应付职工薪酬"账户核算。审核"应付职工薪酬"账户时，根据每月会计记账凭证号码，核对记账凭证所附的工资单，审核发给每人每月应付工资的总额，有无达到应缴个人所得税的收入标准。如有，则应把其记录下来，按规定的适用税率计算出应缴的个人所得税。除审核"应付职工薪酬"账户外，还应审核"盈余公积"及"利润分配"两个科目。有的企业年终时为奖励对生产、经营有突出贡献者，往往从"盈余公积"或"利润分配——未分配利润"中提取奖金，而不通过"应付职工薪酬"账户，审核时应加以注意。

（3）了解纳税人有无外派劳务人员、双重职务人员和双重单位人员，审核纳税人一个月内从两个或两个以上单位或个人处取得工资、薪金所得，或者取得两次或两次以上的工资、薪金是否按规定合并计算纳税，有无分别计算而少纳税款的问题。

（4）对纳税人或扣缴义务人代扣代缴税款情况检查时还应检查有无扩大减除费用标准或分次多扣费用的情况；有无虚列人数，降低工资、薪金所得水平的现象。

（5）要注意对个人工资、薪金所得与企业的工资费用支出的比对问题，防止企业将实际发放的工资性支出在企业所得税前金额列支，而在计算个人所得税时人为虚减的情况发生。税务师在审核时应将个人因任职或受雇而取得的工资、薪金等所得，与所在任职或受雇单位发生的工资费用支出进行比对，从中查找差异及存在的问题，主要审核其税前扣除的工资、薪金支出是否足额扣缴了个人所得税；是否存在将个人工资、薪金所得在福利费或其他科目中列支而未扣缴个人所得税的情况；有无按照企业全部职工平均工资适用税率计算纳税的情况；以非货币形式发放的工资、薪金性质的所得是否依法履行了代扣代缴义务；有无隐匿或少报个人收入情况；企业有无虚列人员、增加工资费用支出等情况。

2. 外籍个人（包括港澳台同胞）工资、薪金收入的审核要点。外籍个人的情况比较复杂，在审核前，应了解外籍个人工资薪金的构成、聘任期限、职务、福利待遇，以及国籍、在华时间等情况。

（1）外籍个人在境内担任企业董事或高层管理职务，在境内连续或累计居住超过 90 天，或在税收协定规定期间在境内连续累计居住超过 183 天但不满 1 年的个人，是否对以前月份来源于中国境内而由境外支付的所得一并申报纳税。审核时，可根据外籍个人提供的派遣单位开具的原始明细工资单（包括奖金、津贴证明资料），与"个人所得税月份申报表"相对照，审核申报收入是否真实，是否按规定从入境第一日开始计算。

（2）外商投资企业的董事长同时担任企业管理职务，应核查其是否分别就董事长身份取得董事费和以雇员身份取得工资、薪金所得缴纳个人所得税。对以董事费名义和分红形式取得的收入，应划分从事企业日常管理工作每月应取得的工资、薪金，按工资、薪金所得计算纳税。

（3）企业以实物向雇员提供福利，如向外籍雇员提供的汽车、住房等个人消费品，应根据不同情况作不同的纳税处理。税务师应核查所购房屋产权证和车辆发票，如房屋产权证和车辆发票均填写职员姓名，并满足一定条件后，房屋、车辆属于职员，这种情况应按规定申报纳税。

## （二）税前扣除额审核要点

1. 根据纳税人"工资结算单"对照个人所得税计算表，逐项核实扣除项目，如有无以误餐费的名义向职工发放补贴不计入工资收入而作为税前扣除的。

2. 纳税人从两个或两个以上的单位和个人处取得工资、薪金所得应根据"个人所得税月份申报表"和"扣缴个人所得税报告表"审核有无重复计算扣除问题。特别是对外籍个人在境内担任高层管理职务，居住时间超过 183 天（有税收协定），对以前月份境外收入一并纳税时，是否有重复扣除的问题。

## （三）应纳税所得额的审核要点

1. 核查个人所得税的计算方法。对于企业为个人负担税款的，应核查是否按规定将不含税工资、薪金收入换算成含税所得计算纳税；个人一次取得数月奖金或年终加薪、劳动分红，是否按规定计算所纳税款，有无重复扣除费用问题。

2. 核查计算个人所得税适用的税率和速算扣除数是否正确。

3. 对于居民纳税人来源于中国境外的应税所得，按照该国税法规定实际已缴纳的个人所得税额，核查是否持有完税凭证原件，扣除额是否超过按税法规定计算的扣除限额。

【同步案例 7-3】

税务师审核某公司代扣个人所得税情况，审核 2016 年"应付职工薪酬"账户及"盈余公积"等账户，从每月的记账凭证中发现，该公司经理每月应发和实发工资（包括奖金、津贴）均为 6 000 元。因其经营有方，企业超额完成上级下达的各项经济指标，经上级领导批准，年终奖励 12 000 元，公司从"盈余公积"中提取，没有通过"应付职工薪酬"账户，同时，经查实，公司未履行代扣代缴义务，未代扣其个人所得税。

税务师与企业会计人员提出了上述问题，并通过会计人员，与经理进行了沟通，该经理表示应履行纳税义务，并请税务师代其计算应补缴个人所得税款。

税务师按现行税法及有关具体规定，将其应补个人所得税具体计算如下：

每月所得应补个人所得税 = (6 000 - 3 500) × 10% - 105 = 145（元）

年终一次奖金应补个人所得税 = 12 000 × 3% - 10 = 1 360（元）

该经理 2016 年度应补个人所得税 = 1 360 + 145 × 12 = 2 835（元）

## 二、其他应税所得的审核

其他应税所得，包括承包承租经营所得，劳务报酬所得，特许权使用费所得，财产租赁、转让所得，利息、股息、红利所得等。由于税务代理涉及较多的是劳务报酬所得和利息、股息、红利所得，故择要阐述。

### （一）劳务报酬所得审核要点

企业向个人支付劳务报酬，一般是到税务机关代开"临时经营发票"，首先应审核企业取得发票是否合法，是否按规定计算纳税。纳税人为个人负担税款时，应审核是否将不含税的劳务报酬收入换算成含税收入。

【同步案例 7 - 4】

工程师李某为某企业提供设计服务，取得设计收入 3 000 元，按协议由支付单位代其缴纳个人所得税。该企业作如下处理：

(3 000 - 800) × 15% - 125 = 205（元）

税务师审核后提出调整意见如下：

该工程师不属于该企业的雇员，该企业与该工程师之间不存在雇用关系，该工程师提供设计服务属于独立劳务活动，所以应按"劳务报酬所得"税目计算缴纳个人所得税。由于个人所得税税款是由企业负担，应将不含税收入换算成含税收入。具体计算如下：

不含税所得额：3 000 - 800 = 2 200（元）

应纳税所得额：2 200 ÷ (1 - 20%) = 2 750（元）

应纳税额：2 750 × 20% = 550（元）

应补税额：550 - 205 = 345（元）

## （二）利息、股息、红利所得审核要点

1. 企业向个人支付利息的审核。根据"财务费用"明细账借方发生额、"其他应付款"明细账贷方等有关凭证，了解企业是否有职工个人集资，核查企业支付集资利息费用，对于支付的集资是否按规定代扣代缴税款，企业为个人负担税款的是否将不含税的利息收入换算成含税的收入纳税，对职工个人出资缴纳的风险抵押金利息收入是否按利息所得处理。

注意审核纳税人递延纳税的情形是否符合税法规定，根据现行政策规定，中小高新技术企业以未分配利润、盈余公积、资本公积向个人股东转增股本时，应按照"利息、股息、红利所得"项目，适用20%税率征收个人所得税。对示范区中小高新技术企业以未分配利润、盈余公积、资本公积向个人股东转增股本时，个人股东一次缴纳个人所得税确有困难的，经主管税务机关审核，可分期缴纳，但最长不得超过5年。

上述中小高新技术企业，是指注册在示范区内实行查账征收的、经认定取得高新技术企业资格，且年销售额和资产总额均不超过2亿元、从业人数不超过500人的企业。

2. 企业向个人支付股息、红利的审核。根据企业"利润分配——应付利润"明细账及有关原始凭证，审核支付对象有无个人，特别注意两种情形：其一，并非所有外国投资者从企业取得的股息（利润）、红利暂免征收个人所得税。根据《财政部、国家税务总局关于个人所得税若干政策问题的通知》（1994）规定，外籍个人从外商投资企业取得的股息、红利所得暂免征收个人所得税。其二，中国公民取得上海、深圳交易市场的上市公司股息、红利实行差别化的计税规定，详见《财政部、国家税务总局证监会关于实施上市公司股息红利差别化个人所得税政策有关问题的通知》（2012）。

## 【同步案例7-5】

某制造厂系全民所有制企业，主要从事机械加工、汽车零配件业务，税务代理人受托对该企业2016年度个人所得税纳税情况进行审核。税务师发现该企业2016年6月12日收取个人集资款1 584 000元，在"财务费用"账户中发现2016年12月20日兑现个人集资利息142 560元。经核对原始凭证及询问财会人员，证实是用于兑现职工个人集资款利息，该企业未履行代扣代缴义务。

税务师认为，根据《个人所得税法》第2条第7款"下列各项个人所得，应纳个人所得税……利息、股息、红利所得"及第34条"扣缴义务人在向个人支付应税款项时，应当依照税法规定代扣代缴税款。按时缴库，并专项记载备查"的规定，该企业应补缴个人所得税。

具体补缴税款计算如下：

142 560 × 20% = 28 512（元）

同时作相关调账分录为：

借：其他应收款                                                        28 512

        贷：应交税费——应交个人所得税                 28 512

    补缴个人所得税时：

    借：应交税费——应交个人所得税                 28 512

        贷：银行存款                         28 512

### （三）对捐赠扣除计税的审核要点

1. 审核纳税人的公益性捐赠是否通过了中国境内非营利性的社会团体、国家机关。税法规定，只有通过社会团体、国家机关的捐赠才允许从应纳税所得额中扣除。未经过上述机关、团体的捐赠，即由纳税人直接向受益人的捐赠不得扣除。所称的社会团体，包括中国青少年发展基金会、希望工程基金会、宋庆龄基金会、减灾委员会、中国红十字会、中国残疾人联合会、全国老年基金会、老区促进会，以及经民政部门批准成立的其他非营利性的公益性组织。

2. 审核捐赠款是否用于教育事业、其他公益事业以及遭受自然灾害的地区或贫困地区，捐赠款是否超过允许扣除的比例。不符合以上条件的，不予在税前扣除。防止纳税人利用公益性捐赠扣除项目少缴纳税款。

3. 纳税人通过社会团体、国家机关的公益性捐赠超过扣除限额的部分，应由纳税人自行负担，不得以任何形式抵减税款。

【同步案例 7-6】

中国公民张明是中国境内某外资企业的高级职员，2016 年的收入情况如下：

1. 雇用单位每月支付工资、薪金 12 000 元；

2. 派遣单位每月支付工资、薪金 2 400 元；

3. 从国外一次取得特许权使用费所得折合人民币 18 000 元，并提供了来源国的纳税凭证，纳税折合人民币 3 000 元；

4. 参加国内某市举办的工程设计大赛，取得奖金收入为 10 000 元；

5. 2016 年 4 月 1 日承包一家商店，年底获利润 100 000 元，按承包合同规定上缴发包人 50 000 元，50 000 元的承包所得分两次领取，分别为 22 000 元、28 000 元；

6. 张明将上述承包所得中 4 000 元通过民政局向灾区捐赠。

张明已对 2016 年度应纳个人所得税办理了申报纳税，其计税过程如下：

（1）雇用单位全年支付的工资、薪金所得的代扣代缴税额为：

$[(12\ 000-4\ 000)\times20\%-375]\times12=1\ 225\times12=14\ 700$（元）

（2）派遣单位全年支付的工资、薪金所得代扣代缴的税额为：

$[(2\ 400-2\ 000)\times5\%]\times12=240$（元）

（3）从国外取得特许权使用费收入 18 000 元，张明依据我国对所得来源地采取特许权使用地作为判定标准认定，该项特许权不在中国境内使用，因而不属于中国境内的所得，无须计缴个人所得税。

（4）将奖金收入作为进行工程设计的报酬，按劳务报酬所得的有关规定计算应纳个人所得税额为：

$10\ 000 \times (1-20\%) \times 20\% = 1\ 600$（元）

（5）承包所得分两次领取，应将其总额扣除捐赠支出后作为计算个人所得税的依据。

$(22\ 000 + 28\ 000 - 12 \times 2\ 000 - 4\ 000) \times 5\% = 1\ 100$（元）

综合上述各项所得应纳（代扣代缴）的个人所得税，张明2016年共缴纳税款为：

$14\ 700 + 240 + 1\ 600 + 1\ 100 = 17\ 640$（元）

税务师通过检查张明提供的纳税申报材料，并向其他有关人员进行了解，发现张明在计算应纳个人所得税款时，对税法的理解、运用有误，现对有关问题进行调整、解释如下：

1. 在外商投资企业、外国企业和外国驻华机构工作的中方人员取得的工资、薪金收入，凡是由雇用单位和派遣单位分别支付的，应由支付单位代扣代缴个人所得税。对雇用单位和派遣单位分别支付工资、薪金的，采取只由雇用单位在支付工资、薪金时，按规定减除费用，派遣单位支付的工资、薪金不再减除费用，以支付全额直接确定适用税率，然后，由纳税人选择并固定到一地税务机关申报，汇算清缴其工资、薪金收入的个人所得税。

张明就其工资、薪金所得汇算清缴应纳税额为：

$[(12\ 000 + 2\ 400 - 3\ 500) \times 25\% - 1\ 005] \times 12 = 20\ 640$（元）

2. 在中国境内有住所，或无住所而在境内居住满1年的个人，从中国境内和境外取得的所得，应缴纳个人所得税。由此，可以判定中国公民张明为负无限义务的居民纳税人，应就其来源于境内和境外的所得缴纳个人所得税。因此，张明从境外取得的特许权使用费所得应当缴纳个人所得税。

同时，纳税义务人从境外取得的所得，准予其在应纳税额中扣除已在境外缴纳的个人所得税税额。但扣除不得超过该纳税义务人境外所得依照我国税法规定计算的应纳税额（抵免限额）。超过抵免限额的境外已纳税款，可在以后5个纳税年度内，用该国或地区抵免限额的余额补扣。

张明从境外取得的特许权使用费应纳个人所得税计算如下：

抵免限额 $= 18\ 000 \times (1-20\%) \times 20\% = 2\ 880$（元）

张明在境外实际缴纳税款3 000元，超过抵免限额，因此，张明无须缴纳个人所得税。未足额抵扣的120元（$3\ 000 - 2\ 880$），可在以后5个纳税年度内，以该国抵免限额的余额补扣。

3. 个人因得奖、中奖、中彩以及其他偶然性质取得的所得，应纳个人所得税。张明参赛获奖属偶然所得，不属于劳务报酬所得，应按偶然所得的计税方法计算应纳个人所得税 $10\ 000 \times 20\% = 2\ 000$（元）。

4. 承租人、承包人对企业经营成果不拥有所有权，仅是按合词（协议）规定取得一定所得的，其所得按工资、薪金所得项目征税；承包人、承租人按合同（协议）的规定向发包方、出租方缴纳一定费用后，企业经营成果归其所有的，承包人、承租人取得的所得按对企事业单位的承包经营、承租经营所得项目征税。由此判断，张明的承包、承租经营所得属于后一种情况。

另外，实行承包、承租经营的纳税义务人，应以每一年度取得的承包承租经营所得计算纳税，在一个纳税年度内，承包、承租经营所得不足 12 个月的，以其实际承包、承租经营的月份数为一个纳税年度计算纳税，计算公式为：

应纳税所得额 = 该年度承包、承租经营收入额 − (3 500 × 该年度实际承包、承租经营月份数)

应纳税额 = 应纳税所得额 × 适用税率 − 速算扣除数

张明自 2016 年 4 月 1 日起承包经营，至 2016 年年底实际经营月份数为 9 个月，应以此作为费用扣除的依据。

（5）个人将其所得通过社会团体和国家机关对教育事业和其他公益事业以及遭受严重自然灾害的地区、贫困地区的捐赠，捐赠额未超过纳税义务人申报的应纳税所得额 30% 的部分，可以从其应纳税所得额中扣除。张明将其承包所得通过民政部门向灾区捐赠，符合以上规定，捐赠额不超过张明承包、承租经营所得应纳税所得额 30% 的部分，可以在税前扣除。

综合（4）、（5），张明 2016 年度承包、承租经营所得应纳个人所得税计算如下：

捐赠限额 = (22 000 + 28 000 − 9 × 3 500) × 30% = 5 550（元）

张明实际捐赠额为 4 000 元，可全部扣除。

承包所得应纳税额 = (22 000 + 28 000 − 9 × 3 500 − 4 000) × 5% = 725（元）

综上所述，张明在 2016 年取得的各项所得实际应缴纳个人所得税为：

20 640 + 2 000 + 700 = 23 340（元）

2016 年度张明已被扣缴个人所得税 17 640 元，还应补缴个人所得税为：

23 340 − 17 640 = 5 700（元）

**【学习思考】**

1. 在计算缴纳企业所得税时，会计制度与税法规定有哪些不同？

2. 简要梳理企业所得税审核要点。

3. 工资薪金所得与劳务报酬所得在计税方面有哪些差异？

**【能力训练】**

我国某机械制造有限公司于 2009 年 5 月注册成立进行生产经营，系增值税一般纳税人，2016 年度生产经营情况如下：

（1）销售产品取得不含税收入 9 000 万元。

（2）产品销售成本 3 300 万元。

（3）销售税金及附加 200 万元。

（4）销售费用 1 000 万元（其中广告费 350 万元）；财务费用 200 万元。

（5）管理费用1 200万元（其中业务招待费85万元；新产品研究开发费30万元）。

（6）营业外支出800万元（其中通过政府部门向贫困地区捐款150万元，赞助支出50万元）。

（7）全年提取并实际支付工资是1 000万元，职工工会经费、职工教育经费、职工福利费140万元，分别按工资总额的2%、2.5%、14%的比例提取，并且均为实际支出。

（8）经过税务机关的核定，该企业当年合理的工资支出标准是800万元，已知期间费用中未包含工资和三项经费。

要求：请你作为税务师帮助该公司复算2016年度实际应缴纳的企业所得税。

# 第八章

# 其他税种申报代理与审核

【本章导读】

实务中税务师除了要为客户提供货劳税、所得税等主体税种的涉税服务外，还可能根据需要提供与其他税种相关的涉税服务。通过本章学习，要求学生重点掌握印花税、土地增值税、房产税、城镇土地使用税、资源税的代理申报与审核业务，全面了解所有税种的涉税服务技能，更好地满足未来职业所需。

## 第一节　印花税申报代理与审核

### 一、印花税纳税申报

印花税纳税义务发生的时间为应税凭证书立或领受之时，即纳税人书立和领受了应税凭证，就应履行纳税义务贴花完税，具体可采用自贴、自缴两种方法。

一般情况下，企业需要预先购买印花税票，待发生应税行为时，再根据凭证的种类和规定的比例税率或者按件计算应纳税额，将已购买的印花税票贴在应税凭证上，并在每枚税票的骑缝处盖戳注销或者划销，办理完税手续。

同一种类应纳税凭证，需频繁贴花的，纳税人可以根据实际情况自行决定是否采用按期汇总缴纳印花税的方式。

【想一想】为何起名叫印花税？贴花后为何要在每枚税票的骑缝处盖戳注销或者划销？

### （一）印花税的计算方法

印花税实行从价定率和从量定额两种征收办法。

$$应纳税额 = 计税金额 \times 适用税率$$

或

$$= 应税凭证件数 \times 固定税额$$

应纳税额不足一角的免纳印花税。应纳税额在一角以上，其尾数按四舍五入方法计算贴花。

应税凭证所载金额为外国货币的，按凭证书立当日国家外汇管理局公布的外汇牌价折合人民币，计算应纳税额。

**【同步案例8-1】**

某企业2016年2月开业，领受房权证、工商营业执照、专利证各一件，与其他企业订立转移专用技术使用权书据一件，所载金额80万元；订立产品购销合同两件，所载金额为150万元；订立借款合同一份，所载金额为40万元。此外，企业的营业账簿中，"实收资本"科目载有资金600万元，其他营业账簿20本。

试计算该企业2016年2月份应纳印花税额。

（1）企业领受权利、许可证照应纳税额：

应纳税额 = $3 \times 5 = 15$（元）

（2）企业订立产权转移书据应纳税额：

应纳税额 = $800\,000 \times 0.5‰ = 400$（元）

（3）企业订立购销合同应纳税额：

应纳税额 = $1\,500\,000 \times 0.3‰ = 450$（元）

（4）企业订立借款合同应纳税额：

应纳税额 = $400\,000 \times 0.05‰ = 20$（元）

（5）企业营业账簿中"实收资本"所载资金：

应纳税额 = $6\,000\,000 \times 0.5‰ = 3\,000$（元）

（6）企业其他营业账册应纳税额：

应纳税额 = $20 \times 5 = 100$（元）

（7）2月份企业应纳印花税税额：

应纳税额 = $15 + 400 + 450 + 20 + 3\,000 + 100 = 3\,985$（元）

## （二）代理印花税纳税申报操作规范与申报表填制方法

印花税的计税并不复杂，然而其税目众多，有13个，税率也各不相同，涉及企业生产经营的多个环节，很容易出现错报漏缴而受到惩处。代理印花税纳税申报，税务师应详细了解委托人应税凭证的范围，做到及时贴花完税。

1. 代理印花税纳税申报操作规范。

（1）了解企业生产经营所属的行业以及生产经营项目的特点，确定应税凭证可能发生的主要范围。

（2）核查企业当期书立的购销合同、加工承揽合同、货物运输合同、技术合同、营业账簿（记载资金的账簿）等，按合同金额和适用的税率计算应纳税额。企业当期领受的权利证照、书立的营业账簿（其他账簿）等，按件数和固定税额计算应纳税额。

（3）核查企业具有合同性质的票据、单据。如运输费用发票，购销单位相互之间开出订单、要货单、传真函件等，均应视为应税凭证按规定贴花。

（4）对于加工承揽合同、货物运输合同等在计税时可作一定金额扣除的应税凭证，还应核查计税金额与扣除金额，确定计税依据。

（5）核查企业可能发生应税凭证业务的核算账户，如"实收资本""资本公积""固定资产""制造费用""管理费用"等，以防止漏缴税款。

（6）将本期各应税凭证印花税税额汇总计算后，如税额较小可到税务机关购买印票贴花完税，并在每枚税票的骑缝处划销；税额较大的（税法规定为超过500元）可用税收缴款书缴纳税款。

（7）如果企业应税凭证种类多，纳税次数发生频繁，且金额较大，可向主管税务机关申请采取汇总缴纳的方法。汇总缴纳的期限为一个月。采用按期汇总缴纳方式的纳税人应事先告知主管税务机关。缴纳方式一经选定，一年内不得改变。

2. 代理填制印花税纳税申报表的方法。本表适用于各类应税凭证印花税的纳税申报，能够将应税凭证当月申报与即时贴花完税的情况作全面综合的反映。

（1）"应税凭证名称"按合同适用的印花税税目填写。

（2）"计税金额"应填写印花税的计税依据。

（3）"已纳税额"反映本月已贴花的税额，或以缴款书缴纳的印花税税额。

（4）"购花贴花情况"反映企业购买印花税票自行完税贴花后结存的税票金额。本栏为税务机关提供税收票证管理的原始资料。

（5）各栏计算关系表中已注明，无需赘述。

根据【同步案例8-1】的资料填报印花税纳税申报表，如表8-1所示。

## 二、印花税纳税审核

印花税就列举的应税凭证贴花完税，征税对象种类繁多，适用税率各异，代理纳税审核的基本方法是对纳税人所有涉税凭证进行全面检查。

### （一）审核应税凭证

1. 应税合同审核要点。

（1）审核征税范围。纳税人在经济交往中书立的凭证种类很多，鉴别所书立的凭证是否具有合同性质，进而判别印花税征免。在到相关部门了解凭证书立或领受情况后，应根据有关政策规定，对照纳税人的凭证从其内容、性质等方面进行审核，关键是审核纳税人有无错划凭证性质，造成误缴或漏纳印花税的问题。

**表8-1**

税款所属期限：自2016年2月1日至2016年2月28日

纳税人识别号 □□□□□□□□

# 印花税税纳税申报（报告）表

填表日期：2016年3月×日

金额单位：元至角分

√单位 □个人

| 纳税人信息 | 名称 | | | | |
|---|---|---|---|---|---|
| | 登记注册类型 | | | 所属行业 | |
| | 身份证件类型 | | | 身份证件号码 | |
| | 联系方式 | | | | |

| 应税凭证 | 计税金额或件数 1 | 核定征收 核定依据 2 | 核定比例 3 | 适用税率 4 | 本期应纳税额 5=1×4+2×3×4 | 本期已缴税额 6 | 本期减免税额 减免性质代码 7 | 减免额 8 | 本期应补（退）税额 9=5-6-8 |
|---|---|---|---|---|---|---|---|---|---|
| 购销合同 | 1 500 000 | | | 0.3‰ | 450 | | | | 450 |
| 加工承揽合同 | | | | 0.5‰ | | | | | |
| 建设工程勘察设计合同 | | | | 0.5‰ | | | | | |
| 建筑安装工程承包合同 | | | | 0.3‰ | | | | | |
| 财产租赁合同 | | | | 1‰ | | | | | |
| 货物运输合同 | | | | 0.5‰ | | | | | |
| 仓储保管合同 | | | | 1‰ | | | | | |
| 借款合同 | 400 000 | | | 0.05‰ | 20 | | | | 20 |
| 财产保险合同 | | | | 1‰ | | | | | |
| 技术合同 | 800 000 | | | 0.3‰ | 400 | | | | |
| 产权转移书据 | | | | 0.5‰ | | | | | |
| 营业账簿（记载资金的账簿） | 6 000 000 | — | | 0.5‰ | 3 000 | | | | 3 000 |

续表

| 应税凭证 | 计税金额或件数 | 核定征收 | | 适用税率 | 本期应纳税额 | 本期已缴税额 | 本期减免税额 | | 本期应补（退）税额 |
| | | 核定依据 | 核定比例 | | | | 减免性质代码 | 减免额 | |
| | 1 | 2 | 3 | 4 | 5 = 1 × 4 + 2 × 3 × 4 | 6 | 7 | 8 | 9 = 5 − 6 − 8 |
| 营业账簿（其他账簿） | 20 | — | | 5 | 100 | | | | 100 |
| 权利、许可证照 | 3 | — | | 5 | 15 | | | | 15 |
| 合计 | — | — | | — | 3 985 | | | | 3 985 |

以下由纳税人填写：

| 纳税人声明 | 此纳税申报表是根据《中华人民共和国印花税暂行条例》和国家有关税收规定填报的，是真实的、可靠的、完整的。 | |
| 纳税人签章 | 代理人签章 | 代理人身份证号 |

以下由税务机关填写：

| 受理人 | 受理日期 | 年　月　日 | 受理税务机关签章 |

本表一式两份，一份纳税人留存，一份税务机关留存。

减免性质代码：减免性质代码按照税务机关最新制发的减免税政策代码表中的最细项减免性质代码填报。

224

（2）审核应税合同的计税依据。①合同所载金额有多项内容的，是否按规定计算纳税。例如，对各类技术合同，一般应按合同所载价款、报酬、使用费的合计金额依率计税，但为了鼓励技术研究开发，对技术开发合同，只就合同所载的报酬金额计税，研究开发经费不作为计税依据。②已税合同修订后增加金额的，是否补贴印花。③未注明金额或暂时无法确定金额的应税凭证，是否已按规定贴花。例如，技术转让合同中的转让收入，是按销售收入的一定比例收取或是按实现利润分成；财产租赁合同只是规定了月（天）租金标准而无期限。对于这类合同，可在签订时先按定额 5 元贴花，以后结算时再按实际金额计税，补贴印花。

（3）审核应税合同的适用税率。①纳税人有无将按比例税率和按定额税率计征的相互混淆。如将营业账簿中记载有"实收资本"和"资本公积"的账簿等同于其他账簿，错按定额 5 元纳税贴花。②纳税人有无将载有多项不同性质经济业务的经济合同误用税目税率。例如，一份合同中，分别记载有"加工承揽合同"和"购销合同"的经济内容，纳税人未分别按各自的税目税率计税贴花，而全部套用"购销合同"税目税率计税贴花。③纳税人有无将性质相似的凭证误用税目税率。如将建设工程勘察设计合同错按建筑工程承包合同的税率计税贴花。

2. 其他凭证的审核要点。

（1）审核营业账簿计税情况。首先，审核企业有无错划核算形式，漏缴印花税的问题。例如，采用分级核算形式的纳税人，仅就财会部门本身设置的账簿计税贴花，对设置在二级核算单位和车间的明细账未按规定计税贴花的情况。其次，审核资金账簿计税情况是否正确。例如，企业"实收资本"和"资本公积"两项合计金额大于已贴花资金的，是否按规定就增加部分补贴印花税票。最后，审核其他账簿是否按规定计税贴花，除总分类账簿以外的账簿，包括日记账簿和各明细分类账等，是否按件贴花。

（2）审核产权转移书据、权利许可证照的计税情况。首先了解和掌握纳税人在经济活动和经济交往中都订立、领受了哪些产权转移书据。其次审阅产权转移书据的内容，并与"固定资产""无形资产"等账户发生额核对，核实其实际发生的计税金额；同时按规定的税率验算其应纳税额，并与产权转移书据上粘贴的印花税票核对，看是否存在错算或少缴印花税的问题。注意商品房销售按产权转移书据贴花，不按购销合同贴花。

【同步案例 8 - 2】

税务师张某于 2017 年 1 月 5 日受托对某化工企业印花税纳税情况进行代理审核，发现该厂在 2016 年流动资金严重短缺的情况下，号召全体职工向厂集资入股 2 000 元至 5 000 元不等，共获得集资款 250 万元，所集资金记入"其他应付款"账户。经认真核对实收资本科目和资本公积科目，发现所收集资款并未申报贴花。税务师认为根据税法规定，该企业应调增实收资本 2 500 000 元的 0.5‰贴印花税票 1 250 元。故企业应补贴印花税 1 250 元，并作相关调账分录：

（1）调增实收资本。

借：其他应付款 2 500 000

贷：实收资本 2 500 000

（2）补缴印花税。

借：税金及附加——印花税 1 250

贷：银行存款 1 250

全面试行营业税改征增值税后，"营业税金及附加"科目名称调整为"税金及附加"科目，该科目核算企业经营活动发生的消费税、城市维护建设税、资源税、教育费附加及房产税、土地使用税、车船使用税、印花税等相关税费；利润表中的"营业税金及附加"项目调整为"税金及附加"项目。

**【相关链接】**

《关于印发〈增值税会计处理规定〉的通知》

http：//www. mof. gov. cn/mofhome/kjs/zhengwuxinxi/zhengcefabu/201612/t20161212 _ 2479869. html

### （二）应纳税额的审核

1. 减税免税审核要点。审核时，要注意纳税人已按免税处理的凭证是否为免税合同，有无混淆征免税界限、扩大减免税范围的情况。

2. 履行完税手续审核要点。

（1）审核纳税人是否按规定及时足额地履行完税手续，有无在应纳税凭证上未贴印花税票的情况；已贴印花税票有无未注销或者未划销的情况；有无将已贴用的印花税票揭下重用的问题。

（2）审核平时"以表代账"的纳税人，在按月、按季或按年装订成册后，有无未按规定贴花完税的问题。

# 第二节　土地增值税代理与审核

## 一、土地增值税纳税申报

土地增值税纳税申报应在转让房地产合同签订后 7 日内，到房地产所在地主管税务机关办理；经常转让经审核可以按月按季申报纳税。纳税人办理申报手续时应提交房屋及建筑物产权证书、土地使用权证书、土地转让合同、房屋买卖合同、房地产评估报告及其他与转让房地产有关的资料。纳税人采取预售方式销售房地产的，对在项目全部竣工前转让房地产取得的收入，税务机关可以预征土地增值税，之后纳税清算，多退少补。

### （一）土地增值税的计算方法

土地增值税以纳税人转让房地产所取得的增值额为税基，依据超率累进税率，计算应纳税额。计算公式是：

$$应纳税额 = 土地增值额 × 适用税率 − 扣除项目金额 × 速算扣除系数$$

营改增后，纳税人转让房地产的土地增值税应税收入不含增值税。适用增值税一般计税方法的纳税人，其转让房地产的土地增值税应税收入不含增值税销项税额；适用简易计税方法的纳税人，其转让房地产的土地增值税应税收入不含增值税应纳税额。

为方便纳税人，简化土地增值税预征税款计算，房地产开发企业采取预收款方式销售自行开发的房地产项目的，可按照以下方法计算土地增值税预征计征依据：

$$土地增值税预征的计征依据 = 预收款 − 应预缴增值税税款$$

营改增后，计算土地增值税增值额的扣除项目中"与转让房地产有关的税金"不包括增值税。房地产开发企业实际缴纳的城市维护建设税（以下简称"城建税"）、教育费附加，凡能够按清算项目准确计算的，允许据实扣除。凡不能按清算项目准确计算的，则按该清算项目预缴增值税时实际缴纳的城建税、教育费附加扣除。

### 【相关链接】

《关于营改增后土地增值税若干征管规定的公告》

http：//www. chinatax. gov. cn/n810341/n810755/c2393295/content. html

### 【同步案例 8 − 3】

某房地产开发公司专门从事高档住宅商品房开发。2017 年 3 月 2 日，该公司出售高档住宅一幢，总面积 9 100 平方米，不含增值税的销售价格为 20 000 元/平方米。该房屋支付土地出让金 2 000 万元，房地产开发成本 8 800 万元，利息支出为 1 000 万元，其中 40 万元为银行罚息（不能按收入项目准确分摊）。假设城建税税率为 5%，印花税税率为 0.05%、教育费附加征收率为 3%，地方教育费附加征收率 2%。当地省级人民政府规定允许扣除的其他房地产开发费用的扣除比例为 10%。假设该项目缴纳增值税 910 万，请计算该项目应该缴纳的土地增值税。

1. 销售收入 = 9 100 × 20 000 ÷ 10 000 = 18 200（万元）
2. 计算扣除项目：
（1）取得土地使用权所支付的金额：2 000（万元）
（2）房地产开发成本：8 800（万元）
（3）房地产开发费用 =（2 000 + 8 800）× 10% = 1 080（万元）
（4）税金：
城建税及教育费附加 = 910 ×（5% + 3% + 2%）= 91（万元）

印花税 = 18 200 × 0.05% = 9.1 （万元）

土地增值税中可以扣除的税金 = 91 （万元）

（5）加计扣除 = （2 000 + 8 800）× 20% = 2 160 （万元）

扣除项目金额合计 = 2 000 + 8 800 + 1 080 + 91 + 2 160 = 14 131 （万元）

3. 增值额 = 18 200 − 14 131 = 4 069 （万元）

4. 增值率 = 4 069 ÷ 14 131 = 28.79% < 50%

5. 适用税率 30%

6. 应纳土地增值税税额 = 4 069 × 30% = 1 220.7 （万元）

## 【同步案例 8 − 4】

某市贸易公司于 2016 年 8 月 16 日将拥有的商铺以含税价 840 万元出售，出具了增值税普通发票。经审核：该商铺购买发票显示开票日期为 2011 年 1 月 18 日，金额为 500 万元；缴纳契税 15 万元、印花税 0.25 万元，支付手续费 10 万元；商铺购进后发生装修费用 75 万元；商铺于 2011 年 6 月 18 日开始投入使用。贸易公司除将印花税计入"管理费用"外，商铺购置的价款、税费和装修费均计入"固定资产"，合计原值为 600 万元。假设城建税税率为 7%，印花税税率为 0.05%、教育费附加征收率为 3%，地方教育费附加征收率 2%。请计算该项目应该缴纳的土地增值税。

1. 销售收入 = 840 ÷ 1.05 = 800 （万元）

2. 商铺出售时应缴纳的相关税费。公司选择简易方法计税：

（1）增值税 = （840 − 500）÷ 1.05 × 5% = 16.19 （万元）

（2）城建税和教育费附加 = 16.19 × （7% + 3% + 2%）= 1.9428 （万元）

（3）印花税 = 840 × 0.05% = 0.42 （万元）

（4）土地增值税中可以扣除的税金 = 1.9428 + 0.42 = 2.3628 （万元）

3. 扣除项目 = 500 × （1 + 6 × 5%）+ 15 + 2.3628 = 667.3628 （万元）

4. 增值额 = 800 − 667.3628 = 132.6372 （万元）

5. 增值额占扣除项目金额的比例 = 132.6372/667.3628 × 100% = 19.87%，适用土地增值税税率为 30%

6. 应缴纳土地增值税 = 132.6372 × 30% = 39.79116 （万元）

## （二）代理土地增值税纳税申报操作规范与申报表填制方法

1. 土地增值税纳税申报操作规范。

（1）核查房地产投资立项合同、批准证书和房地产转让合同，确认投资立项与转让及房地产开发项目的性质。如属于免税项目，应向主管税务机关申请办理免征土地增值税的备案手续。

（2）核查"应收账款""预收账款""经营收入""其他业务收入""固定资产清理"

主要的原始凭证,确认本期应申报的全部转让房地产收入。注意:根据《关于营改增后契税、房产税、土地增值税、个人所得税计税依据问题的通知》(2016)的规定,土地增值税纳税人转让房地产取得的收入为不含增值税收入。

(3)核查土地使用权转让合同及付款凭证,确认土地出让金的实际缴付金额。

(4)核查"开发成本"账户及开发建筑承包合同与付款凭证,确认土地征用及拆迁费、前期工程费等开发支出。提示:土地增值税扣除项目涉及的增值税进项税额,允许在销项税额中计算抵扣的,不计入扣除项目,不允许在销项税额中计算抵扣的,可以计入扣除项目。

(5)核查"财务费用"账户及相关借款合同,确认利息支出并按税法规定计算扣除其他房地产开发费用应根据利息计算分摊情况,以土地出让金和开发成本为基数按规定比例计算。

(6)核查"税金及附加"账户及缴税原始凭证,确认与转让房地产有关的税金。

(7)核查有关旧房及建筑物房地产评估机构出具的评估报告及原始资料,确认重置成本价及成新度折扣率。

在经过以上步骤操作之后可计算得出土地增值额,按适用税率计算应纳税额。由于房地产开发项目投资大、工期长,在项目全部竣工结算前,难以计算纳税人转让房地产的增值额,一般按预收款收入的一定比例预缴税款,待竣工结算后清算,多退少补。因此,代理房地产企业土地增值税预缴申报,可主要依确认征免和核查转让房地产收入的程序进行操作。

2. 代理编制土地增值税纳税申报表的方法。根据《国家税务总局关于修订土地增值税纳税申报表的通知》(2016)的有关规定,土地增值税纳税申报表分为七种,分别情况适用于房地产开发企业和适用于非从事房地产开发的纳税人。

(1)从事房地产开发的纳税人填报土地增值税纳税申报表。从事房地产开发与建设的纳税人,在立项后及每次转让时填报《土地增值税项目登记表》;在每次转让预征时填报《土地增值税纳税申报表(一)》;清算时填报《土地增值税纳税申报表(二)》;清算后尾盘销售时填报《土地增值税纳税申报表(四)》《清算后尾盘销售土地增值税扣除项目明细表》。纳税人清算方式为核定征收填报《土地增值税纳税申报表(五)》。从事房地产开发与建设的纳税人及非从事房地产开发的纳税人,在整体转让在建工程时填报《土地增值税纳税申报表(六)》。

在诸多土地增值税申报表中,《土地增值税纳税申报表(二)》相对复杂并重要,值得说明其填报方法。

①"转让房地产收入总额",为第2栏至第4栏的计算,按纳税人在转让房地产开发项目所取得的全部收入额(不含增值税)填写。

②"扣除项目金额合计",为第6栏至第22栏的计算,包括:

第一,"取得土地使用权所支付的金额",按纳税人为取得该房地产开发项目所需要的土地使用权而实际支付(补交)的土地出让金(地价款)及按国家统一规定交纳的有关费用的数额填写。

第二，"房地产开发成本"，为 第 8 栏至第 13 栏的计算，填写实际发生的各项开发成本，如果开发成本同时包含了两个或两个以上计税单位，应按一定比例分摊。

第三，"房地产开发费用"，其中，利息支出如符合税法规定可据实填写；反之，利息支出不符合单独计算列支规定的本栏数额为零。其他房地产开发费用，利息单独计算扣除的，按取得土地使用权所支付的价款和房地产开发成本合计数的 5% 计算扣除；利息不允许单独计算扣除的，在合计数 10% 以内计算扣除。

第四，"与转让房地产有关的税金"，为第 18 栏至第 20 栏的计算，按转让房地产时实际缴纳的城市维护建设税、教育费附加三项合计数填写，不包括增值税。

第五，"财政部规定的其他扣除项目"，填写按税法规定可根据取得土地使用权时支付的价款和房地产开发成本之和加计 20% 的扣除。

③"适用税率"，本栏按土地增值税所适用的最高一级税率填写。如果属于免税项目，税率应为零。

④其他各栏的内容及计算关系税法已有详细规定，不再赘述。

根据【案例 8-3】的资料填报《土地增值税纳税申报表（二）》，如表 8-2 所示。

（2）非从事房地产开发的纳税人填报土地增值税纳税申报表。非从事房地产开发的纳税人应在签订房地产转让合同后的 7 日内，向房地产所在地主管税务机关填报《土地增值税纳税申报表（三）》；清算方式为核定征收时填报《土地增值税纳税申报表（七）》。其中，《土地增值税纳税申报表（三）》填报的基本要求与《土地增值税纳税申报表（二）》相同的栏目同前述，下面仅对不同栏目的内容作出说明。

①"旧房及建筑物的评估价格"，是按重置成本法并经主管税务机关确认的评估旧房及建筑物价格。其中，旧房及建筑物的重置成本价，是由政府批准设立的房地产评估机构评定的重置成本价，成新度折扣率是旧房及建筑物新旧程度折扣率。

②"与转让房地产有关的税金"，除城市维护建设税和教育费附加外，还包括与转让房地产有关的印花税。

③"评估费用"，是指纳税人转让旧房及建筑物时因计算纳税的需要而对房地产进行评估，其支付的评估费用允许在计算增值额时予以扣除。

④"购房发票金额"，区分以下情形填写：提供营业税销售不动产发票的，按发票所载金额填写；提供增值税专用发票的，按发票所载金额与不允许抵扣进项税额合计金额数填写；提供增值税普通发票的，按照发票所载价税合计金额数填写。

根据【案例 8-4】资料填报《土地增值税纳税申报表（二）》，如表 8-3 所示。

【相关链接】

《关于修订土地增值税纳税申报表的通知》

http://www.chinatax.gov.cn/n810341/n810765/n1990035/n1990092/c2304358/content.html

## 表 8-2

### 土地增值税纳税申报表（二）

（从事房地产开发的纳税人清算适用）

税款所属时间：　年　月　日至　　年　月　日　　　　　　　金额单位：元至角分

填表日期：　年　月　日　　　　　　面积单位：平方米

纳税人识别号：

| 纳税人名称 | | 项目编号 | | 项目名称 | | 项目地址 | |
|---|---|---|---|---|---|---|---|
| 所属行业 | | 纳税人地址 | | 登记注册类型 | | 邮政编码 | |
| 开户银行 | | 主管部门 | | 银行账号 | | 电　话 | |

| 总可售面积 | | 自用和出租面积 | |
|---|---|---|---|
| 已售面积 | | 其中：普通住宅已售面积 | |
| | | 其中：非普通住宅已售面积 | |
| | | 其中：其他类型房地产已售面积 | |

| 项　　目 | 行次 | 金　　额 | | | |
|---|---|---|---|---|---|
| | | 普通住宅 | 非普通住宅 | 其他类型房地产 | 合计 |
| 一、转让房地产收入总额　1＝2＋3＋4 | 1 | 182 000 000 | | | 182 000 000 |
| 其中 | 货币收入 | 2 | 182 000 000 | | | 182 000 000 |
| | 实物收入及其他收入 | 3 | | | | |
| | 视同销售收入 | 4 | | | | |
| 二、扣除项目金额合计　5＝6＋7＋14＋17＋21＋22 | 5 | 141 310 000 | | | 141 310 000 |
| 1. 取得土地使用权所支付的金额 | 6 | 20 000 000 | | | 2 000 000 |
| 2. 房地产开发成本　7＝8＋9＋10＋11＋12＋13 | 7 | 88 000 000 | | | 88 000 000 |
| 其中 | 土地征用及拆迁补偿费 | 8 | | | | |
| | 前期工程费 | 9 | | | | |
| | 建筑安装工程费 | 10 | | | | |
| | 基础设施费 | 11 | | | | |

231

续表

| 项　目 | | 行次 | 金　额 | | | |
| --- | --- | --- | --- | --- | --- | --- |
| | | | 普通住宅 | 非普通住宅 | 其他类型房地产 | 合计 |
| 其中 | 公共配套设施费 | 12 | | | | |
| | 开发间接费用 | 13 | | | | |
| 3. 房地产开发费用　14＝15＋16 | | 14 | | 10 800 000 | | 10 800 000 |
| 其中 | 利息支出 | 15 | | | | |
| | 其他房地产开发费用 | 16 | | | | |
| 4. 与转让房地产有关的税金等　17＝18＋19＋20 | | 17 | | 910 000 | | 910 000 |
| 其中 | 营业税 | 18 | | | | |
| | 城市维护建设税 | 19 | | | | |
| | 教育费附加 | 20 | | | | |
| 5. 财政部规定的其他扣除项目 | | 21 | | 21 600 000 | | 21 600 000 |
| 6. 代收费用 | | 22 | | | | |
| 三、增值额　23＝1－5 | | 23 | | 40 690 000 | | 40 690 000 |
| 四、增值额与扣除项目金额之比（%）　24＝23÷5 | | 24 | | 28.79 | | 28.79 |
| 五、适用税率（%） | | 25 | | 30 | | 30 |
| 六、速算扣除系数（%） | | 26 | | | | |
| 七、应缴土地增值税税额　27＝23×25－5×26 | | 27 | | 12 207 000 | | 12 207 000 |
| 八、减免税额　28＝30＋32＋34 | | 28 | | | | |

续表

| 项　目 | | 行次 | 金　额 | | | |
|---|---|---|---|---|---|---|
| | | | 普通住宅 | 非普通住宅 | 其他类型房地产 | 合计 |
| 其中 | 减免税(1) 减免性质代码(1) | 29 | | | | |
| | 减免税额(1) | 30 | | | | |
| | 减免税(2) 减免性质代码(2) | 31 | | | | |
| | 减免税额(2) | 32 | | | | |
| | 减免税(3) 减免性质代码(3) | 33 | | | | |
| | 减免税额(3) | 34 | | | | |
| 九、已缴土地增值税税额 | | 35 | | | | |
| 十、应补(退)土地增值税税额 36 = 27 − 28 − 35 | | 36 | | | | |

以下由纳税人填写:

| 纳税人声明 | 此纳税申报表是根据《中华人民共和国土地增值税暂行条例》及其实施细则和国家有关税收规定填报的,是真实的、可靠的、完整的。 |
|---|---|
| 纳税人签章 | 代理人签章 | 代理人身份证号 |

以下由税务机关填写:

| 受理人 | 受理日期　　　年　月　日 | 受理税务机关签章 |

本表一式两份,一份纳税人留存,一份税务机关留存。

**表 8 –3**  土地增值税纳税申报表（三）

（非从事房地产开发的纳税人适用）

税款所属时间： 年 月 日至 年 月 日　　　　　填表日期： 年 月 日

金额单位：元至角分　　　　　　　　　　　　　　面积单位：平方米

纳税人识别号 □□□□□□□□□□□□□□□□□

| 纳税人名称 | | 项目名称 | | 项目地址 | |
|---|---|---|---|---|---|
| 所属行业 | | 登记注册类型 | 纳税人地址 | | 邮政编码 |
| 开户银行 | | 银行账号 | 主管部门 | | 电　话 |

| 项　　　目 | | | 行次 | 金　　额 |
|---|---|---|---|---|
| 一、转让房地产收入总额　1 = 2 + 3 + 4 | | | 1 | 8 000 000 |
| 其中 | 货币收入 | | 2 | 8 000 000 |
| | 实物收入 | | 3 | |
| | 其他收入 | | 4 | |
| 二、扣除项目金额合计<br>（1）5 = 6 + 7 + 10 + 15<br>（2）5 = 11 + 12 + 14 + 15 | | | 5 | 6 673 628 |
| （1）提供评估价格 | 1. 取得土地使用权所支付的金额 | | 6 | |
| | 2. 旧房及建筑物的评估价格 7 = 8 × 9 | | 7 | |
| | 其中 | 旧房及建筑物的重置成本价 | 8 | |
| | | 成新度折扣率 | 9 | |
| | 3. 评估费用 | | 10 | |
| （2）提供购房发票 | 1. 购房发票金额 | | 11 | 5 000 000 |
| | 2. 发票加计扣除金额　12 = 11 × 5% × 13 | | 12 | 1 500 000 |
| | 其中：房产实际持有年数 | | 13 | 6 |
| | 3. 购房契税 | | 14 | 150 000 |
| 4. 与转让房地产有关的税金等　15 = 16 + 17 + 18 + 19 | | | 15 | 23 628 |
| 其中 | 营业税 | | 16 | |
| | 城市维护建设税 | | 17 | 11 333 |
| | 印花税 | | 18 | 4 200 |
| | 教育费附加 | | 19 | 8 095 |
| 三、增值额　20 = 1 – 5 | | | 20 | 132.6372 |
| 四、增值额与扣除项目金额之比（%）　21 = 20 ÷ 5 | | | 21 | 19.87 |

续表

| 项　　　　目 | 行次 | 金　　额 |
|---|---|---|
| 五、适用税率（%） | 22 | 30 |
| 六、速算扣除系数（%） | 23 | |
| 七、应缴土地增值税税额　24 = 20 × 22 − 5 × 23 | 24 | 3 979 116 |
| 八、减免税额（减免性质代码：＿＿＿＿＿＿） | 25 | |
| 九、已缴土地增值税税额 | 26 | |
| 十、应补（退）土地增值税税额　27 = 24 − 25 − 26 | 27 | |
| 以下由纳税人填写： | | |
| 纳税人声明 | 此纳税申报表是根据《中华人民共和国土地增值税暂行条例》及其实施细则和国家有关税收规定填报的，是真实的、可靠的、完整的。 | |
| 纳税人签章 | 代理人签章 | 代理人身份证号 |
| 以下由税务机关填写： | | |
| 受理人 | 受理日期　　年　月　日 | 受理税务机关签章 |

本表一式两份，一份纳税人留存，一份税务机关留存。

## 二、土地增值税纳税审核

对土地增值税进行纳税审核，必须结合会计核算进行，而且要特别注意会计处理与税法规定不相一致需要调整的某些问题。关键是核实转让房地产所取得的收入和法定的扣除项目金额，以此确定增值额和适用税率，并核查应纳税额。

### （一）转让房地产收入审核要点

纳税人转让房地产取得的收入，应包括转让房地产的全部价款及有关的经济收益。从收入的形式来看，包括货币收入、实物收入和其他收入。检查时，应着重从以下几方面进行：

1. 审核收入明细账，如房地产开发企业"经营收入"明细账，非房地产开发企业的"其他业务收入"（转让土地使用权）、"固定资产清理"（转让房地产）明细账等账户，并与房地产转让合同、记账凭证、原始凭证相核对，看企业有无分解房地产收入或隐瞒房地产收入的情况。

2. 审核往来账户，如"应付账款""预付账款""分期收款开发产品""其他应付款"等账户，并与有关转让房地产合同、会计凭证相核对，看有无将房地产收入长期挂账、不及时申报纳税的情况。

3. 审核房地产的成交价格，看其是否正常合理。对于转让房地产的成交价格明显低于评估价格，而又无正当理由的，应由评估部门进行评估，按房地产评估价格计算应纳的土地增值税。

## （二）扣除项目金额审核要点

1. 审核取得土地使用权所支付的金额。按照《房地产开发企业会计制度》规定，实行国有土地使用权有偿使用后，企业为建办公楼房等而获得的土地使用权所支付的土地出让金，在"无形资产"科目中核算；企业为房地产开发而获得的土地使用权所支付的土地出让金，在"开发成本"科目中核算。审核"无形资产"或"开发成本"账户，应与土地转让合同和有关会计凭证等相互核对，审核开发成本的分配与结转是否正确。例如，分期、分批开发、分块转让，其取得土地使用权时所支付的金额就需要在已开发转让、未开发转让的项目中进行分配，仅就对外转让部分计入扣除，审核时应根据"开发产品""分期收款开发产品""经营成本"明细账进行核实。

2. 审核房地产开发成本。房地产开发成本通过"开发成本"账户核算，开发成本的种类应按"土地开发""房屋开发""配套设施开发"和"代建工程开发"等设置明细账，按成本项目进行核算。房地产开发企业发生的开发间接费用，先通过"开发间接费用"账户核算，期末按企业成本核算办法的规定，分摊记入"开发成本"各明细账户之中。

审核房地产开发成本应着重从以下几个方面进行：

（1）审核"开发成本"明细账，并与有关会计凭证相核对，看企业成本核算是否真实、准确，有无将不属于开发房地产的成本、费用挤入"开发成本"的情况；有关成本费用在各成本核算对象之间的分配和结转有无差错，有无多转"开发产品"成本的情况。

（2）审核"开发间接费用"明细账，并与有关会计凭证相核对，看有无不属于开发产品的费用计入了开发间接费用之中；已发生的开发间接费用在各成本核算对象之间的分配与结转是否合理、正确；有无多计应税项目费用而少计非应税项目费用的情况。

（3）审核"开发产品""分期收款开发产品""主营业务成本"各有关明细账，并与房地产转让合同、会计凭证相核对，看成本结转办法是否正确，有无虚列、多转房地产销售成本的情况。

3. 审核房地产开发费用。房地产开发费用是指与房地产开发项目有关的销售费用、管理费用和财务费用。这三项费用作为期间费用，直接计入当期损益，不按成本核算对象进行分摊。

审核企业借款情况，看其借款利息支出能否按转让房地产项目计算分摊：一是利息的上浮幅度要按国家的有关规定执行，超过上浮幅度的部分不允许扣除；二是对于超过贷款期限的利息部分和加罚的利息不允许扣除。

4. 审核与转让房地产有关的税金。企业转让房地产时缴纳的城市维护建设税、教育费附加、印花税，在"税金及附加""应交税费"账户核算。审核时，应注意与土地增值税纳税申报表相核对，看其申报抵扣的税金是否正确。

5. 审核其他扣除项目。对从事房地产开发的纳税人，可按取得土地使用权所支付的金额与房地产开发成本计算的金额之和，加计 20% 扣除。审核时，应在核实纳税人取得土地使用权所支付的金额和房地产开发成本的基础上，按规定的扣除比例重新计算核实，看企业申报扣除的金额有无差错。

### （三）应纳税额的审核

审核应纳税额是否正确的程序是：（1）核实增值额；（2）以增值额除以扣除项目金额，核查增值额占扣除项目金额的比率，以此确定该增值额适用的级距、税率和速算扣除系数；（3）计算土地增值税应纳税额。

# 第三节 房产税申报代理与审核

## 一、房产税纳税申报

房产税是一种财产税，由地方税务局负责征收管理，属于地方税。地方政府在法律规定的范围内有一定的自主权。因此代理时既要参照税法的一般规定，又要查看当地的特殊规定。当前房产税的课税范围暂不包括住宅，但上海、重庆作为试点，制定了住宅征收房产税的办法，代理时需要注意。

### （一）房产税的计算方法

房产税实行从价或从租计征。实行从价计征的，房产税依照房产原值一次减除 10%～30% 后的余值计算缴纳，房产原值以不含增值税的价格确定，具体减除幅度，由省、自治区、直辖市人民政府规定。没有房产原值作为依据的，由房产所在地税务机关参考同类房产核定。房产出租的，以房产租金收入为房产税的计税依据。计税公式分别为：

$$房产税应纳税额 = 房产余值 \times 税率（1.2\%）$$
或 $$房产税应纳税额 = 房产租金收入 \times 税率（12\%）$$

企业缴纳的房产税应在"税金及附加"科目中列支，计算应缴房产税时，借记"税金及附加"科目，贷记"应交税费——应交房产税"科目，实际缴纳房产税时，借记"应交税费——应交房产税"科目，贷记"银行存款"科目。如果企业分期缴纳的税额较大，可以通过"待摊费用"科目，分摊到"税金及附加"中。借记"税金及附加"科目，贷记

"应交税费——应交房产税"科目。

**【实务案例8-5】**

某厂2016年自有房屋10栋，房产原值共1 000万元，其中8栋用于生产，房产原值共800万元（该省规定按房产原值一次扣除30%后的余值计税）；2栋房屋租给某公司作经营用房，年租金收入10万元。按规定每年4月、10月分两次缴纳，则每次应缴的房产税为：

自用房产应纳税额 = $[800 \times (1-30\%)] \times 1.2\% \div 2 = 3.36$（万元）

租金收入应纳税额 = $10 \times 12\% \div 2 = 0.6$（万元）

## （二）代理房产税纳税申报操作规范与申报表填制方法

1. 房产税纳税申报操作规范。房产税在纳税申报时首先需要明确课税范围，其次要确认纳税义务人，重点搞清计税依据确定税率，最后要正确计算应纳税额。申报代理的要点有：

（1）核查房产是否属于免征税范围，核实房屋的用途，以此确认哪些房产需要征税，需从价计征还是从租计征。

（2）对于按现行政策应予以减免税的房产，如危房、险房、停止使用、企业停产闲置不用的房产，因大修理停用在半年以上的房产等，报请税务机关审核同意可暂免征收房产税。

（3）确认应税房屋的产权所属关系，以此判定纳税义务人。

（4）核查"固定资产""预提费用""待摊费用""在建工程""其他业务收入"等核算账户，确认应税房产的净值或租金收入，确定房产税的计税依据。

（5）核查应税房屋投入使用或竣工、验收的时间，以此确定房产税的纳税义务发生时间。

2. 代理填制房产税纳税申报表。《房产税纳税申报表》为房产税纳税申报主表，另有3张附表，附表一为《房产税减免税明细申报表》，附表二为《从价计征房产税税源明细表》，附表三为《从租计征房产税税源明细表》。

首次申报或变更申报时纳税人提交《从价计征房产税税源明细表》和《从租计征房产税税源明细表》后，《房产税纳税申报表》由系统自动生成，无需纳税人手工填写，仅需签章确认。申报房产数量大于10个（不含10）的纳税人，建议采用网络申报方式，并可选用《房产税纳税申报表汇总版》进行申报。后续申报，纳税人税源明细无变更的，税务机关提供免填单服务，根据纳税人识别号，系统根据当期有效的房产税源明细信息自动生成申报表，纳税人签章确认即可完成申报。

根据【案例8-5】，填写纳税申报表（表8-4）。

**表 8－4**　　　　　　　　　　　　**房产税纳税申报表**

税款所属期：自　　年　月　日至　　年　月　日

填表日期：2016 年 5 月 5 日　　　　　　　　　　　　金额单位：元至角分；面积单位：平方米

纳税人识别号 ☐☐☐☐☐☐☐☐☐☐☐☐☐☐☐☐☐☐

| 纳税人信息 | 名称 | | 纳税人分类 | | 单位☐　个人☐ |
|---|---|---|---|---|---|
| | 登记注册类型 | * | 所属行业 | | * |
| | 身份证件类型 | 身份证☐　护照☐　其他☐＿＿＿ | 身份证件号码 | | |
| | 联系人 | | 联系方式 | | |

**一、从价计征房产税**

| | 房产编号 | 房产原值 | 其中：出租房产原值 | 计税比例 | 税率 | 所属期起 | 所属期止 | 本期应纳税额 | 本期减免税额 | 本期已缴税额 | 本期应补（退）税额 |
|---|---|---|---|---|---|---|---|---|---|---|---|
| 1 | * | 10 000 000 | 2 000 000 | 70% | 1.2% | 1 | 6 | | | | 33 600 |
| 2 | * | | | | | | | | | | |
| 合计 | * | * | * | * | * | * | * | | | | 33 600 |

**二、从租计征房产税**

| | 本期申报租金收入 | 税率 | 本期应纳税额 | 本期减免税额 | 本期已缴税额 | 本期应补（退）税额 |
|---|---|---|---|---|---|---|
| 1 | 5 | 12% | 6 000 | | | 6 000 |
| 2 | | | | | | |
| 合计 | | * | 6 000 | | | 6 000 |

| 以下由纳税人填写： | | | |
|---|---|---|---|
| 纳税人声明 | 此纳税申报表是根据《中华人民共和国房产税暂行条例》和国家有关税收规定填报的，是真实的、可靠的、完整的。 | | |
| 纳税人签章 | | 代理人签章 | 代理人身份证号 |
| 以下由税务机关填写： | | | |
| 受理人 | | 受理日期　　年　月　日 | 受理税务机关签章 |

## 二、房产税纳税审核

### （一）自用房产审核要点

1. 审核房产的原值是否真实，有无少报、瞒报的现象，审核"固定资产"账目中房屋的造价或原价是否真实、完整，有无分解记账的情况。审核以房屋为载体，不可随意移动的附属设备和配套设施，如给排水、采暖、消防、中央空调、电气及智能化楼宇设备等，是否计入房屋原值。

2. 审核房产原值是否以不含增值税的价格确定；审核房产原值是否包含地价（未取得土地使用权支付的价款、开发土地发生的成本费用等）；审核宗地容积率低于0.5的，是否按房产建筑面积的2倍计算土地面积并据此确定计入房产原值的地价。

3. 审核纳税人对原有房屋进行改建、扩建的，是否按规定增加房屋原值，有无将其改扩建支出列入大修理范围处理的情况。

4. 审核纳税人"在建工程"明细账，看有无已完工交付使用的房产继续挂账，未及时办理转账手续、少计房产原值的情况。必要时要深入实地查看，看企业是否有账外房产。

### （二）出租房产审核要点

1. 审核计征房产税的租金收入是否不含增值税。

2. 审核"其他业务收入"等账户和房屋租赁合同及租赁费用结算凭证，核实房产租金收入，有无出租房屋不申报纳税的问题。

3. 审核有无签订经营合同隐瞒租金收入，或以物抵租少报租金收入，或将房租收入计入营业收入未缴房产税的问题。

4. 审核有无出租使用房屋，或租用免税单位和个人私有房产的问题。

5. 对投资联营的房产，审核计税依据是否正确。

### （三）应纳税额审核要点

1. 审核征免税界限的划分。各免税单位的自用房产与生产经营用房产、出租房产的划分；免税单位房产与下属单位房产的划分是否明确，划分方法是否正确，以及免税房产在改变用途成为征税房产后是否按规定申报纳税。需要时检查申报的房产用途与实际用途是否一致。

2. 审核房产税计算纳税的期限是否正确。审核房产税的使用情况及使用时间，确定计征房产税的纳税义务发生时间。注意对于新建、改造、翻建的房屋，已办理验收手续或未办理验收手续已经使用的，是否按规定期限申报纳税，有无拖延纳税期限而少计税额的问题。

3. 审核房产税纳税申报表，核实计税依据和适用税率的计算是否正确。对于固定资产账户未记载的房产原值，或房产原值明显不合理的应提议纳税人按有关程序进行评估，以保证计税依据的准确完整，企业缴纳的房产税应在"税金及附加"中列支。

**【同步案例 8 – 6】**

案例简介：某市联运公司，系交通局下属的集体企业，经营公路铁路联运，国内、国际集装箱和汽车客货运输。2015 年度账面实现主营业务收入 430 万元。主营利润 22 万元，其他业务利润 13 万元，营业外收入 42 万元，利润总额 53 万元。

税务师在 2016 年纳税审核时发现该公司房租收入数额较大，但未及时申报缴纳房产税，且房租收入归类混乱，有些收入反映在"其他业务收入"账户，有些则反映在"营业外收入"账户。经查询得知，收入归类混乱是年度中间会计更换频繁所致。经核实，该公司2015 年 1 月至 9 月期间共取得房租收入 26 万元，未申报房产税。该联运公司应补缴房产税3.12 万元（26×12%）。

账务调整：

（1）提取房产税时：

借：税金及附加　　　　　　　　　　　　　　　　　　　　　　31 200

　　贷：应交税金——应交房产税　　　　　　　　　　　　　　　31 200

（2）上缴税款时：

借：应交税金——应交房产税　　　　　　　　　　　　　　　　31 200

　　贷：银行存款　　　　　　　　　　　　　　　　　　　　　　31 200

# 第四节　城镇土地使用税申报代理与审核

## 一、城镇土地使用税的纳税申报

### （一）城镇土地使用税的计算方法

城镇土地使用税的征税范围为城市、县城、建制镇和工矿区，纳税人为在上述课税范围内使用土地的单位和个人。城镇土地使用税采用地区差别的幅度定额税率，从量计征，其应纳税额公式为：

$$应纳税额 = 单位税额 × 实际占用土地面积$$

**【同步案例 8 – 7】**

某企业实际占用土地面积 30 000 平方米，土地等级为二级，单位税额为 4 元/平方米，按季申报，该企业在一季度应缴纳城镇土地使用税为 30 000×4÷4＝30 000（元）。

会计处理：

（1）计算应缴城镇土地使用税时：

借：税金及附加　　　　　　　　　　　　　　　　　　　　30 000

　　贷：应交税费——应交城镇土地使用税　　　　　　　　　　30 000

（2）缴纳税款时：

借：应交税费——应交城镇土地使用税　　　　　　　　　　30 000

　　贷：银行存款　　　　　　　　　　　　　　　　　　　　30 000

### （二）代理城镇土地使用税的纳税申报操作规范与申报表填制方法

1. 纳税申报代理要点。城镇土地使用税的计算较为简单，主要是确定好企业实际占用的土地面积和单位税额。申报代理要点有：

（1）核查企业土地使用证上记载的面积和实际占用的土地面积，核查土地所属的类区和用途；核查企业实际占用的减税、免税土地面积及核批手续，确认减税、免税土地面积，最终确定需征税的土地面积。

（2）核查土地使用权的产权归属情况，确认纳税义务人。

（3）根据需征税土地所属的等级，确认单位税额。

（4）根据适用的单位税额计算应纳税额，按年计算分期缴纳。

2. 纳税申报表的填写。《城镇土地使用税纳税申报表》主表，还包括两张附表。附表一为《城镇土地使用税减免税明细申报表》，附表二为《城镇土地使用税税源明细表》。

首次申报或变更申报时纳税人提交《城镇土地使用税税源明细表》后，主表由系统自动生成，无需纳税人手工填写，仅需签章确认。申报土地数量大于 10 个（不含 10）的纳税人，建议采用网络申报方式，并可选用《城镇土地使用税申报表汇总版》进行确认，完成申报。后续申报，纳税人税源明细无变更的，税务机关提供免填单服务，根据纳税人识别号，系统自动打印本表，纳税人签章确认即可完成申报。根据【案例 8-7】，填写纳税申报表（表 8-5）。

## 二、城镇土地使用税的审核要点

### （一）应税土地面积的审核要点

应税土地面积是纳税人实际占用的土地面积，是计算城镇土地使用税的计税依据。对于应税土地面积，依据表 8-6 进行确认。

**表 8-5**

## 城镇土地使用税纳税申报表

税款所属期：自 年 月 日 至 年 月 日　　填表日期： 年 月 日　　　　　　　金额单位：元至角分；面积单位：平方米

纳税人识别号 ☐☐☐☐☐☐☐☐☐☐☐☐☐☐☐

| 纳税人信息 | 名称 | | | | | 纳税人分类 | 单位☐ 个人☐ |
|---|---|---|---|---|---|---|---|
| | 登记注册类型 | * | | | | 所属行业 | * |
| | 身份证照类型 | 身份证☐ 护照☐<br>军官证☐ 其他 | | | | 联系人 | 联系方式 |
| | 宗地的地号 | 土地等级 | 税额标准 | 土地总面积 | 计税月份数 | 本期应纳税额 | 减免性质代码 | 减免税总面积 | 本期减免税额 | 本期已缴税额 | 本期应补（退）税额 |
| 申报纳税信息 | | 二级 | 4 | 30 000 | 1～3 | 30 000 | | | | | |
| | | | | | | | | | | | |
| | | | | | | | | | | | |
| | 合计 | * | * | * | * | * | * | | | | |

以下由纳税人填写：

纳税人声明　此纳税申报表是根据《中华人民共和国城镇土地使用税暂行条例》和国家有关税收规定填报的，是真实的、可靠的、完整的。

纳税人签章　　　　　　　　　代理人签章　　　　　　　　代理人身份证号

以下由税务机关填写：

受理人　　　　受理日期：　　　　　受理税务机关签章

　　　　　　　　　　　　　年 月 日

本表一式两份，一份纳税人留存，一份税务机关留存。

243

**表 8 - 6**　　　　　　　　　　　　　　　　应税土地面积的确定

| 类　　型 | 计税依据 |
|---|---|
| 由省、自治区、直辖市人民政府确定的单位组织测定土地面积的纳税人 | 测定面积 |
| 尚未组织测量土地面积，但持有政府部门核发的土地使用证书的纳税人 | 以证书确认的土地面积 |
| 尚未核发土地使用证书的纳税人 | 申报的土地面积 |
| 对在城镇土地使用税征税范围内单独建造的地下建筑用地，按规定征收城镇土地使用税 | （1）已取得地下土地使用权证的，按土地使用权证确认的土地面积计算应征税款<br>（2）未取得地下土地使用权证或地下土地使用权证上未标明土地面积的，按地下建筑垂直投影面积计算应征税款<br>　　对上述地下建筑用地暂按应征税款的 50% 征收城镇土地使用税 |

审核时，应将《土地使用税纳税申报表》中填列的应税土地面积与实际测定的土地面积、土地使用证记载面积、"固定资产"账簿所载土地面积进行核对，审查其是否相符。

### （二）减免税土地面积审核要点

在审核时，要准确把握现行城镇土地使用税减免税政策。严格划分土地征免界限，审核纳税人申报的减免税额是否依据免税单位自用的或公共用地土地面积确定。对纳税人新征用的土地面积，可依据土地管理机关批准征地的文件来确定；对开山填海整治的土地和改造的废弃土地，可依据土地管理机关出具的证明文件来确定。另外，要审核是否将免税土地用于出租，多报免税土地面积。

### （三）应纳税额审核要点

根据土地所在位置和实际用途，对照当地人民政府对本地区土地划分的等级及单位税额，审核纳税人适用税率是否正确。在此基础上，需要进一步复核土地使用税纳税申报表和有关完税凭证，审核纳税人应纳税款的计算是否正确。对于新征用的耕地和非耕地，审核是否根据纳税义务发生时间足额缴纳税款。

# 第五节　资源税申报代理与审核

资源税是以特定资源为课税对象征收的一种税，随着资源税的改革，课税范围正在不断地扩大，计征方式也由以从量征收为主逐步过渡到以从价征收为主。2016 年，财政部和国家税务总局联合发布了关于全面推进资源税改革的通知，提出要扩大征税范围和实施从价计征改革，因此资源税的纳税申报代理需要随时关注最新改革情况。

## 一、资源税的纳税申报

### (一) 资源税的基本规定

资源税是对在我国领域及管辖海域开采石油、煤炭、天然气等矿产品或者生产盐的单位和个人征收的一种税。自 2016 年 7 月 1 日起,河北省试点对水资源开征了资源税,各省、自治区、直辖市 (以下统称"省级") 人民政府可以结合本地实际,根据森林、草场、滩涂等资源开发利用情况提出征收资源税的具体方案建议,报国务院批准后实施。

自 2016 年 7 月 1 日起,资源税采取"从价计征为主、从量计征为辅"的征收办法,对《资源税税目税率幅度表》中列举名称的 21 种资源品目和未列举名称的其他金属矿实行从价计征,计税依据由原矿销售量调整为原矿、精矿 (或原矿加工品)、氯化钠初级产品或金锭的销售额。对经营分散、多为现金交易且难以控管的黏土、砂石,按照便利征管原则,仍实行从量定额计征。

由于资源税的税率采用幅度比例税率形式,具体由省、自治区、直辖市人民政府规定,因此在进行资源税代理时需要按照省级政府规定确定适用税率。

实行从价定率征收的应税产品的应纳税额计算公式为:

$$应纳税额 = 计税销售额 \times 适用比例税率$$

实行从量定额征收的应税产品的应纳税额计算公式为:

$$应纳税额 = 课税数量 \times 单位税额$$

### 【同步案例 8 - 8】

某油田 2017 年 5 月生产原油 50 万吨,其中,20 万吨用于销售,不含税价 5 000 元/吨,开具了增值税专用发票;10 万吨自产自用于生产经营,另有 2 万吨在采油过程中用于加热、修井。收购联合企业的未税矿产品 3 万吨,不含税收购价 3 500 元/吨,取得增值税专用发票,企业代扣资源税款后,用银行存款支付收购款。原油资源税税率为 6%,未税矿产品资源税税率为 3%。要求计算该油田 5 月份应纳资源税并作出相应的账务处理。

5 月份 10 万吨自产自用原油视同销售征收资源税,开采原油过程中用于加热、修井的原油免税。

应纳资源税额 = 5 000 × (20 + 10) × 6% = 9 000 + 630 = 9 000 (万元)

应代扣代缴资源税 = 3 500 × 3 × 3% = 315 (万元)

资源税的会计处理如下:

(1) 企业销售应税产品时:

借:税金及附加                              60 000 000

    贷:应交税费——应交资源税                60 000 000

（2）自产自用应税产品应视同销售：

借：生产成本（管理费用等）　　　　　　　　　　　　　30 000 000

　　贷：应交税费——应交资源税　　　　　　　　　　　　　　　30 000 000

（3）收购未税矿产品应代扣代缴的资源税，计入采购成本中：

借：材料采购或原材料　　　　　　　　　　　　　　　　105 000 000

　　应交税费——应交增值税（进项税额）　　　　　　　　17 850 000

　　贷：银行存款　　　　　　　　　　　　　　　　　　　　　25 200 000

　　　　应交税费——应交资源税　　　　　　　　　　　　　　　3 150 000

（4）申报缴纳资源税：

借：应交税费——应交资源税　　　　　　　　　　　　　93 150 000

　　贷：银行存款　　　　　　　　　　　　　　　　　　　　　93 150 000

## （二）资源税的纳税申报代理操作规范与申报表填制方法

1. 纳税申报代理要点。资源税的申报有两种方式：一种是纳税单位自行申报，一种是代扣代缴，两种方式的代理要点不同。

（1）纳税单位申报代理要点。

①根据资源税课税范围，对照《资源税税目税率表》，核查应税资源品目与非应税资源品目，两者不可混同，应严格加以区分。

②核查应税品目中按政策规定可以享受减免税优惠的应税资源销售额或销售数量。

③根据地方政府规定的资源品目税率表确定应税项目适用的税率，计算填报纳税申报表。

（2）代扣代缴申报代理要点。资源税代扣代缴的适用范围是指收购的除原油、天然气、煤炭以外的资源税未税矿产品。扣缴义务人分为两类：一类是收购应税而未税矿产品的独立矿山或联合企业；一类是其他收购未税矿产品的企业。代理纳税申报时的要点有：

①核查收购未税矿产品的原始凭证和付款凭证，确定计税销售额和课税数量；

②对于独立矿山和联合企业要根据收购的未税矿产品是否与本单位矿种相同，确定适用的比例税率或单位税额。

③指导收购单位在向纳税人支付款项前进行税款扣缴，并在主管税务机关规定的期限内提交扣缴税款报告。

2. 纳税申报表的填写。《资源税纳税申报表》主表，适用于缴纳资源税的纳税人填报（另有规定除外）。还有3张附表，分别为资源税纳税申报表附表（一）、附表（二）、附表（三），由开采或生产原矿类、精矿类税目的纳税人以及发生减免税事项的纳税人填写。除"本期已缴税额"需要填写外，纳税人提交附表后，本表由系统自动生成，无需纳税人手工填写，仅需签章确认（特殊情况下需要手工先填写附表再填写主表的例外）。

根据【案例8-8】，填写纳税申报表（表8-7）。

表 8－7

# 资源税纳税申报表

根据国家税收法律法规及资源税有关规定制定本表。纳税人不论有无销售额，均应按照税务机关核定的纳税期限填写本表，并向当地税务机关申报。

税款所属时间：自　年　月　日至　年　月　日　　　　　填表日期：　年　月　日

纳税人识别号 □□□□□□□□□□□□

金额单位：元至角分

| 纳税人名称 | | | | 法定代表人姓名 | | 注册地址 | | 生产经营地址 | | |
|---|---|---|---|---|---|---|---|---|---|---|
| 开户银行及账号 | | | | 登记注册类型 | | | | 电话号码 | | |
| 税目 | 子目 | 折算率或换算比 | 计量单位 | 计税销售量 | 计税销售额 | 适用税率 | 本期应纳税额 | 本期减免税额 | 本期已缴税额 | 本期应补（退）税额 |
| | 1 | 2 | 3 | 4 | 5 | 6 | 7 | 8①＝6×7；8②＝5×7 | 9 | 10 | 11＝8－9－10 |
| | | | | | 1 000 000 | 6% | 60 000 000 | | | |
| | | | | | | | | | | |
| | | | | | | | | | | |
| 合　计 | — | — | — | — | — | | | | | |

授权声明

如果你已委托代理人申报，请填写下列资料：
为代理一切税务事宜，现授权＿＿＿＿＿＿（地址）
为本纳税人的代理申报人，任何与本申报表有关的往来文件，都可寄予此人。

授权人签字：

申报人声明

本纳税申报表是根据国家国税收法律法规及相关规定填写的，我确定它是真实的、可靠的、完整的。

声明人签字：

主管税务机关：

本表一式两份，一份纳税人留存，一份税务机关留存。

接收人：　　　　接收日期：　年　月　日

247

## 二、资源税纳税审核

### (一) 应税产品课税数量及销售额的审核

1. 销售应税产品的审核要点。

(1) 纳税人开采或生产应税产品销售的,以销售数量或销售额为计税依据。审核时,应审查"税金及附加""应交税费——应交资源税"等账户,对照销售发票存根联等原始凭证,确认销售额或销售数量是否正确。

(2) 煤炭自2014年12月1日起实行从价定率征收,在核查原煤销售额时,注意不应包括从坑口到车站、码头等的运输费用。

(3) 销售数量包括纳税人开采或者生产应税产品的实际销售数量和视同销售的自用数量;纳税人不能准确提供应税产品销售数量的,以应税产品的产量或者主管税务机关确定的折算比换算成的数量为计征资源税的销售数量。

2. 自用应税产品审核要点。

(1) 纳税人开采或者生产应税产品,自用于连续生产应税产品的,不缴纳资源税;自用于其他方面的,视同销售,缴纳资源税,以自用数量或销售额为计税依据。

(2) 应审核"生产成本""制造费用""应交税费——应交资源税"等账户,对照领料单等原始凭证,确认自产自用数量或应税销售额是否正确。对不能确认的,应以应税产品产量或主管税务机关确定的折算比换算成的数量为课税数量或应税销售额。

(3) 重点核查视同销售情况下销售额的确定是否正确,按组成计税价格计税的,需核查组成计税价格计算是否准确。

(3) 纳税人以自产的液体盐加工固体盐的,按固体盐税额征税,以加工的固体盐数量为课税数量;以外购的液体盐加工成固体盐,其加工固体盐所耗用液体盐的已纳税额准予抵扣。

### (二) 适用税目、税率的审核

自2016年7月1日起,除煤炭、天然气、石油外,采用最新的《资源税税目税率幅度表》,在规定的税率幅度内,省级人民政府根据改革前后税费平移原则,并根据资源禀赋、企业承受能力等因素,对主要应税产品提出具体适用税率建议,报财政部、国家税务总局确定核准后实施。在审核适用税目、税率时要点有:

1. 审核纳税人有无人为降低、混淆应税产品等级的现象。

2. 审核适用税目是否准确,有无将应税项目计入减免税项目少纳资源税。如将稀油计入稠油、高凝油之中,从而降低单位税额少缴税。

3. 审核以液体盐加工固体盐时有无仍按液体盐的单位税额申报纳税。

4. 审核有无未按省、自治区、直辖市人民政府规定的单位税额计算纳税。

5. 审核有无错用单位税额的情况。

## （三）减免税项目的审核

应注意审核纳税人的减免税项目是否符合政策规定，是否单独核算销售额或销售数量，未单独核算或准确核算的不能享受减免税政策。目前，具体的减免税规定为：

1. 对油田范围内运输稠油过程中用于加热的原油、天然气，免征资源税。

2. 纳税人开采或者生产应税产品过程中，因意外事故或者自然灾害等原因造成重大损失的，由省、自治区、直辖市人民政府酌情决定减税或者免税。

3. 对稠油、高凝油和高含硫天然气资源税减征40%。

4. 对三次采油资源税减征30%。

5. 对低丰度油气田资源税暂减征20%。

6. 对深水油气田资源税减征30%。

同时符合上述两项及两项以上减税规定的，只能选其一执行。

7. 对衰竭期煤矿开采的煤炭，资源税减征30%。

8. 对充填开采置换出来的煤炭，资源税减征50%。

9. 对开采稠油、高凝油、高含硫天然气、低丰度油气资源及三次采油的陆上油气田企业，根据以前年度符合减税规定的原油、天然气销售额占其原油、天然气总销售额的比例，确定资源税综合减征率和实际征收率，计算资源税应纳税额。

$$综合减征率 = \sum（减税项目销售额×减征幅度×6\%）÷总销售额$$

$$实际征收率 = 6\% - 综合减征率$$

$$应纳税额 = 总销售额×实际征收率$$

【学习思考】

1. 印花税的完税方式有何特殊之处？如何申报？有哪些申报方法？

2. 印花税代理审核应该从哪些方面开展？

3. 土地增值税代理审核转让房地产收入关注什么？

4. 土地增值税代理审核扣除项目金额要点有哪些？

5. 房产税的纳税审核要点是什么？

6. 城镇土地使用税的纳税审核要点是什么？

7. 资源税的纳税审核要点是什么？

【能力训练】

2016年7月8日，税务师张某受托对某银行进行纳税审核，实地观察该银行办公地点设在某大厦1~3层，并在审核其有关费用账目时发现有租金支出。询问财务人员了解到，该银行办公地系租用某大厦，即要求该企业出示租赁协议文书，并对该租赁协议进行审核，发现协议未贴印花税票。租赁协议规定：办公楼 1～2 层年租金 536.67 万元，租金每年递增 5%，第 10 年不递增，第 3 层年租金 250 万元，从第 7 年起租金 262.5 万元，并规定 1～3 层租期 10 年。租赁协议总金额 8 217.22 万元。

　　要求：（1）租赁协议是否要补贴印花税票？补贴多少？

　　　　　（2）作出相应的涉税调账分录。

# 第九章

# 税收鉴证

**【本章导读】**

　　税务师的服务范围主要包括涉税签证和非涉税签证两方面。涉税鉴证是指鉴证人接受委托，借自身的税收专业能力和信誉，通过执行规定的程序，依照税法和相关标准，对被鉴证人的涉税事项作出评价和证明的活动；非涉税鉴证是税务师事务所及其税务师，向委托人或者委托人指向的第三人，提供涉税信息、知识和相关劳务等不具有证明性的活动。在执业过程中，税务师应根据委托人的需求，结合内部、外部环境有选择性的为客户提供有价值的服务。

　　通过本章学习，要求学生熟练掌握涉税鉴证与非涉税鉴证的概念和特点，掌握涉税鉴证与非涉税鉴证服务的种类，并了解涉税鉴证与非涉税鉴证服务的基本业务流程。

## 第一节　涉税鉴证服务

### 一、涉税鉴证的概念和特点

　　涉税鉴证，是指鉴证人接受委托，凭借自身的税收专业能力和信誉，通过执行规定的程序，依照税法和相关标准，对被鉴证人的涉税事项作出评价和证明的活动。涉税鉴证服务主要涉及四方当事人，包括委托人、鉴证人、被鉴证人和使用人。委托人，即委托税务师事务所对涉税事项进行鉴证的单位或个人；鉴证人，即接受委托执行涉税鉴证业务的税务师及其所在的税务师事务所；被鉴证人，即与鉴证事项相关的单位或个人。被鉴证人可以是委托人，也可以是委托人有权指定的第三人；使用人，即预期使用鉴证结果的单位或个人。

　　涉税鉴证与非涉税鉴证服务相比，具有以下特点：

　　1. 委托人不是唯一的服务对象，作出的评价或证明的结论，一般为委托人以外的部门或人员使用。税务师提供的涉税鉴证不仅为委托人服务，对被鉴证人的涉税事项作出的评价和证明也被管理部门、投资人或其他涉税信息使用人使用，委托人取得税务师出具的涉税鉴证业务报告，通常向外部提供。

2. 限定于规定的涉税鉴证项目。涉税鉴证属于"准法定"业务，其项目名称、鉴证内容、鉴证标准等由相关法律明确规定。

3. 因外部需求触发涉税鉴证。涉税鉴证不是委托人出于自身纳税或办税需求，而是在办理涉税事项时由于外部涉税信息使用人对涉税事项需要第三方专业机构作出评价和证明，委托人因此寻求税务师事务所及其税务师提供涉税鉴证。

4. 应出具规定种类的业务报告。税务师在进行涉税鉴证时，应对涉证的涉税事项有明确的结论，并根据鉴证实际情况，出具规定种类的涉税鉴证业务报告。

【想一想】委托人、鉴证人、被鉴证人及使用人四者是什么关系？

## 二、涉税鉴证服务的种类

涉税鉴证业务包括纳税申报类鉴证、涉税审批类鉴证和其他涉税鉴证三种类型。

1. 纳税申报类鉴证。指税务师对纳税人或扣缴义务人申报缴纳税款的相关项目及金额的真实性和合法性作出评价、证明。目前纳税申报类鉴证主要有企业所得税汇算清缴纳税申报的鉴证和土地增值税清算的鉴证。

2. 涉税审批类鉴证。指税务师对委托人需要向税务机关申报审批（或备案）的事项，就其合法性、真实性、完整性作出评价、证明。目前涉税审批类鉴证有企业所得税税前弥补亏损的鉴证和企业资产损失所得税税前扣除的鉴证。

3. 其他涉税鉴证。指除上述两类以外的涉税鉴证业务。

## 三、涉税鉴证基本业务流程

涉税鉴证基本业务流程包括业务承接、业务计划、业务实施和出具涉税鉴证报告四个阶段。

### （一）业务承接

1. 分析评估。税务师事务所承接涉税鉴证业务，应当对委托事项进行初步调查和了解，并从以下方面进行分析评估，决定是否接受涉税鉴证业务委托：

（1）委托事项是否属于涉税鉴证业务；

（2）本税务师事务所是否具有相应的专业实施能力；

（3）本税务师事务所是否可以承担相应的风险；

（4）本税务师事务所是否具备独立性；

（5）其他相关因素。

2. 签订业务约定书。税务师事务所在承接涉税鉴证业务时，应当与委托人进行沟通，并对税务专业术语、鉴证业务范围等有关事项进行解释，避免双方对鉴证项目的业务性质、责任划分和风险承担的理解产生分歧。涉税鉴证业务约定书的订立、变更、中止、履行和解除应当符合《中华人民共和国合同法》等法律、行政法规的有关规定。

【相关链接】

涉税鉴证业务约定书示范文本（见附件1）

http://www.cctaa.cn/zczd/zygz/jbzz/2017-02-07/CCON17900000016024.html

## （二）业务计划

税务师事务所应指派能够胜任受托涉税鉴证业务的税务师，作为项目负责人具体承办。项目负责人根据鉴证事项的复杂程度、风险状况和鉴证期限等情况，制定具体的涉税鉴证业务计划，具体包括下列内容：鉴证风险评估；总体鉴证计划（包括鉴证事项的具体范围、鉴证目标、鉴证策略、组织分工和时间安排）；具体鉴证安排（包括拟执行的鉴证程序、时间步骤、鉴证方法和具体流程）等。

涉税鉴证业务计划确定后，项目负责人可以视情况变化对业务计划作相应的调整。

## （三）业务实施

1. 税务师事务所可以为执行涉税鉴证业务的税务师配备助理人员，从事辅助性工作。税务师应当指导和监督助理人员的工作，并对其工作成果负责。

2. 税务师在执行涉税鉴证业务过程中，对超出其业务能力的复杂、疑难或其他特殊技术问题，可以根据业务需要，请求本机构内部或外部相关领域的专家协助工作，或者向相关专家咨询。税务师应当以适当形式参与专家的工作，并对专家的工作成果负责。

3. 税务师执行涉税鉴证业务，应当对可能影响涉税鉴证结果的所有重要方面予以关注，主要包括下列内容：

（1）事实方面，包括环境事实、业务事实和其他事实；

（2）会计方面，包括财务会计报告、会计账户，以及交易、事项的会计确认和计量等其他方面；

（3）税收方面，包括会计数据信息采集、纳税调整、计税依据、适用税率、纳税申报表或涉税审批表格填写，以及其他方面。

4. 鉴证人对其鉴证行为合法性的证明责任，不能替代或减轻涉税鉴证业务委托人或被鉴证人应当承担的会计责任、纳税申报责任以及其他法律责任。其中，鉴证人可以采取下列方法，获取涉税鉴证业务证据：①审阅书面材料；②检查和盘点（监盘）实物；③询问或函证事项；④观察活动或程序；⑤重新执行程序；⑥分析程序；⑦其他方法。

【注意】鉴证人在取得证据时要考虑证据的相关性、合法性、真实性和充分性。

5. 鉴证人从事纳税申报类和涉税审批类涉税鉴证业务，必须遵守税法的规定。

【注意】鉴证人从事其他涉税鉴证业务，应当根据鉴证事项和目的确定标准。例如，将行业内公认的业务标准或单位的内部制度作为标准的，鉴证人要将其作为证据进行采集。

6. 税务师执行涉税鉴证业务，应当编制涉税鉴证业务工作底稿，保证底稿记录的完整性、真实性和逻辑性。涉税鉴证业务工作底稿可以采用纸质或者电子的形式，有视听资料、实物等证据的，可以同时采用其他形式。

7. 涉税鉴证业务工作底稿属于税务师事务所的业务档案，应当至少保存 10 年；法律、行政法规另有规定的除外。未经涉税鉴证业务委托人同意，税务师事务所不得向他人提供工作底稿，但下列情形除外：

（1）税务机关因税务检查需要进行查阅的；

（2）税务师行业主管部门因检查执业质量需要进行查阅的；

（3）公安机关、人民检察院、人民法院根据有关法律、行政法规需要进行查阅的。

【注意】涉税鉴证业务工作底稿要求同非涉税鉴证业务工作底稿。

## （四）业务报告

涉税鉴证业务报告根据审核鉴证的情况不同，分为鉴证结论和鉴证意见。

1. 提出鉴证结论的涉税鉴证业务报告。

（1）无保留意见的鉴证业务报告。涉税鉴证事项符合下列所有条件，税务师应当出具无保留意见的鉴证业务报告：

①鉴证事项完全符合法定性标准，涉及的会计资料及纳税资料遵从了国家法律、法规及税收有关规定。

②税务师已经按照相关规定制定了有关业务准则的规定，实施了必要的审核程序，审核过程未受到限制。

③税务师获取了鉴证对象信息所需充分、适当的证据，完全可以确认涉税鉴证事项的具体金额。

【注意】无保留意见的鉴证业务报告，应当以积极方式提出鉴证结论，对鉴证对象信息提供合理保证。

（2）保留意见的鉴证业务报告。涉税鉴证事项符合下列情形之一的，税务师应当出具保留意见的鉴证业务报告：

①涉税鉴证的部分事项因税收法律、法规及其具体政策规定或执行时间不够明确；

②经过咨询或询证，对鉴证事项所涉及的具体税收政策在理解上与税收执法人员存在分歧，需要提请税务机关裁定；

③部分涉税事项因审核范围受到限制，不能获取充分、适当的证据，虽然影响较大，但不至于出具无法表明意见的鉴证报告。

【注意】保留意见的鉴证业务报告，应当以积极方式提出鉴证结论，对鉴证对象信息提供合理保证，并对不能确认具体金额的部分涉税鉴证事项予以说明，提请预期使用者决策。

2. 提出鉴证意见的涉税鉴证业务报告。

（1）无法表明意见的鉴证业务报告。如果审核范围受到限制，对涉税鉴证事项可能产生的影响非常重大和广泛，不能获取充分、适当的证据，以至于无法对涉税事项发表审核意见，税务师应当出具无法表明意见的鉴证业务报告。

【注意】无法表明意见的鉴证业务报告，应当以消极方式提出鉴证意见，对鉴证对象信息提供有限保证，并说明涉税鉴证事项无法表明意见的理据。

（2）否定意见的鉴证业务报告。如果发现涉税事项总体上没有遵从法定性标准，存在违反税收法律法规或有关规定的情形，经与被审核方有关部门和人员沟通或磋商，在所有重大方面未能达成一致，不能真实、合法地反映鉴证结果的，税务师应当出具否定意见的鉴证业务报告。

【注意】否定意见的鉴证业务报告，应当以消极方式提出鉴证意见，对鉴证对象信息提供有限保证，并说明持否定意见的理据。

3. 涉税鉴证业务报告基本程序。

（1）整理分析鉴证相关证据和信息资料；

（2）编制涉税鉴证业务报告；

（3）复核涉税鉴证业务报告；

（4）签发、编制文号，形成正式的涉税鉴证业务报告；

（5）交由委托人审核签收。

【注意】

（1）涉税鉴证业务报告具有特定目的或服务于特定使用人的，鉴证人应当在涉税鉴证业务报告中，注明该报告的特定目的或使用人，对报告的用途加以限定和说明。

（2）项目负责人在涉税鉴证业务报告正式出具后，如果发现新的重大事项，足以影响已出具的鉴证报告结论的，应当及时报告税务师事务所，作出相应的处理。

【相关链接】

土地增值税清算鉴证报告示范文本（见链接附件 2）

http：//www. cctaa. cn/zczd/zygz/jbzz/2017－02－07/CCON17900000016025. html

企业所得税年度纳税申报鉴证报告示范文本（见链接附件 2）

http：//www. cctaa. cn/zczd/zygz/jbzz/2017－02－07/CCON17900000016024. html

【同步案例 9－1】

<h2 style="text-align:center">企业所得税年度纳税申报鉴证报告</h2>

业务约定书备案号：2017－020

皖瑞证（企）字【2017】020 号

××房地产有限公司：

我们接受委托，对贵单位 2016 年度的企业所得税纳税申报事项进行鉴证，并出具鉴证报告。

贵单位的责任是，及时提供与企业所得税年度纳税申报事项有关的会计资料和纳税资料，并保证其真实、准确、完整和合法，确保贵单位填报的企业所得税纳税申报表符合《中华人民共和国企业所得税法》及其实施条例、《中华人民共和国税收征收管理法》及其实施细则以及其他税收法律、法规、规范的要求，并如实纳税申报。

我们的责任是，本着独立、客观、公正的原则，依据《中华人民共和国企业所得税法》及其实施条例、《中华人民共和国税收征收管理法》及其实施细则和有关政策、规定，按照《注册税务师管理暂行办法》《注册税务师涉税鉴证业务基本准则》和《企业所得税汇算清缴纳税申报鉴证业务准则》等行业规范要求，对贵单位企业所得税年度纳税申报的真实性、准确性、完整性和合法性实施鉴证，并发表鉴证意见。

在鉴证过程中，我们考虑了与企业所得税相关的鉴证材料的证据资格和证明能力，对贵单位提供的会计资料及纳税资料等实施了审核、验证、计算和职业推断等必要的鉴证程序。我们相信，我们获取的鉴证证据是充分的、适当的，为发表鉴证意见提供了基础。现将鉴证结果报告如下：

经对贵单位 2016 年度企业所得税年度纳税申报事项进行鉴证，我们认为，本报告后附的《企业所得税年度纳税申报表》已经按照《中华人民共和国企业所得税法》及其实施条例、《中华人民共和国税收征收管理法》及其实施细则以及其他税收法律法规的相关规定填报，在所有重大方面真实、准确、完整地反映了贵单位本纳税年度的所得税纳税申报情况。部分数据摘录如表 9-1 所示。

表 9-1 部分数据摘录

| 序号 | 项 目 | 金 额 |
|---|---|---|
| 1 | 利润总额 | -5 311 783.49 |
| 2 | 加：纳税调整增加额 | 242 413 278.25 |
| 2 | 减：纳税调整减少额 | 223 085 865.79 |
| 4 | 加：境外应税所得弥补境内亏损 | 0.00 |
| 5 | 纳税调整后所得 | 14 015 628.98 |
| 6 | 减：弥补以前年度亏损 | 6 377 473.07 |
| 7 | 应纳税所得额 | 7 638 155.91 |
| 8 | 适用税率 | 25% |
| 9 | 应纳所得税额 | 1 909 538.98 |
| 10 | 减：减免所得税额 | 0.00 |
| 11 | 减：抵免所得税额 | 0.00 |
| 12 | 应纳税额 | 1 909 538.98 |

| 序号 | 项　　目 | 金　　额 |
|---|---|---|
| 13 | 加：境外所得应纳所得税额 | 0.00 |
| 14 | 减：境外所得抵免所得税额 | 0.00 |
| 15 | 实际应纳所得税额 | 0.00 |
| 16 | 减：本年累计实际已预缴的所得税额 | 18 452.09 |
| 17 | 本年应补（退）的所得税额 | 1 891 086.89 |

具体纳税调整项目及说明详见附件《企业所得税年度纳税申报鉴证报告说明》。

本报告仅供贵单位向主管税务机关办理企业所得税年度纳税申报时使用，不作其他用途。因使用不当造成的后果，与执行本鉴证业务的税务师事务所及其注册税务师无关。

（此页无正文）

注册税务师：

注册税务师：

安徽皖瑞税务师事务所有限责任公司

电话：0551 - 65 100 805

地址：合肥市寿春路 108 号百花金鹰大厦 A 座 1001 室

日期：2016 年 5 月 12 日

附送资料：

1. 企业所得税年度纳税申报鉴证报告说明

2. 2016 年度企业所得税纳税申报表

3. 税务师事务所执业证复印件

# 第二节　非涉税鉴证服务

非涉税鉴证服务主要包括税务咨询类服务、申报准备类服务、涉税代理类服务和其他涉税服务四种类型。与涉税鉴证服务相比，具有不同的特点，但业务流程基本相似。

## 一、非涉税鉴证服务的概念和特点

非涉税鉴证服务是税务师事务所及其税务师，向委托人或者委托人指向的第三人，提供涉税信息、知识和相关劳务等不具有证明性的活动。与涉税鉴证业务相比，具有以下的特点：

1. 以委托人或其指向的第三人为服务对象，服务结果一般限于委托人使用。
2. 非涉税鉴证业务范围和项目宽泛，服务方式灵活。
3. 因委托人自身需求触发。
4. 不一定出具非涉税鉴证业务报告。

【注意】非涉税鉴证业务不具有证明性。

## 二、非涉税鉴证业务的种类

非涉税鉴证服务业务从服务的内容来分，包括税务咨询类服务、申报准备类服务、涉税代理类服务和其他涉税服务四种类型。

### （一）税务咨询类服务

指税务师通过电话、书面、晤谈等方式解答咨询人有关税收方面问题的非涉税鉴证服务。税务咨询类服务是最为常见的非涉税鉴证服务，涉及内容广泛，咨询形式多样，服务方式不一。通常表现为临时涉税咨询、聘请常年税务顾问和进行税收筹划等多种非涉税鉴证服务方式。

### （二）申报准备类服务

指税务师为保证委托人按照税收法律、法规和规章的要求履行纳税申报或办理涉税审批、备案等事宜，收集整理或填制纳税申报或办理涉税事项所需要的申报资料的服务。

### （三）涉税代理类服务

指税务师接受委托人委托，以委托人的名义办理涉税纳税申报或其他涉税事务的服务。目前，税务师行业中常见的涉税代理类服务主要有：代理纳税申报、代理发票管理（包括按规定领购、保管、代开等）、代办税务登记、代理减免退税申报、代理增值税一般纳税人资格认定申请和代理建账建制等。

### （四）其他涉税服务

指上述之外的税务师接受委托人委托而开展的非涉税鉴证服务业务。税务师行业作为新兴的现代服务业，随着税制改革的深入和社会经济的发展，还有许多非涉税鉴证服务业务需要从业人员去开拓、去创新，以优质、专业、高效的服务拓展服务领域和加深服务层面，推进整个税务师行业向前发展。

## 三、非涉税鉴证服务基本业务流程

### （一）业务承接

1. 分析评估。税务师事务所承接非涉税鉴证业务，应当对委托事项进行初步调查和了解，并从以下方面进行分析评估，决定是否接受非涉税鉴证业务委托：

（1）委托事项是否属于非涉税鉴证业务；

（2）本税务师事务所是否具有相应的专业实施能力；

（3）本税务师事务所是否可以承担相应的风险；

（4）其他相关因素。

2. 签订业务约定书。

（1）税务师事务所决定接受非涉税鉴证业务委托的，应当与委托人签订业务约定书。

（2）非涉税鉴证业务约定书应当采取书面形式订立，并经双方签字盖章。

（3）税务师事务所在承接非涉税鉴证业务时，应当与委托人进行沟通，并对税务专业术语、服务业务范围等有关事项进行解释，避免双方对委托项目的服务性质、责任划分和风险承担的理解产生分歧。

（4）非涉税鉴证业务约定书生效后，税务师事务所应按照有关规定向税务机关备案。

【注意】

（1）在签订业务约定书过程中知悉的商业秘密，无论业务约定书是否成立，均不得泄露或者不正当使用，并在业务约定书上写明。

（2）业务约定书生效后，签约双方发现相关事项没有约定、约定不明确或发生变化的，可以签订补充协议或重新签订业务约定书；业务约定书生效后，服务目的、对象、时限、报告使用等基本事项发生重大变化，税务师事务所应当要求与委托方签订补充协议或重新签订业务约定书。

（5）由于税务师事务所未履行或不适当履行规定的执业义务，故意、过失出具虚假业务报告或实施违约侵权行为，造成委托方产生实际损失的，委托方除按规定承担本身的税收法律责任外，税务师事务所应就合同责任部分按照约定金额承担赔偿责任。

【注意】下列情形均属于未履行或不适当履行执业义务行为：

（1）未注意到政策更新或对政策判断、理解出现偏差造成失误；

（2）在委托涉税事宜的执业工作中因运用方法不当或收集、处理纳税数据信息不当；

（3）超越法定委托权限，在委托方不知情或未得到委托方确认情况下，以委托方名义擅自办理涉税事宜；

（4）违反职业道德行为规范，对委托涉税事宜进行盲目执业；

（5）违反保密义务，对委托方重要资料保管不当或故意泄露商业秘密侵害委托方权益；

（6）明示或暗示将不提交工作结果，或委托项目结果不符合约定要求和时限；

（7）存在违反业务约定书的其他情形。

## （二）业务计划

1. 税务师事务所应当指派胜任受托非涉税鉴证业务的税务师，作为项目负责人具体承办。委托人对服务项目有特殊要求，与税务师事务所事先约定承办税务师的，一般由该税务师作为项目负责人。

2. 项目负责人应根据服务项目的复杂程度、风险状况和时间限制等情况，制订相应的非涉税鉴证业务计划。

【注意】业务简单、风险较小的服务项目，可以简化非涉税鉴证业务计划的程序。

3. 非涉税鉴证业务计划确定后，项目负责人可以视情况变化对业务计划作相应的调整。

## （三）业务实施

1. 税务师执行其他涉税服务，应当根据具体的项目类型，确定相应的执行依据。

2. 税务师执行非涉税鉴证服务业务，应当编制涉税服务业务工作底稿。

【注意】工作底稿可以采用纸质或者电子的形式。有视听资料、实物等证据的，可以同时采用其他形式。

3. 涉税服务业务工作底稿属于税务师事务所的业务档案，应当至少保存 10 年；法律、行政法规另有规定的除外。

4. 未经非涉税鉴证服务业务委托人同意，税务师事务所不得向任何第三方提供工作底稿，但下列情况除外：

（1）税务机关因税务检查需要进行查阅的；

（2）税务师行业主管部门因检查执业质量需要进行查阅的；

（3）公安机关、人民检察院、人民法院根据有关法律、行政法规需要进行查阅的。

## （四）业务报告

1. 税务师事务所开展非涉税鉴证业务，可根据服务内容和约定确定是否出具书面的业务报告。

2. 非涉税鉴证业务报告完成内部复核程序后，由税务师签名和税务师事务所盖章后对外出具。

3. 在正式出具非涉税鉴证业务报告前，税务师事务所可以在不影响独立判断的前提下，与委托人就拟出具报告的有关内容进行沟通。

4. 非涉税鉴证业务报告具有特定目的或服务于特定的使用人的，税务师应当在非涉税鉴证业务报告中，注明该报告的特定目的或使用人，对报告的用途加以限定和说明。

5. 税务师在提供服务时，认为委托人提供的会计、税收等基础资料缺乏完整性和真实性，可能对服务项目的预期目的产生重大影响的，应当在报告中作出适当说明。

6. 税务师在非涉税鉴证业务报告正式出具后，如果发现新的重大事项，对报告足以造成重大影响的，应当及时报告税务师事务所，作出相应的处理。

【相关链接】

注册税务师涉税鉴证业务基本准则

http：//www. cctaa. cn/zczd/hyzd/2016－03－14/13800. html

注册税务师涉税服务业务基本准则

http：//www. cctaa. cn/zczd/hyzd/2016－03－14/13799. html

企业所得税汇算清缴纳税申报鉴证业务准则

http：//www. cctaa. cn/zczd/zygz/jbzz/2017－02－07/CCON17900000016024. html

土地增值税清算鉴证业务准则

http：//www. cctaa. cn/zczd/zygz/jbzz/2017－02－07/CCON17900000016025. html

企业财产损失所得税税前扣除鉴证业务准则

http：//www. cctaa. cn/zczd/zygz/jbzz/2017－02－07/CCON17900000016023. html

【学习思考】

1. 什么是涉税鉴证服务？以鉴证事项的内容划分有哪几种类型？
2. 税务师事务所决定是否承接涉税鉴证服务通常从哪几方面进行评估？
3. 什么是非涉税鉴证服务？以服务内容划分有哪几种类型？
4. 税务师事务所决定是否承接非涉税鉴证服务业务通常从几方面进行评估？

【能力训练】

请针对当地某房地产开发公司某具体经营项目的土地增值税清算申报事项进行调研，并出具模拟鉴证报告。

# 第十章

## 税务行政复议代理

【本章导读】

税务行政复议是纳税人或其他行政相对人认为税务机关的某一具体行政行为侵害了自己的合法权益，向作出具体行政行为的税务机关的上一级税务机关提出申诉，由上级税务机关依法裁决税务争议的过程。税务行政复议既是依法保护纳税人、扣缴义务人税收权益的税收管理制度，也是保证税务机关依法行政的重要渠道。

引发税务行政复议的前提，通常是基于征纳双方产生税收争议，税务师受托代理税务行政复议，并根据税务行政复议审理的法定规程进行操作，通过行政裁决使纳税人、扣缴义务人的异议申请获得行政救济的过程。随着纳税人法律意识和维权意识的提升，税务行政复议代理在涉税服务中的重要性日益凸显。

## 第一节　税务行政复议规则概述

早在 2004 年 5 月，国家税务总局就公布了《税务行政复议规则（暂行）》，对税务行政复议的各项内容进行了明确的规定；2009 年 12 月，在此基础上国家税务总局进一步审议通过《税务行政复议规则》，并于 2010 年 4 月正式施行。

### 一、税务行政复议的受案范围

1. 税务机关作出的征税行为，具体包括确认纳税主体、征税对象、征税范围、减税、免税、退税、抵扣税款、适用税率、计税依据、纳税环节、纳税期限、纳税地点和税款征收方式等具体行政行为，以及征收税款、加收滞纳金，扣缴义务人、受税务机关委托的单位和个人作出的代扣代缴、代收代缴、代征行为等。

2. 行政许可、行政审批行为。

3. 发票管理行为，包括发售、收缴、代开发票等。

4. 税务机关作出的税收保全措施、强制执行措施。

5. 税务机关作出的行政处罚行为：罚款；没收财物和违法所得；停止出口退税权。

6. 税务机关不依法履行下列职责的行为：颁发税务登记证；开具、出具完税凭证、外出经营活动税收管理证明；行政赔偿；行政奖励；其他不依法履行职责的行为。

7. 税务机关作出的资格认定行为。

8. 税务机关不依法确认纳税担保行为。

9. 政府信息公开工作中的具体行政行为。

10. 税务机关作出的纳税信用等级评定行为。

11. 税务机关作出的通知出入境管理机关阻止出境行为。

12. 税务机关作出的其他具体行政行为。

## 二、税务行政复议的参加人

税务行政复议的参加人通常包括申请人、被申请人、与申请复议的具体行政行为有利害关系的第三人及代理人组成。

### （一）税务行政复议的申请人

税务行政复议的申请人是指认为税务机关的具体行政行为侵犯其合法权益，向税务行政复议机关申请行政复议的公民、法人和其他组织，也包括在中华人民共和国境内向税务机关申请行政复议的外国人、无国籍人和外国组织。

同一行政复议案件申请人超过 5 人的，应当推选 1～5 名代表参加行政复议。

### （二）税务行政复议的被申请人

申请人对具体行政行为不服申请行政复议的，税务行政复议的被申请人一般是作出引起争议的具体行政行为的税务机关；申请人对扣缴义务人的扣缴税款行为不服的，主管该扣缴义务人的税务机关为被申请人；对税务机关委托的单位和个人的代征行为不服的，委托税务机关为被申请人；税务机关与法律、法规授权的组织以共同的名义作出具体行政行为的，税务机关和法律、法规授权的组织为共同被申请人；税务机关与其他组织以共同名义作出具体行政行为的，税务机关为被申请人；税务机关依照法律、法规和规章规定，经上级税务机关批准作出具体行政行为的，批准机关为被申请人；申请人对经重大税务案件审理程序作出的决定不服的，审理委员会所在税务机关为被申请人；税务机关设立的派出机构、内设机构或者其他组织，未经法律、法规授权，以自己名义对外作出具体行政行为的，税务机关为被申请人。

### （三）税务行政复议的第三人

税务行政复议的第三人是指与申请复议的具体行政行为有利害关系的个人或组织。所谓

"利害关系"，一般是指经济上的债权债务关系、股权控股关系等。

行政复议期间，行政复议机关认为申请人以外的公民、法人或者其他组织与被审查的具体行政行为有利害关系的，可以通知其作为第三人参加行政复议。

行政复议期间，申请人以外的公民、法人或者其他组织与被审查的税务具体行政行为有利害关系的，可以向行政复议机关申请作为第三人参加行政复议。

第三人不参加行政复议，不影响行政复议案件的审理。

### （四）税务行政复议的代理人

税务行政复议的代理人是指接受当事人委托，以被代理人的名义，在法律规定或当事人授予的权限范围内，为代理复议行为而参加复议的个人。

申请人、第三人可以委托1~2名代理人参加行政复议。申请人、第三人委托代理人的，应当向行政复议机构提交授权委托书。授权委托书应当载明委托事项、权限和期限。公民在特殊情况下无法书面委托的，可以口头委托。口头委托的，行政复议机构应当核实并记录在卷。申请人、第三人解除或者变更委托的，应当书面告知行政复议机构。

被申请人不得委托本机关以外人员参加行政复议。

## 三、税务行政复议管辖原则

税务行政复议机构是税务机关内部的一个职能部门。

对各级国家税务局的具体行政行为不服的，向其上一级国家税务局申请行政复议；对各级地方税务局的具体行政行为不服的，可以选择向其上一级地方税务局或者该税务局的本级人民政府申请行政复议。省、自治区、直辖市人民代表大会及其常务委员会、人民政府对地方税务局的行政复议管辖另有规定的，从其规定。

对国家税务总局的具体行政行为不服的，向国家税务总局申请行政复议。对行政复议决定不服，申请人可以向人民法院提起行政诉讼，也可以向国务院申请裁决。国务院的裁决为最终裁决。

对下列税务机关的具体行政行为不服的，按照下列规定申请行政复议：对计划单列市税务局的具体行政行为不服的，向省税务局申请行政复议；对税务所（分局）、各级税务局的稽查局的具体行政行为不服的，向其所属税务局申请行政复议；对两个以上税务机关共同作出的具体行政行为不服的，向共同上一级税务机关申请行政复议；对税务机关与其他行政机关共同作出的具体行政行为不服的，向其共同上一级行政机关申请行政复议；对被撤销的税务机关在撤销前所作出的具体行政行为不服的，向继续行使其职权的税务机关的上一级税务机关申请行政复议；对税务机关作出逾期不缴纳罚款加处罚款的决定不服的，向作出行政处罚决定的税务机关申请行政复议。但是对已处罚款和加处罚款都不服的，一并向作出行政处罚决定的税务机关的上一级税务机关申请行政复议。

## 四、税务行政复议申请

### (一) 税务行政复议的申请期限

申请人可以在知道税务机关作出具体行政行为之日起 60 日内提出行政复议申请。因不可抗力或者被申请人设置障碍等原因耽误法定申请期限的，申请期限的计算应当扣除被耽误时间，自障碍消除之日起继续计算。

### (二) 税务行政复议申请的提交

申请人书面申请行政复议的，可以采取当面递交、邮寄或者传真等方式提出行政复议申请。有条件的行政复议机关可以接受以电子邮件形式提出的行政复议申请。

申请人书面申请行政复议的，应当在行政复议申请书中载明下列事项：申请人的基本情况；被申请人的名称；行政复议请求、申请行政复议的主要事实和理由；申请人的签名或者盖章；申请行政复议的日期；申请人口头申请行政复议的，行政复议机构应当依照上述规定的事项，当场制作行政复议申请笔录，交申请人核对或者向申请人宣读，并由申请人确认。

有下列情形之一的，申请人应当提供证明材料：

认为被申请人不履行法定职责的，提供要求被申请人履行法定职责而被申请人未履行的证明材料；申请行政复议时一并提出行政赔偿请求的，提供受具体行政行为侵害而造成损害的证明材料；法律、法规规定需要申请人提供证据材料的其他情形。

### (三) 税务行政复议申请的其他规定

申请人对税务机关作出的征税行为不服的，应当先向行政复议机关申请行政复议；对行政复议决定不服的，可以向人民法院提起行政诉讼。

申请人按照前款规定申请行政复议的，必须依照税务机关根据法律、法规确定的税额、期限，先行缴纳或者解缴税款和滞纳金，或者提供相应的担保，才可以在缴清税款和滞纳金以后或者所提供的担保得到作出具体行政行为的税务机关确认之日起 60 日内提出行政复议申请。行政复议机关收到行政复议申请以后，应当在 5 日内审查，决定是否受理。对不符合规定的行政复议申请，决定不予受理，并书面告知申请人。

对应当先向行政复议机关申请行政复议，对行政复议决定不服再向人民法院提起行政诉讼的具体行政行为，行政复议机关决定不予受理或者受理以后超过行政复议期限不作答复的，申请人可以自收到不予受理决定书之日起或者行政复议期满之日起 15 日内，依法向人民法院提起行政诉讼。

申请人对税务行政复议受案范围中的其他具体行政行为不服，可以申请行政复议，也可以直接向人民法院提起行政诉讼。

申请人对税务机关作出逾期不缴纳罚款加处罚款的决定不服的，应当先缴纳罚款和加处罚款，再申请行政复议。

申请人向行政复议机关申请行政复议，行政复议机关已经受理的，在法定行政复议期限内申请人不得向人民法院提起行政诉讼；申请人向人民法院提起行政诉讼，人民法院已经依法受理的，不得申请行政复议。

**【同步案例 10－1】**

2016 年 2 月 10 日，××市某县税务稽查局在对一家钢管有限公司进行检查时发现，该公司 2015 年度销售产品时，收取的价外费用 70.20 万元未并入产品销售收入申报缴纳增值税，稽查局遂于 2 月 15 日向该公司下达了补缴增值税 10.20 万元的《税务处理决定书》。该公司对此处理不服，于 2 月 18 日向该县税务局提出复议申请。该县税务局经审查后，以该公司未补缴税款为由，拒绝受理其复议申请。

3 月 1 日，该县税务稽查局再次向该公司下达了《限期缴纳税款通知书》，限该公司于 3 月 9 日前缴清应补缴的税款。因该公司一直认为其收取的价外费用不应同产品销售一起缴纳增值税，故在 3 月 9 日未能将应缴税款缴纳入库。3 月 10 日，该县税务稽查局依法从该公司的开户银行账户上划走了应补缴的税款。由于种种原因，直到 2016 年 7 月 21 日，该公司才正式就县税务稽查局查处的价外费用补税和从银行账户上强行划缴税款一事向该县人民法院提起行政诉讼。县人民法院审查后，以该公司诉讼时限已超为由，驳回了该公司的诉讼请求。至此，这一复议和诉讼案件以该公司超过有效时限画上了句号。

**【案情分析】**

这一案件之所以企业没能进行复议和提起诉讼，主要还是该公司没能把握住复议和诉讼时限要求所致。首先，《税收征管法》第 88 条规定，纳税人、扣缴义务人、纳税担保人同税务机关在纳税上发生争议时，必须先依照税务机关的纳税决定缴纳或者解缴税款及滞纳金或者提供相应的担保，然后可以依法申请行政复议。对行政复议决定不服的，可以依法向人民法院起诉。对此，该公司既没有依照税务机关的纳税决定先缴纳税款，也没有向税务机关提供纳税担保，那么，该公司也就失去了复议的申请权，县税务局有权拒绝其行政复议申请。其次，根据《税收征管法》第 88 条第 2 款和《行政复议法》第 9 条规定，当事人对税务机关的处罚决定、强制执行措施或者税收保全措施不服的，可以在 60 日内向上一级税务机关提出复议申请。对于县税务稽查局强行划缴税款的行政行为，该公司直到 2016 年 7 月 21 日向该县人民法院提出诉讼请求，由于此项行为属于必经复议，没有经过复议申请，无权直接提起诉讼请求，且也超过了诉讼时效，故人民法院不予受理。

## 五、税务行政复议审查和决定

### （一）税务行政复议审查

行政复议原则上采用书面审查的办法，但是申请人提出要求或者行政复议机构认为有必要时，应当听取申请人、被申请人和第三人的意见，并可以向有关组织和人员调查了解情况。

行政复议机构应当自受理行政复议申请之日起 7 日内，将行政复议申请书副本或者行政复议申请笔录复印件发送被申请人。被申请人应当自收到申请书副本或者申请笔录复印件之日起 10 日内提出书面答复，并提交当初作出具体行政行为的证据、依据和其他有关材料。

行政复议机构审理行政复议案件，应当由 2 名以上行政复议工作人员参加。对重大、复杂的案件，申请人提出要求或者行政复议机构认为必要时，可以采取听证的方式审理。听证应当公开举行，但是涉及国家秘密、商业秘密或者个人隐私的除外。行政复议听证人员不得少于 2 人，听证主持人由行政复议机构指定。听证应当制作笔录。申请人、被申请人和第三人应当确认听证笔录内容。

行政复议机关应当全面审查被申请人的具体行政行为所依据的事实证据、法律程序、法律依据和涉及的权利义务内容的合法性、适当性。

申请人在行政复议决定作出以前撤回行政复议申请的，经行政复议机构同意，可以撤回。申请人撤回行政复议申请的，不得再以同一事实和理由提出行政复议申请。行政复议期间被申请人改变原具体行政行为的，不影响行政复议案件的审理。

### （二）税务行政复议决定

行政复议机构应当对被申请人的具体行政行为提出审查意见，经行政复议机关负责人批准，按照下列规定作出行政复议决定：

1. 具体行政行为认定事实清楚，证据确凿，适用依据正确，程序合法，内容适当的，决定维持；

2. 被申请人不履行法定职责的，决定其在一定期限内履行；

3. 具体行政行为有下列情形之一的，决定撤销、变更或者确认该具体行政行为违法：决定撤销或者确认该具体行政行为违法的，可以责令被申请人在一定期限内重新作出具体行政行为：（1）主要事实不清、证据不足的；（2）适用依据错误的；（3）违反法定程序的；（4）超越职权或者滥用职权的；（5）具体行政行为明显不当的。

4. 被申请人不按照规定提出书面答复，提交当初作出具体行政行为的证据、依据和其他有关材料的，视为该具体行政行为没有证据、依据，决定撤销该具体行政行为。

5. 有下列情形之一的，行政复议机关可以决定变更：认定事实清楚，证据确凿，程序合法，但是明显不当或者适用依据错误的；认定事实不清，证据不足，但是经行政复议机关审理查明事实清楚，证据确凿的。

行政复议机关责令被申请人重新作出具体行政行为的，被申请人应当在 60 日内重新作出具体行政行为；情况复杂，不能在规定期限内重新作出具体行政行为的，经行政复议机关批准，可以适当延期，但是延期不得超过 30 日。公民、法人或者其他组织对被申请人重新作出的具体行政行为不服，可以依法申请行政复议，或者提起行政诉讼。

申请人在申请行政复议时可以一并提出行政赔偿请求，行政复议机关对符合国家赔偿法的规定应当赔偿的，在决定撤销、变更具体行政行为或者确认具体行政行为违法时，应当同时决定被申请人依法赔偿。

行政复议机关应当自受理申请之日起 60 日内作出行政复议决定。情况复杂，不能在规定期限内作出行政复议决定的，经行政复议机关负责人批准，可以适当延期，并告知申请人和被申请人；但是延期不得超过 30 日。

行政复议机关作出行政复议决定，应当制作《行政复议决定书》，并加盖行政复议机关印章。行政复议决定书一经送达，即发生法律效力。

## 六、税务行政复议和解与调解

### （一）税务行政复议和解

对下列行政复议事项，按照自愿、合法的原则，申请人和被申请人在行政复议机关作出行政复议决定以前可以达成和解，行政复议机关也可以调解：行使自由裁量权作出的具体行政行为，如行政处罚、核定税额、确定应税所得率等；行政赔偿；行政奖励；存在其他合理性问题的具体行政行为。

申请人和被申请人达成和解的，应当向行政复议机构提交书面和解协议。和解内容不损害社会公共利益和他人合法权益的，行政复议机构应当准许。经行政复议机构准许和解终止行政复议的，申请人不得以同一事实和理由再次申请行政复议。

### （二）税务行政复议调解

调解应当符合下列要求：尊重申请人和被申请人的意愿；在查明案件事实的基础上进行；遵循客观、公正和合理原则；不得损害社会公共利益和他人合法权益。

行政复议机关按照下列程序调解：征得申请人和被申请人同意；听取申请人和被申请人的意见；提出调解方案；达成调解协议；制作行政复议调解书。

行政复议调解书应当载明行政复议请求、事实、理由和调解结果，并加盖行政复议机关印章。行政复议调解书经双方当事人签字，即具有法律效力。调解未达成协议，或者行政复议调解书不生效的，行政复议机关应当及时作出行政复议决定。

申请人不履行行政复议调解书的，由被申请人依法强制执行，或者申请人民法院强制执行。

**【相关链接】**

《中华人民共和国行政复议法》

《中华人民共和国税收征收管理法》

《中华人民共和国行政复议法实施条例》

《税务行政复议规则》国家税务总局（2010）。

# 第二节　税务行政复议代理

## 一、代理税务行政复议的基本前提

税务行政复议是保护纳税人、扣缴义务人的有效途径，也是确保税务机关依法行政的重要渠道。税务师作为征纳双方的中介，在决定受托代理税务行政复议之前，必须明确下述前提：

### （一）了解解决税收争议的途径

在税收征管的每个环节，税务机关所作出的具体行政行为都有可能引发税收争议，但是，更为普遍的情况是针对税务稽查结论所产生的税款滞补罚争议。解决这类争议的前一个环节，是在主管税务机关《税务行政处罚事项告知书》送达后 3 日内，由纳税人、扣缴义务人自行或者委托税务师向税务机关书面提出听证，由作出具体行政行为的税务机关自行审查解决纳税争议。对于税务师而言，可视征纳双方争执的具体情况确定是否经过听证程序。

在《税务处理决定书》送达之后，针对税务机关作出的征税行为，可根据复议前置原则，通过必经复议程序解决税收争议；对于税务机关作出的处罚行为，采取税收保全措施和强制执行措施的行为，既可通过必经复议程序，也可直接通过司法程序进行税务行政诉讼。税务师的使命是在税务处罚听证程序中和通过税务行政复议程序，解决税收争议，依法保护纳税人、扣缴义务人的合法权益。如果需要承接税务行政诉讼程序，应由纳税人、扣缴义务人委托律师代理诉讼。

### （二）分析引起税收争议的焦点

引起税收争议的原因是多方面的。税务师在决定受托代理税务行政复议之前，必须以独立、客观的立场来调查了解产生税收争议的过程，征纳双方各自的主张和论据，税收法律、法规有关争议问题的解释，税务机关对以往类似问题的判例等。分析引起税收争议的焦点可使税务师了解产生争议的事实，判定征纳双方争议的是非曲直，研究解决税收争议的策略与方式。

## （三）预见代理税务行政复议的风险

由于税收争议多属于较为疑难复杂的问题，征纳双方都很敏感，直接涉及纳税人、扣缴义务人的税收权益，处于中介地位的税务师即使以完全独立、客观的立场来分析判断税收争议，仍要承担较高的代理风险，例如，难以掌控纳税人、扣缴义务人提供有关税收争议资料的合法性与可信度，主管税务机关的领导和执行人员不能正确处理维护税务机关的执法权威与保护纳税人、扣缴义务人合法权益的关系，以及税务师对产生税收争议的前因后果调查了解不够等。

**【同步案例 10－2】**

张某自 2014 年 1 月起，承包某国有企业。该企业实行独立核算，自负盈亏，主要从事对外加工业务。2016 年 9 月，该单位会计向东郊税务所反映张某 2016 年 1～8 月隐瞒加工收入 100 000 元，偷逃税款 17 000 元。东郊税务所针对该会计反映情况，向张某发出《催缴税款通知书》。针对这笔税款，张某一方面采取抽空、转移其银行存款的办法，致使税务机关无法强行扣缴其应纳税款；另一方面对东郊税务所发出的《催缴税款通知书》置之不理，抗拒缴纳。

2016 年 10 月 10 日，东郊税务所一检查人员根据所长指示，从张某家中扣押了其从事加工的机器设备，并开具了所内使用的收据，限张某于 10 月 20 日前缴纳税款。由于张某仍然拒不缴纳税款，东郊税务所将其机器设备于 10 月 19 日拍卖，以拍卖所得抵缴税款。张某不服，决定委托税务师事务所代理税务行政复议。

根据本案例分析，税务师事务所应这样代理这项行政复议的委托：若张某要求税务师事务所就其隐瞒加工收入、未申报纳税这一事项申请复议，税务师事务所应向其解释有关税收法律、法规规定，使其认识到偷漏税的严重后果。此项代理税务行政复议的委托没有意义，必然会被驳回。

若张某要求对东郊税务所扣押其加工设备、开具收据、拍卖其加工设备一事申请税务行政复议，税务师事务所可接受此项委托。原因有：第一，东郊税务所未经上级（县以上税务局）局长批准，自己仅凭所长决定就执行扣押加工设备，这属于税收保全措施执法程序不当。第二，根据《税收征管法》规定，实施扣押、查封等税收保全措施时，必须有两名以上税务人员执行，并通知被执行人。该税务所在执行扣押时仅有一名税务人员在场，属于未按法定程序行使税收执法权力。第三，东郊税务所查封时使用的是所内使用的收据，未按规定开具《扣押、查封财产清单》，属于未按法定程序行使税收执法权力。第四，东郊税务所在规定期限以前，就拍卖了张某的加工设备，而不是到期再执行税收强制执行措施，属于未按法定程序行使税收执法权力。

鉴于以上问题，税务师事务所可以接受张某就东郊税务所扣押其加工设备、开具收据、拍卖其加工设备事项的税务行政复议委托代理事项。

## 二、代理税务行政复议操作规范

代理税务行政复议属于难度系数较高的业务项目，代理事项的结果有许多不可预见性，税务师应在充分了解分析税收争议双方的基本情况，产生税收争议原因、过程与结果，税务机关最后的决定以及纳税人、扣缴义务人请求复议的理由与要求之后，确定是否受托代理。在签订《税务代理协议书》后，应按以下程序代理复议事项：

### （一）提出复议申请

根据《税务行政复议规则》第37条，税务师代为制作《复议申请书》，应认真填写各个栏目的内容，简单清晰地表达申请复议的要求和理由，针对税务机关的具体行政行为，提出持有异议的论据并进行充分的论证。

在向税务行政复议机关提交《复议申请书》之后的10日内，税务师可视下列情况分别处理：（1）复议机关决定受理复议申请，应做好参加审理的准备；（2）复议机关要求限期补正，应按限定的时间提供有关资料；（3）复议机关通知不予受理，如果申请人对此裁决不服可以自收到不予受理裁决书之日起15日内，就复议机关不予受理的裁决向人民法院起诉。

### （二）参与复议审理

审理是复议机关对决定受理的复议申请，审查其具体行政行为合法性和适当性的过程，它是复议机关最终作出复议决定的基础。税务师应根据审理过程中案情的发展而加以运作，力争复议请求的圆满解决。

在采取书面审理的方式下，被申请人自收到《复议申请书》之日起10日内，向复议机关提交《答辩书》和有关证据材料，为支持原具体行政行为提供事实和法律方面的辩护。复议机关对争议双方所提出的论点和证据进行分析研究，责成专人调查取证，经复议委员会集体审议后作出复议决定。税务师应密切注意案情的发展，针对原具体税务行政行为在合法性与适当性方面存在的问题，补充和完善《复议申请书》的证据材料，指导申请人在复议机关调查取证时提供更详尽有力的证据。

在采取公开审理的方式下，税务师要与被申请人就税收争议进行辩论，公开陈述申请人的复议请求，论证税务机关作出的具体行政行为在事实认定、适用法律及执法程序中存在的问题。税务师参加公开审理，除要做充分的书面准备外，还要有雄辩的口才，在公开辩论中充分表述，为维护纳税人、扣缴义务人的合法权益进行不懈努力。

### （三）复议决定后续事宜

税务行政复议机关作出复议决定，并向复议参加人送达《复议决定书》，标志着税务行政复议这一行政裁决税收争议程序的结束。复议决定的结论不同，税务师其后操作的代理策略也要有所区别。

1. 在复议机关作出维持原具体行政行为的决定时，意味着对代理复议的请求给予否认，该项税务代理未能达到预期的目的，税务师应冷静分析原因：如果是由于上级税务机关未在复议中履行审查职责，或者有意偏袒下级税务机关作出的原具体行政行为，对其认定事实、适用法律、法规和执法程序方面存在的问题未加纠正，税务师应引导申请人请求司法救济，向人民法院提起诉讼，以求得税收争议的司法裁决；如果是由于申请人隐瞒了某些重要的事实及过程并提供了不真实的资料，或者是税务师在分析税收争议适用税收法律、法规方面的某些错误而导致复议请求的否定，税务师应以书面形式向申请人作出说明，并提示其今后应吸取的教训。

在复议机关作出变更、撤销原具体行政行为的决定时，表明对代理复议的请求给予部分或全部肯定，可以认为该项税务代理的结局比较理想。税务师应总结经验，并以书面的形式告知申请人如何执行税务复议决定，原已执行的税务行政行为如何纠正，涉及已纳税款、滞纳金、罚款的退还应如何办理等。

在复议机关认为原具体行政行为有程序上的不足，决定被申请人补正时，税务师可根据申请人的复议请求决定是否服从复议机关的裁决。如果原具体行政行为除有执法程序上的不足外，还存在着所依据的事实、根据不足或相互矛盾以及超越和滥用职权问题，已经侵害了纳税人的合法权益，而复议决定未加以纠正，税务师仍可与申请人研究通过进一步的申诉得到解决。

在复议机关对税务机关的不作为行为裁决应在一定期限内履行时，税务师应尽快与税务机关沟通，将所请求的办税事项予以完成，并以书面形式告知申请人。

【相关链接】

纳税争议代理服务业务规则（试行）

http：//www.cctaa.cn/zczd/zygz/ssfwl/2017－02－07/14421.html

【学习思考】

1. 什么是税务行政复议？
2. 税务行政复议的受案范围是如何规定的？
3. 代理税务行政复议的基本前提是什么？
4. 代理税务行政复议的操作规范有哪些？

【能力训练】

××地板加工厂是街道办企业，2016年4月开业，被主管税务局认定为增值税小规模企业。2016年10月该厂向某建材公司销售地板81 190元，购货方要求开具增值税专用发票。于是，该厂办税员到××税务所办理代开增值税专用发票事宜，提供了购货方进货合同、增值税一般纳税人税务登记证、开户银行及账号等凭证。但是，遭到开票人员的拒绝。

理由是该厂未办理代开增值税专用发票的审批手续。于是，该厂办税员到区国税局补办了审批代开增值税专用发票的批文，而税务所又以该厂会计核算不健全为由拒绝代开发票，影响了购销双方的经营活动。为此，该厂委托××税务师事务所代理税务行政复议，向区税务局税务行政复议委员会提出复议申请，要求税务所为该厂向增值税一般纳税人销售货物代开专用发票。

税务行政复议机关经过审理后认为：根据《国家税务总局关于由税务所为小规模企业代开增值税专用发票的通知》的规定，凡能够认真履行纳税义务并提供销售货物或应税劳务的证明，购货方为增值税一般纳税人的证件，可由税务所代开增值税专用发票。该厂基本符合条件，尽管会计核算不够健全，但不能作为拒绝代开专用发票的理由。为此，某区税务局税务行政复议机关于 2016 年 10 月 14 日作出复议决定：税务所应在 2 日内纠正不作为行为，为××地板加工厂代开增值税专用发票。税务师收到《复议决定书》后，协助该厂办税人员办理了代开发票事宜并以书面报告形式告知该厂相关事宜。

要求：请在案情具体分析基础上，代该税务师起草一份"关于代理税务行政复议有关事项的说明"。

# 第十一章

## 税务咨询与税务顾问

【本章导读】

税务咨询是指税务师依照执业规范，就委托人提出的特定涉税事项和目标，以委托人要求的方式和时间，向委托人提供分析、评估、建议等涉税服务活动；税务顾问业务是指税务师依照执业规范，在双方事先约定的期限和范围内就委托人发生和提出的涉税事项，向委托人提供法规信息和咨询、涉税政策运用意见以及代表委托人与包括税务机关在内的第三方进行沟通等涉税服务活动。

随着纳税人税收遵从及维权意识的提升，越来越重视借助第三方力量来应对税收征纳过程中的风险规避及权益保护问题，特别是如何在不违反税法的前提下谋求自身税收利益最大化，代理税收筹划逐步成为现代税务咨询的重要内容。

## 第一节　税务咨询与税务顾问概述

税务咨询是咨询服务的一种，通过电话、信函、晤谈等方式解答纳税人、扣缴义务人有关税收方面的问题，是最具普遍性的涉税服务业务。

### 一、税务咨询的内容

税务咨询的内容较为广泛，其特点是以税收方面的疑难问题为主导，并涉及财务、会计、投资、金融、海关、外汇管理等诸多方面专业知识和操作实务。

通常情况下，税务咨询的内容主要有：

### （一）税收法律规定方面的咨询

咨询人在其日常经营、对外投资、经营方式调整等生产经营过程中，为了实现正确纳税、准确决策或者维护权益、避免涉税风险等，需要了解税收政策规定，提出有关税收政策方面的咨询。税务师在进行这方面服务时，主要是提供税收法律、法规、实施细则、行政规章、规范性文件的政策规定，以及其他法规关于税收方面问题的政策规定。

## （二）税收政策运用方面的咨询

这是税务咨询最主要的内容。这类咨询涉及税种多、政策面广、问题具体，如税收政策条款的理解及执行要点、具体经营业务应纳税或适用税目的界定、纳税义务人、征税对象、计税依据、纳税环节、纳税地点和纳税义务发生时间等问题的确认、减免税政策和征免界限的划分、税款计算方法的确定，等等。进行这方面咨询服务，要求税务师通晓各种税收政策并能正确理解和综合运用，准确地向咨询人提供适用的政策依据。

## （三）办税实务方面的咨询

咨询人为了在办理涉税事宜时能够准确、顺利、快捷，会咨询税收征管规程、办税实务操作的环节、报送资料和程序、办理的手续及技术处理等具体办税事项。提供这方面咨询服务，既有办税方面的专业知识，也有实际操作技能和经验的传授。这要求税务师除对税收征管法律、法规和税务机关日常管理的具体要求有很深入的研究外，还要有娴熟的办税技巧和丰富的办税经验。

## （四）涉税会计处理的咨询

包括现行各税应缴税金的会计处理，计税、缴税、减税、免税相关的会计处理，纳税审查及税务机关查补税款后所涉及会计账务的调整等。税务师提供会计处理方面的咨询，要以财务、会计、税收法律、法规等专业知识和操作实务为基础，在符合财务、会计处理一般原则的前提下，做到会计科目的运用准确无误。

## （五）税务动态方面的咨询

随着纳税人、扣缴义务人纳税意识的加强，他们除了关心现有税收政策及运用外，税务动态也成为其关注的内容。这方面咨询主要有两方面内容：一是国家、地方的税收政策和办税制度及方法调整的趋势和步骤；二是税务机关的机构设置、职责分工、工作环节、人员配备情况以及调整变动情况。

除上述内容外，税收基础知识、税收负担计算或测算、税收协定知识和内容以及外国税制规定，都可能是税务咨询的内容。

# 二、税务咨询的形式

## （一）书面咨询

书面咨询是税务咨询最为常用的一种方法。它是以书面的形式如"税务咨询备忘函""关于××问题的解答"等方式释疑解难。咨询时，税务师要制作书面文书，要求题目明确、解答清楚、证据充分，引用的法律、法规准确。书面咨询可使税务咨询以固定的文书格式为载体，便于纳税人、扣缴义务人了解问题的要点所在，它有助于税务咨询服务的规范化。在实现计算机网络化的情况下，书面咨询也可以电子信件的形式传输，其方式更为灵活与简便。

## （二）电话咨询

电话咨询又可称作口头咨询，它主要用于比较简单明了的税务问题的咨询服务，通过电话中的交谈就能给纳税人、扣缴义务人一个简要的答复。如税收法律、法规条文的查询，税收政策主要规定的查询，办税程序的查询等。电话咨询的特点是简便快捷，但是，当不能够确定解答问题的内容时，税务师必须在进行案头书面准备以后，再予以答复。对涉及税收征免、应纳税额计算的问题更要慎重对待，最好在口头答复之后再发出一份书面备忘函以便分清责任。

## （三）晤谈

晤谈就是当面解答纳税人、扣缴义务人提出的税收问题。这种咨询方式带有共同研讨的特点，往往是双方对较为复杂的问题进行讨论，最后由税务师作出结论。如果是涉及税收政策方面的问题，税务师还可以报请主管税务机关进行个案问题的研究。

## （四）网络咨询

网络咨询是一种新兴的税务咨询形式。它是以网络为载体，通过咨询窗口（或专栏）、论坛、QQ、微信或 E-mail 等方式提供咨询服务，既可以在线即时解答，也可以延时留言答复。随着网络广泛的运用，网络咨询以其不受时空限制、可以随时存取查阅等便捷的优势，越来越多地运用于税务咨询中。

**【同步案例 11-1】**

刘先生拟投资成立某生产企业，咨询成立一人有限责任公司、个人独资企业或合伙企业在税收上有什么差异，希望得到税务师的专业建议。

税务师答复要点：成立一人有限责任公司、个人独资企业或合伙企业在税收上的主要差异在于缴纳所得税上。成立一人有限责任公司，企业的经营所得和其他所得应按规定缴纳企业所得税（基本税率为 25%），若将缴纳企业所得税后的利润分配或转增企业股本，对分配或转增的部分，税后还应按"股息、利息、红利所得"缴纳个人所得税；成立个人独资企业，企业的经营所得应比照个体工商户的生产、经营所得征收个人所得税（适用五级超额累进税率），若将缴纳企业所得税后的利润分配或转增企业股本，不再缴纳所得税；成立合伙企业，企业的经营所得先应按投资比例或其他方法确定为各合伙人的所得，然后比照个体工商户的生产、经营所得征收个人所得税（适用五级超额累进税率），合伙人若将缴纳企业所得税后的利润分配或转增企业股本，不再缴纳所得税。无论成立一人有限责任公司、个人独资企业还是合伙企业，应缴纳的销售税金及附加、其他税种没有差异。若只考虑所得税的税负差异，建议成立合伙企业。

## 三、税务顾问概述

税务顾问是综合性的涉税服务业务。它是接受纳税人、扣缴义务人等委托人聘用，出任常年税务顾问，指派专门的税务师通过网络、电话、资料和培训等多种方式，对委托人及相关人员提供日常的、全面的税务方面的咨询服务。与税务咨询相比，税务顾问具有一定权威性、咨询内容广泛、服务对象专一的特点。税务顾问通常涉及以下内容：

### （一）政策指导

担任纳税人、扣缴义务人税务顾问的人员，应是在财税方面学有专长并有一定造诣的税务师，对于税收法律、法规、税收政策、财务处理方面的问题，能够给予专门性的指导。包括税收政策疑难问题的解答，纳税人、扣缴义务人运用税收政策的策略与方法，有关纳税人、扣缴义务人税收权益的享用等。有关税政方面的咨询，税务师不仅要为企业释疑解难，更主要的是指导其具体操作并最终将问题解决，这是税务顾问不同于税务咨询的一个重要方面。或者说，税务顾问所从事的税政指导工作比税务咨询更深入，具有服务层次高、操作性强的特点。

### （二）办税指导

税务师为纳税人、扣缴义务人提供日常办税咨询服务与操作指南，包括纳税框架的设计，适用税种、税目、税率的认定，办税程序指南，以及为避免纳税风险提示关注的涉税事项等。对于担当税务顾问的企业，税务师在签订合同之后，即要全面了解企业的基本情况、历年纳税档案、企业办税人员的业务素质等，以书面形式为企业提供一份办税指南。在日常办税的过程中，税务师还要随时随地给予指导。

### （三）提供信息

税务顾问可向客户提供税收方面的信息，也可向客户提供财务、会计、法律方面的信息以及其他相关的国家政策、经济动态，可以通过举办讲座、发函寄送、登门传递等形式向客户提供信息以供参阅。

# 第二节　现代税务咨询——税收筹划

当今社会，依法纳税是良好企业形象的一个重要标识。市场经济条件下纳税人追求自身经济利益本无可厚非，然而同一减轻税负的动机，有的采取合法手段，有的采取非法或违法手段，其根本在于纳税人法律意识的不同。作为一个睿智的决策者，他会选择在合法的前提下开展税收筹划，而绝不会铤而走险，采取偷税、骗税等违法行为以逃避税收负担。因此，企业开展税收筹划不仅有利于强化纳税人依法纳税意识、维护纳税人合法权益、谋求最大节税利益，对有效抑制偷、骗、抗税等违法行为也具有一定积极意义。

随着现代咨询业的发展，税收筹划作为涉税服务机构一种全新的税务咨询方式应运而生。

## 一、税收筹划概述

### （一）税收筹划的概念

税收筹划是指在纳税行为发生之前，纳税人在不违反税法及其他相关法律、法规的前提下，通过对纳税主体（法人或自然人）的经营活动或投融资行为等涉税事项作出事先安排，以达到少缴税和递延纳税目标的一系列谋划活动。税收筹划是纳税人财务管理的重要组成部分。

【小知识】

#### 税收筹划的缘起

1935 年，英国上议院议员汤姆林勋爵在"税务局长与温斯特大公诉讼案"中曾做过这样著名的司法声明："任何人都有权根据恰当的法律来安排他的事务，使其缴纳的税收比没有这样的安排要少。如果他成功地这样安排并使自己缴纳的税收减少了，即使国内税务专员或其他纳税人可能不欣赏他的精心筹划，但他也是不能被强迫多缴纳税收的。"汤姆林勋爵的观点赢得了法律界的认同。后来各国诸多的税务案例都援引了这一判例的精神来处理纳税人的税收筹划。

目前理论界存有争议的是税收筹划与避税行为的区分和认定。避税是指纳税人在熟知税收法律的基础上，在不直接触犯税法的前提下，利用有关法律的差异、疏漏和模糊之处，通过对经济活动、投资活动、融资活动等涉税事项的精心安排，达到规避或减轻税负的行为。一般认为避税有违立法意图（如转让定价、资本弱化等）。国家针对避税行为应采取的措施是如何进一步完善和修订税法，以减少或杜绝避税漏洞的存在，而不应借助行政命令、纪律、道德、舆论等手段来否认避税的非违法性。

各国政府越来越重视反避税问题，所以某项避税安排在当时也许不是违法行为，但是可能在将来被确定为违法行为，这就使得避税具有极大的风险不确定性。其现实风险取决于税务当局反避税的能力和态度。

## （二）税收筹划的特点

1. 合法性。税收筹划是在不违反税法的前提下进行的，是在对税法进行认真研究比较后，对纳税进行的一种最优化选择，符合税法规定和政府宏观调控目标。在有多种纳税方案可供选择时，纳税人作出低税负的决策是无可非议的，它是纳税人进行经济活动管理的一项权利，是在税务管理部门允许的范围之内的。

2. 预期性。税收筹划的预期性是指税收筹划在对未来事项所做预测的基础上对其经营、投资、理财等活动进行事先规划，其目的是取得一定的"节税"收益。

3. 风险性。进行税收筹划是有风险的。这种风险体现在两方面，一是国家宏观经济政策及相关税收政策的变动给税收筹划的合法性前提带来一定不确定性；二是由于税收筹划成本的存在也可能导致一定经济风险。

4. 收益性。获取一定节税收益是税收筹划的直接目标。

5. 专业性。世界各国，尤其是发达国家的会计师事务所、律师事务所纷纷开辟和发展有关税收筹划的咨询业务，说明税收筹划有向专业化方向发展的特点。我国涉税服务机构也将为纳税人提供税收筹划咨询服务作为其重要业务内容。

6. 时效性。税收法律法规的稳定性为税收筹划提供了一个平台，在此平台之上，税收筹划才有可操作性。但是这种稳定性是相对的，随着国家经济的发展变化，税法也会不断地变动和完善，特别是我国现阶段正处于社会经济快速发展时期，经济领域不断有新的情况出现，为适应这种现状，税法必然会不断作出调整。因此，纳税人应随时关注税收法律法规及政策的变动，对税收筹划方案进行调整，以紧跟税法和税收政策变化，确保筹划行为的合法性前提。

## （三）税收筹划的分类

按地域范围来划分，税收筹划可分为国内税收筹划和国际税收筹划。国内税收筹划指纳税人在本国税收法规下对其国内经营活动的税收筹划；国际税收筹划指跨国纳税人从事跨国活动时的税收筹划。

按纳税人来划分，税收筹划可分为个人或家庭税收筹划以及企业税收筹划。由于企业是一国税收收入的主要来源，税收对企业活动的影响也最大，因此企业税收筹划是税收筹划的主要领域，尤其是企业所得税筹划。

按税种来划分，税收筹划可分为所得税筹划、流转税筹划、财产税筹划等。

## 二、税收筹划常用策略

税收筹划的基本做法是：对纳税人各种经营、投资、理财等活动应纳税的情况进行分析比较，在不受其他条件制约的情况下，选择税收负担较轻的方案。因此，税收筹划的核心是减轻税收负担，即选择合适的经营活动方式，以使当期或以后的应纳税额减少，实现直接或间接减轻税收负担的目的。

税收筹划的策略方法大致可分为两类：一类是与税收密切相关的技术手段，包括税制要素手段和税收征管手段；另一类是与现代企业制度建设有关的技术手段，如企业组织形式差异手段、企业投资差异手段、企业产权重组差异手段、区域差异手段以及企业产供销过程中以会计核算为手段进行的纳税筹划。下面以企业生产经营管理流程为例，梳理其常用筹划策略。

## （一）企业创设过程中的税收筹划

企业组织形式的选择。经营者在组建企业时，可以有多种组建形式，选择一个适当的形式是经营者首先要作出的决策，当然决定企业组建形式的因素很多，如资金、股东多寡、雇用工人数等，但未来该企业的税收待遇也是其中一个重要的因素。企业在设立时所选择的注册和经营地点，以及企业的行业认定，都会从根本上决定企业的税收待遇：能否享受税收优惠政策，或适用怎样的基本税率。例如，股份制企业、独资企业与合伙企业在税收上的待遇是不同的，这只能在企业设立时才有条件选择。

分公司与子公司选择。企业为进一步壮大实力，拓展自己的经营范围，提高自己的竞争力，就需要组建新的分公司或子公司，这就面临是组建子公司还是分公司的决策。分公司和子公司在税收待遇上不一样，分公司和总公司在法律上同是法人实体，分公司实现的盈亏要同总公司合并缴税；而子公司则为一个独立法人，要单独纳税。一般而言，新扩建企业经营初期若亏损，则以办分公司有利；之后若盈利，则以子公司为好，特别是子公司若在国外，利润不汇入母公司则可以不必合并纳税，可以获得递延纳税的好处。企业在异地设置销售机构时也会遇到类似的问题：既可以选择外设的临时性办事机构，也可以设立非独立核算的分公司，还可以设立独立核算的子公司。

另外，在中国的现行税收制度下，几乎所有企业都负有缴纳增值税的义务，但增值税一般纳税人和小规模纳税人的税收负担是不一样的，如何在这两种纳税身份之间进行选择，也是企业在设立时需要考虑的问题。

## 【同步案例 11 - 2】

某生产企业年应纳增值税销售额 100 万元，会计核算制度比较健全，符合作为一般纳税人条件，适用增值税率 17%，但该企业准予从销项税额中抵扣的进项税额较少，只占销项税额的 10%。而且管理层估计，在未来的一段时间，企业规模不会有太大增长，经营业务范围也不会有大的改变。

如果按一般纳税人身份纳税，该企业年应纳增值税 = $100 \times 17\% - 100 \times 17\% \times 10\%$ = 15.3 万元，因此可以考虑的筹划方式为将企业分设为 A、B 两个企业，各自作为独立核算单位，销售额分别为 60 万元和 40 万元，成为小规模纳税人，税率为 3%。

分设后：

A 公司应纳增值税 = 60 × 3% = 1.8（万元）

B 公司应纳增值税 = 40 × 3% = 1.2（万元）

减轻税负额 = 15.3 - 1.8 - 1.2 = 12.3（万元）

另外，如果分立以后企业规模扩大，达到一般纳税人的标准，或者部分业务增值税率高于税负平衡点，其他业务增值税率低于税负平衡点，可以将两个公司之间的业务分类安排。增值税高于税负平衡点的业务由小规模纳税人经营，增值税率低于税负平衡点的业务由一般纳税人经营，也可达到较好的节税效果。

## （二）企业购销过程中的税收筹划

在几乎所有企业的经营过程中，采购与销售都是最为频繁和不可或缺的业务。但有时，一些普遍运用的营销方式，从税收筹划的角度考虑其实有很大的操作空间。如商业折扣、现金折扣及实物折扣税务处理的差异，以旧换新、还本销售、以物易物等销售方式税务处理的特别规定等。

以现金折扣为例。现金折扣是许多企业为加速资金周转所采取的收款方式，但是税法规定即使购买方享受了约定的折扣，销售方依然要按全额缴纳增值税。企业完全可以预先采取必要的筹划措施避免这种情况的发生。从税收角度看，商业折扣方式的节税效果优于现金折扣。如果企业面对的是一个信誉良好的客户，销售货款回收风险较小，那么企业可以考虑通过修改销售合同，将现金折扣转换为商业折扣。

## 【同步案例 11-3】

某企业销售产品，与客户签订的合同金额为 5 万元。合同中约定的付款期限为 40 天，如果对方在 20 天之内付款，将给予对方 3% 的现金折扣，即 1 500 元。由于企业采取的现金折扣方式，折扣额不能从销售额中扣除，企业应按照 5 万元的销售额计算增值税销项税额，即：应纳增值税 = 50 000 × 17% = 8 500 元。

如果该企业主动压低该批货物的价格，将合同金额降低为 4.85 万元，相当于给予对方 3% 折扣之后的金额。同时双方在合同中约定，对方企业应在 20 天之内付款，否则将加收 1 500 元违约金。通过筹划，该企业的收入并没有受到实质性影响，但在对方享受折扣时降低了增值税。实际应纳增值税 48 500 × 17% = 8 245 元。

企业的结算形式也是多种多样。总体上可分为三种类型：现销方式、赊销方式和预收货款方式。不同结算方式的收入入账时间有不同的标准。有些明显是对销售方有利的，如预收货款、委托代销方式等，企业应尽量采用，以最大程度占用税金的时间价值。对临近年终的销售行为，企业应想办法通过分期收款方式使其收入推迟到下年确认；对发货后一时难以回款的销售，可通过委托代销商品处理，可在收到代销清单的时间再确认收入；避免采用托收承付和委托收款结算方式销售货物，防止垫付税款；对企业跨年度提供劳务的行为，可按最有利的办法确认年度内完工进度，并据以分期确认收入。

当然，由于企业购销业务的广泛性和多样性，有关税收筹划的方法也多种多样。如不同代销方式的选择，购销过程中的运费处理，消费税应税产品的"成套"销售、包装物的押金和租金的收取等，都有一定的筹划空间。创业者应针对不同的供应商或客户，针对不同的采购与销售对象，针对不同的购销方式，以现行税收法律法规为依据，采取有效的和针对性的税收筹划办法。

## （三）企业会计核算中的税收筹划

企业的会计核算不仅是记录企业经营过程和成果的方式，也可以是企业进行税收筹划的重要手段。企业会计核算中的税收筹划，实际上就是按照企业会计核算的要求和特点，设计企业的全部业务与经营活动，通过会计核算结果的变化，实现企业税收筹划的目的。事实上，在许多企业里，税收筹划工作就是由企业财务人员负责的。

当然，这里有一个重要的前提，那就是通过会计核算进行税收筹划，必须"未雨绸缪"。如果在经济业务发生之前，没有按照税收筹划的要求设计企业的业务流程或交易细节，那么在经济业务发生之后，税收筹划的空间就相当有限，对于企业财务人员而言，必须转变观念，不仅要在企业业务发生之后进行记录，还要在业务发生之前积极参与企业的管理过程，变被动为主动。具体的筹划策略包括小型微利企业的税率优惠政策利用、企业固定资产折旧方式的选择、存货计价方法的选择、利润分配中的税收筹划、用足费用扣除标准进行企业所得税筹划等。

**【同步案例 11 - 4】**

某企业在 2017 年 12 月 30 日测算的应纳税所得额恰好是 501 000 元（假定该企业当年度的注册资本金及从业人数均符合企业所得税法实施条例所规定的小型微利企业标准）。如果不进行税收筹划，则企业的应纳税额 = 501 000 × 25% = 125 250 元。后来该企业将一笔 2 000 元的税务咨询费安排在 12 月 31 日之前支付，则该企业应纳税所得额降低为 49 900 元，从而可以享受小型微利企业的税收优惠政策，应纳税额 = 499 000/2 × 20% = 199 600 元。比较发现，通过税收筹划，该公司当年多支付费用仅为 2 000 元，却获得了节税收益 125 250 - 49 900 = 75 350 元。

## （四）企业投资过程中的税收筹划

投资是企业发展壮大后的惯常选择。而采用什么样的投资方式，税收负担的轻重是不同的。目前，我国的投资方式主要有借款投资、国债投资、租赁投资、信托投资、股权投资和利用外资等。国家出于产业政策和涉外经济的需要，通常会对不同的投资给予差别化的税收待遇，如新企业所得税法中就有针对创业投资企业的税收优惠规定等。企业在投资过程中利用不同的税收政策，不仅可以发挥税收政策对产业政策的协同作用，而且还可以进行节税的操作，以降低创业企业的税收负担。

通过投资进行税收筹划可以从很多方面着手。例如，在投资形式上是采取股权投资还是债券投资的形式；所选择的投资地区和行业能否享受税收优惠；固定资产投资的时机和总价值，也会在很大程度上影响企业几年之内的所得税；而选择关联企业开展业务往来，更是众多企业行之有效的税收筹划方法，当然，关联企业转让定价也存在着被税务部门反避税调整的风险，要慎重使用。

**【同步案例 11 -5】**

某青年创业者拟以一项专利权对外投资。他有两种投资方式可选择：一是以该项无形资产投资入股，年终根据企业经营效益获得利润分配，预计可取得 10 万元收益；二是每年收取固定的收入，双方约定为 10 万元。根据现行税法规定，第一种方式不必缴纳增值税；第二种方式应当按照"转让无形资产"税目征收增值税，应纳税额为 10 万×6% =0.6 万元，税后收益为 9.4 万元。很明显前者具有明显的节税效应。

## （五）企业筹资过程中的税收筹划

企业持续的生产经营活动需要及时、足额地筹集资金；此外，企业因开展对外投资活动和调整资本结构，也需要筹集和融通资金。因此，对资金的需求是创业企业在经营过程中最重要的需求之一。对于因资金周转而陷入困境甚至走入绝境的创业企业，以及因接受大额注资，或因成功发行股票而获得事业腾飞的例子我们都屡见不鲜。

在现代市场经济条件下，企业的筹资渠道主要包括对外筹资和对内融资两方面：对外筹资手段包括商业信用、短期借款等短期融资方式和发行股票、债券、长期借款等长期融资方式，其中长、短期借款又分别包括向金融机构的借款和向非金融机构或其他企业以及个人的借款；内部融资方式主要是以保留盈余的方式筹资。

在企业筹资过程中，会涉及许多税收问题。例如，权益性筹资和债务性筹资在缴纳企业所得税时的巨大差别。问题不仅如此，我们不仅要关注企业纳税的多少，更要关注纳税之后，企业所有者权益的变化，也就是筹资方案对企业原有股东权益会产生怎样的影响，怎样的筹划方案才可以实现股东权益的最大化。此外，当企业对资金的需求跨越了资金的形态，而表现为某些资产的现实需求时，租赁筹资也成为可行的选择。租赁包括经营性租赁与融资租赁两种方式，其不仅在金融领域是两个完全不同的概念，税收待遇也是迥异的，在两种租赁筹资方式的选择中，同样具有税收筹划的空间。

**【同步案例 11 -6】**

某企业计划筹措 1 000 万元用于某高科技产品生产线的建设，相应制订了 A、B、C 三种筹资方案。假设该公司的资本结构（负债与权益筹资比例）如表 11 -1 所示，三种方案的借款年利率均为 8%，企业所得税率为 25%，三种方案扣除利息和所得税前的年利润均为 100 万元。

A 方案：1 000 万元资金全部采用权益筹资方式，即向社会公开发行股票，每股计划发行价格为 2 元，共计 500 万股；

B 方案：采用负债筹资与权益筹资相结合的方式，向商业银行借款融资 200 万元，向社会公开发行股票 400 万股，每股计划发行价格仍为 2 元；

C 方案：也采用负债筹资与权益筹资相结合的方式，但二者比例调整为向银行借款 600 万元，向社会发行股票 200 万股，每股价格 2 元。

表 11-1 三种方案的投资利润率

| | A | B | C |
|---|---|---|---|
| 债务资本与权益资本比例 | 0∶100 | 20∶80 | 60∶40 |
| 权益资本总额（万元） | 1 000 | 800 | 400 |
| 债务资本总额（万元） | 0 | 200 | 600 |
| 息税前利润（万元） | 100 | 100 | 100 |
| 利息（万元） | 0 | 16 | 48 |
| 税前利润（万元） | 100 | 84 | 52 |
| 所得税税额（万元） | 25 | 21 | 13 |
| 税后利润（万元） | 75 | 63 | 39 |
| 税前投资收益率（%） | 10 | 10.5 | 13 |
| 税后投资收益率（%） | 7.5 | 7.875 | 9.75 |

通过上述分析发现，随着负债筹资比例的提高，企业纳税数额呈递减趋势，从 A 方案的 25 万元依次减为 B 方案的 21 万元和 C 方案的 13 万元，从而显示负债筹资具有节税的效应。方案 C 无疑是最佳的税收筹划方案。

## （六）企业管理过程中的税收筹划

企业发展壮大后，除了要面对生产经营过程中的种种问题，还要面对员工激励和外部环境优化等方方面面的问题。在此过程中管理者亦要时时具备筹划的意识，既关注税收成本，也谋求激励效果及社会效益的最大化。

### 【同步案例 11-7】

某橡胶集团拥有固定资产 7 亿多元，员工 4 000 多人，主要生产橡胶轮胎，同时也生产各种橡胶管和橡胶汽配件。该集团位于某市 A 村，在生产橡胶制品的过程中，每天产生近 30 吨废煤渣，使周边水质受污染，引起居民的强烈不满，还受到环保部门的多次警告和处罚。如何治污成了该公司最头疼的问题。经有关人士建议，拟定了以下两个方案：

方案一：把废煤渣的排放处理全权委托给 A 村村委会，每年支付该村村委会 40 万元的运输费用，以保证该厂生产经营正常进行。

　　方案二：将准备支付给 A 村的 40 万元的煤渣运输费用改为投资兴建独立核算的墙体材料厂，利用该集团每天排放的废煤渣生产"免烧空心砖"，这种砖有较好的销路。此方案的好处有三：一是符合国家的产业政策，财政部、国家税务总局有关文件规定，利用废煤渣等生产的建材产品不仅免征增值税，在所得税的缴纳上也享有相应优惠政策，因此能获得一定节税利益；二是解决了长期以来困扰企业发展的工业污染问题；三是部分解决了企业的就业压力，使一批待岗职工能重新就业。

　　对两个方案进行比较可以看出，方案一是以传统的就治污论治污的思维模式得出的，由这种模式形成的方案，一般不会有意识地去考虑企业的节税利益，而仅以解决排污为目的。而后者既考虑治污，又追求企业社会效益最大化。此方案的建议者懂得企业要想获得税收减免，就必须努力生产出符合税收政策规定的资源综合利用产品。

## 【同步案例 11-8】

　　某企业决定进行车辆使用改革。拟将现有车辆一次性出售给高中层领导，车辆所有权转为个人所有。高中层领导实行带车上岗，私车公用。单位根据岗位级别给予车辆折旧和运营费用补贴，一般月人均补贴 4 200 元，以现金形式发放。该企业的本意是通过这一政策的实行，激励本企业的高层领导，提高他们的工作积极性和工作效率。这一政策可以达到薪酬效能最大化的目的吗？该公司咨询了税务师的意见。

　　税务师对此分析如下：第一，公司将车的所有权转归个人所有，车辆的费用及折旧就不能划入公司成本和费用，从而增加了企业所得税。第二，由于公司以现金的方式向个人发放车辆补贴，按照有关规定，该补贴还要缴纳个人所得税。所以，公司的这一操作会加重企业和个人的负担，对企业和个人来说都不划算。那么，这就需要进行筹划。

　　较好的办法是，企业与员工签订一份合同，约定该员工在企业工作到一定年限，比如 5年，期满后，该车按较低的价格出售给该员工。这样做的好处是：期满前，车辆所有权仍然属于企业，可以作为企业的固定资产，计提折旧和各项费用；5 年后，企业将车卖给个人，个人获得所有权，从中可得到实惠。因为不发放现金车辆补贴，个人不用再为车辆补贴缴纳个人所得税。这种操作方法既减轻了企业负担又留住了人才，使个人得到实惠，真是一举两得。

## （七）企业重组过程中的税收筹划

　　所谓企业重组，是企业在日常经营活动以外发生的法律结构或经济结构重大改变的交易。具体包括企业法律形式改变、债务重组、股权收购、资产收购、合并、分立等了六种资本运作方式。2009 年 4 月 30 日财政部和国家税务总局联合出台了《关于企业重组业务所得税处理若干问题的通知》（2009），不仅对企业重组的内涵和类型进行了全面的介绍，也对不同重组方式的企业所得税处理作了明确的规定。这些文件和法规的出台，一定程度上也为企业重组税收筹划提供了政策依据及广泛的市场空间。

近年来，产权重组不仅是国有企业改制中发挥着巨大的作用，越来越多的非国有企业也更加灵活地运用产权重组实现了扩大经营规模、调整经营范围等目标。随着创业企业的进一步发展，必然面对各类重组业务的发生。如何利用这些税收政策的差异进行节税操作，也成为纳税人进行税收筹划的必然选择。

## 三、税收筹划的成本与收益

在市场经济条件下，企业的任何经济活动都会产生成本与收益，企业纳税以及税收筹划也不例外。在实际操作中，很多纳税筹划方案理论上虽然可以少缴纳一些税金或降低部分税负，但在实际运作中却往往不能达到预期效果，这就要兼顾因税收筹划引起的成本，以便选出最有效的税收筹划方案。

### （一）税收筹划的成本

税收筹划成本是指由于采用筹划方案而增加的成本，包括税收成本和非税成本。

1. 税收筹划的税收成本。税收筹划的税收成本是指纳税人产生、选择、实施税收筹划方案所发生的直接或间接费用，包括时间成本、货币成本、心理成本、风险成本和隐性成本。一般情况下，除了隐性成本之外，税收筹划的税收成本较为直观，比较容易衡量，筹划者在税收筹划的成本—效益分析中都会给予充分考虑。

2. 税收筹划的非税成本。税收筹划的非税成本是指纳税人因实施税收筹划方案所产生的连带经济行为带来的经济后果或经济成本。非税成本是一个内涵丰富的概念，有能够量化的部分，也有不能量化的内容，具有相当的复杂性和多样性。在不同的税收环境下，不同的筹划方案引发的非税成本的内容也有所不同。一般地说，税收筹划的非税成本主要包括代理成本，交易成本（谈判费用、协议签订费用、履约费用、信息搜集费用等），组织协调成本，财务报告成本，违规成本等。非税成本是进行纳税筹划必须考虑的重要因素。非税成本一般难以量化，但是如果筹划者未充分认识到非税成本的存在，则税收筹划策略的有效性将大大降低。

### （二）税收筹划的收益

1. 增加节税金额。企业进行税收筹划的目的是使整体的税后利润最大化，而纳税是企业成本的重要组成部分。通过税收筹划产生的节税金额，实质上就增加了企业的收益。

2. 避免行政处罚。税收筹划行为不仅要合法，而且要合理。合法合理的税收筹划，不仅有助于企业在市场经济中的发展，也可以使企业避免因采用偷税、避税等手段而遭受税务机关的行政处罚，或构成税收犯罪而受到刑事处罚，从而为企业减少这方面的支出。通过避免税收行政处罚得到的税收收益，也可以相应地增加企业的收益总额。

3. 提升企业信誉。企业依法纳税不仅可以减少各种罚没支出，而且可以树立良好的企业形象，给企业带来其他外在的收益。在市场经济高度发达的今天，人们的品牌意识越来越强，好的品牌便意味着好的经济效益和社会地位。通过有效的税收筹划可以给企业树立良好的信誉，从而间接地增加企业经济收益。

4. 增加现金收益。企业在税法允许的情况下，通过对会计核算方法作出适当的选择，可以把本期应纳税款递延到以后缴纳。这种税收筹划可使企业减少借款或者将企业剩余资金用于短期资金流动，实质上相当于给企业取得了一种无息贷款，进而可以缓解企业现金流量不足的问题。

5. 提高企管水平。税收筹划是一种高水平的策划活动。企业为进行税收筹划必须聘用高素质的人才，规范自己的财务会计处理方法，这在客观上提高了自己的财务管理和核算水平，也可以提高企业整体的管理水平，从而为企业带来长远收益。

【相关链接】

*税务咨询业务规则*

http：//www.cctaa.cn/zczd/zygz/ssfwl/2017 – 02 – 07/CCON17900000016022.html

*税务顾问业务规则*

http：//www.cctaa.cn/zczd/zygz/ssfwl/2017 – 02 – 07/CCON17900000016021.html

*税收筹划业务规则*

http：//www.cctaa.cn/zczd/zygz/ssfwl/2017 – 02 – 07/CCON17900000016035.html

【学习思考】

1. 税务咨询通常包括涵盖哪些内容？

2. 税收筹划与避税有何联系和区别？

3. 简要梳理税收筹划的常用策略和方法。

【能力训练】

结合实地调研，综合运用各类税收筹划策略为某生产型企业制订一套税收筹划方案。

# 参 考 文 献

1. 全国税务师职业资格考试教材编写组：《涉税服务实务》，中国税务出版社 2016 年版。

2. 全国税务师职业资格考试教材编写组：《税法 I》，中国税务出版社 2016 年版。

3. 全国税务师职业资格考试教材编写组：《税法 II》，中国税务出版社 2016 年版。

4. 中华会计网校编：《2016 年全国税务师职业资格考试涉税服务实务应试指南》，人民出版社 2016 年版。

5. 董再平、孔晓莉主编：《税务代理实务》，东北财经大学出版社 2015 年版。

6. 李艳、应小陆主编：《税务代理实务》，中国财政经济出版社 2013 年版。

7. 姜雅静、李艳：《税务代理理论与实务》，上海财经大学出版社 2012 年版。

8. 奚卫华主编：《税务代理实务》，中国人民大学出版社 2009 年版。